波《は》濤《とう》列《れつ》伝《でん》

幕末・明治期の“夢”への航跡

木原 知己 著

KAIBUNDO

夢は〝母なる海〟をこえて

海からの風に身をおくと、遥かなる太古からの鼓動が心耳にとどき、昔日の故郷の空に広がる茜雲が頭をもたげてきます。

よく〝母なる海〟といわれます。太陽をとりかこむ、生まれて間もない宇宙塵《じん》や鉱物微粒子が衝突、合体をくりかえしてできたのが地球であり、この地球では隕石が衝突をくりかえし、噴出したガスや水蒸気は地球の引力でとじこめられ、太陽光のエネルギーによって化学反応が進行していきました。これが大気と海洋の源であり、チャールズ・ダーウィンがいう〝原始スープ〟です。原始スープはあらゆる生物の祖先となる細胞が発生する条件をすべてそなえており、かくして海は生命の母の資格を得るのです。

社会心理学者のエーリッヒ・フロムによれば、母性愛は何の代償も求めない最高の愛であり、もっとも神聖なものです。また、解剖学者の三木成夫氏は、胎児が母親の胎内で羊水を鼻からすいこんでいる間は大海原にいだかれていた記憶がよみがえると考え、この羊水こそが古代海水であるとしています。海に癒されるのは、こうした事情からかもしれません。

一方で海は、感情が激変する嫉妬深い女性の顔ものぞかせます。男たちが、たとえば、ロビンソン・クルーソーがそうであったように、海への冒険へと帆をあげるのは、海の女性としての魔性にひかれてのことであり、彼女のきまぐれで波濤のなか座礁し、散っていくのも運命なのかもしれません。

ところで、ドイツの気象学者、アルフレート・ヴェーゲナーは、ペルム紀後期（＝約二・九億年前）には世界の大陸は合体していたと考え、その超大陸を〝全地球〟という意味の〝パンゲア（Pangea）〟と名付けました。パンゲアはその後分割され、たとえば、南北アメリカはユーラシア大陸およびアフリカ大陸から分離し、第三紀（＝約六五〇〇万年前）の頃にはパナマ付近でついたりはなれたりしていましたが、今から約三〇〇万年前に完全につながり現在のパナマ地峡が誕生したとされています。パナマには閘門《こうもん》のある運河があり、わが国外航商船隊の七割弱が船籍登録されていますが、そのパナマがこうした悠久のときのなかにあると考えるだけでなんだかぞくぞくしてきます。

海は、いくとおりものシナリオが演じられる壮大な舞台です。たとえば、多くの先人たちが〝夢〟をいだき、波濤《はとう》の彼方へと向かいました。歴史にその名をのこす偉人もいれば、歴史の裏通りにちょっとだけ足跡をしるした旅芸人なども数しれません。本書ではそうした先人たちの夢にひかりを当て、その〝航跡〟を描いていきます。

時代は、幕末から明治初期にかけての時期に集中することになるでしょう。というのも、この時代は鎖国の呪縛から解放されたいという思いが鬱積し、近代化へと躍動するダイナミズムに満ちているからです。

近代化への躍動…この時期、漂流者、密航者、使節およびその随行員、留学生などが海をわたりました。たとえば、使節として、一八六〇年（万延元）の外国奉行、新見《しんみ》豊前守正興《まさおき》を代表とする第一回遣米使節があります。米艦「ポーハタン号」で向かった一行の目的は、日米修好通商条約の批准でした。そして、この使節を護衛し、有事の際には代理をつとめる軍艦奉行、木村摂津守喜毅《よしたけ》を乗せたのが、勝海舟あやつる（実際は、船酔いがはげしく船室にこもっていたのですが）あの「咸臨丸」(注)だったのです。

【注】

一八五七年（安政四）に幕府がオランダに発注し建造された軍艦で、全長約四九・七メートル、幅約七・三メートル、大砲一二門を装備していた。〝咸臨〟とは『易経』から取られた言葉で、上下が心を一つにすることを意味する。

【参考文献】

リチャード・フォーティ著、渡辺政隆訳『生命40億年全史』草思社（二〇〇三）
エーリッヒ・フロム著、懸田克躬訳『愛するということ』紀伊国屋書店（一九五九）
三木成夫『胎児の世界―人類の生命記憶』中央公論社（一九八三）

目次

第1話　鉄砲伝来に隠された悲話……9
若狭姫ものがたり
第2話　花の都パリに咲いた江戸の華……13
パリ万博で評判になった江戸芸者
第3話　パリ万博（一八六七年）に出品した江戸商人……17
清水卯三郎の生涯
第4話　異国に散らせた乙女の春……21
からゆきさんの話
第5話　世界を駆ける芸人一座……24
パスポート第一号は旅芸人だった
第6話　この男、じつにおもしろい……28
異国の土となった漂流者、にっぽん音吉
第7話　音吉の故郷を訪ねて……36
知多半島小野浦の浜と良参寺
第8話　漂流者の命を継いだ大島の話……39
第9話　サツマ・スチューデントと長州ファイブ……43
異国での若き薩長群像
第10話　孫文の亡命を手助けした会津人……48
日本人初の欧州航路船長、郡寛四郎
第11話　ジャポニスムの必殺仕掛人……52
美術商、林忠正の生涯
第12話　日本女優第一号と烏森ゲイシャの欧州行脚……56
マダム貞奴としたたか芸者の競艶
第13話　二〇世紀前夜……60
夏目漱石、滝廉太郎ほか海外留学生の話
第14話　明治期の若き女子留学生……65
岩倉使節団に同行した女子留学生とその波紋

第15話　聖像画家、山下りんの「生来画を好む」人生……69
日本人女性で初めてロシアの土を踏んだイコン画家
第16話　孫文と盟約を成せる梅屋庄吉……73
日本映画の風雲児がみせた義侠心
第17話　日比谷公園の「首かけイチョウ」……77
「公園の父」本多静六の生き方
第18話　南極に挑んだ住職の息子……82
白瀬南極探検隊
第19話　土佐人、岩崎弥太郎を支えた会津の船乗りたち……87
憎悪にも勝る、凄みある旧会津人のプライド
第20話　明治初期、海外渡航者の人気業種ベスト3……91
写真師、屋須弘平の波瀾万丈
第21話　奮って斯業を起すべし……96
国産マッチの開祖清水誠と近代造船事始
第22話　藩主、明治の御世に海を渡る……101
上田藩最後の藩主、松平忠礼と弟、忠厚の挑戦
第23話　国を開き、愛は海を渡る……105
明治期における国際結婚事情
第24話　大富豪の子息が一目惚れした京都の芸妓……110
モルガンお雪の生涯
第25話　江戸最後の粋人、成島柳北……115
第26話　小笠原島ものがたり……120
外交の舞台となった無人の島
第27話　海を渡った武士の娘……125
第28話　地図に残る近代化……128
明治の街を文明開化させた辰野金吾
第29話　博物館の誕生……134
サツマ・スチューデントを率いた町田久成の夢

第30話　開拓使のお雇い外国人……139
開拓史に秘められた、ある愛の物語

第31話　建築関係初の留学？……144
旧中込学校を設計した謎多き棟梁、市川代治郎

第32話　日米貿易の礎石を築いた男……148
起立《きりつ》工商会社を設立した松尾儀助の生涯

第33話　幕末期のある通詞（通訳）の話……154
同い年の立石斧次郎、新島襄

第34話　高橋是清のダルマ人生……159

第35話　野口英世を支えた男たち……164
たとえば、遠山椿吉と星一

第36話　日本の近代化における〝SHANGHAI〟……169
高杉晋作の上海視察

第37話　われ川とともに生き、川とともに死す……174
パナマ運河開削に挑んだ日本人土木技師

第38話　公に生きた敗軍の将……179
榎本武揚の二つの日記

第39話　日本人の溜飲を下げた「心技体」……185
柔道家嘉納治五郎、横綱常陸山谷右衛門の痛快談

第40話　さまよう魂……190
ラフカディオ・ハーン（小泉八雲）とアインシュタインの意外な接点

第41話　村岡伊平治という男……195
南洋で〝からゆきさん〟に尽くした女衒《ぜげん》？

第42話　近代女医の誕生……199
楠本稲、荻野吟子らの挑戦

第43話　加奈陀《カナダ》に夢を描いた男たち……204
鮭を追い続けた永野萬蔵と及川甚三郎

第44話　カナダ移民の夢を継いだ大躍進……209
「バンクーバー朝日軍」が残したもの

第45話　波濤のかなたに散った会津魂……213
若松コロニーと日本人女性移民第一号
第46話　縛られた巨人……217
南方熊楠の破天荒人生
第47話　北方の漂流者……222
日露関係の礎となった船乗りたち
第48話　幕末の「島流し」、そして「島抜け」……228
第49話　芸術の「文明開化」をなしとげた男……232
日本洋画の父、高橋由一
第50話　ジョン万次郎とゴールドラッシュ……237
第51話　カリフォルニアに生きる……242
ぶどう王と呼ばれた長沢鼎の武士道
第52話　「もっと沖に出よ！」……246
近代水産業の父、関沢明清の遺志
第53話　空腹を満たしたイモと心を満たした英国娘……250
男爵薯の父、川田龍吉の留学記
第54話　わが国は、やっぱり「海事立国」です……255
京都の食文化を創った北前船、そして船霊信仰など
第55話　いま、「岩倉使節団」を考える……260
このくにを創った一年九ヵ月の大視察
先人たちの勇気と熱意をあすへの糧に！……267

第1話　鉄砲伝来に隠された悲話
若狭姫ものがたり

断るまでもなく、この話は本書の副題にある幕末・明治期に該当しない。しかし、種子島生まれの私としては、やはり鉄砲伝来にまつわるところから本書を始めたい。「波濤列伝」への誘い譚、とでも考えていただければありがたい。

鉄砲伝来の史実は、臨済宗の禅僧、南浦文之《なんぽぶんし》が著した『鉄炮記《てっぽうき》』におおかた依拠している。一五四三年（天文一二）八月二五日、一艘の中国船が種子島南端の門倉《かどくら》岬の砂浜に漂着した。倭寇の基地でもあった五島列島の福江を目指していたのであろうか、折からの台風で流されたようである。同船には三人のポルトガル人が乗船していた（注1）。

一五～六世紀、ポルトガル人の海外進出は凄まじかった。一五四〇年代には中国を目指し、跳梁《ちょうりょう》する海賊の掃討に手を貸した見返りとしてマカオに正式な居留権を確保した。マカオはそののち、日本との貿易拠点となっていく。

ときは、中国（明《みん》）政権および足利政権の弱体化を背景に倭寇全盛だった。後期の倭寇（注2）のなかに、王《おう》直《ちょく》（号は五峰《ごほう》。生年不詳～一五五九）という人物がいた。科挙の試験に失敗した彼は、海賊をしながら覚えた貿易実務の知識を活かし、一五四〇年代、明政府が海禁（鎖国）政策をすすめるなか、硫黄や生糸などの密貿易に活路を見出した。大型船（福建船）を建造し日本との貿易をすすめたが、種子島に漂着したのはこうした船だったのであろう。

さて、外国船が流れ着いた現地は大混乱となった。地頭の西村織部丞《おりべのじょう》は王直と砂上で筆談し、同船を種子島氏の居城赤尾木《あかおぎ》城がある西之表《にしのおもて》まで曳航し、面々をときの第一四代島主、種子島時尭《ときたか》（一五二八

〜七九）に引き合わせた。

　時堯は、〝形之異《かたちのことなる》〟ポルトガル人が手にしていた鉄砲の威力におどろいた。さっそく鉄砲二挺を二千両で買い入れ、すぐさま（現在の岐阜県の）関出身の刀鍛冶、八板金兵衛清定《やいたきんべえきよさだ》（一五〇二〜七〇）に同じものを造るよう命じた。

　種子島は砂鉄が豊富で、多くの鍛冶工が各地から集まっていた。そのなかにあって随一といわれたのが金兵衛だった。しかし、ネジ技法のない当時にあっては、筒元をふさぐ栓の仕組みがどうしてもわからない。ポルトガル人に教えを乞うたが、彼らもまたまったくの門外漢だった。医療知識や射撃の腕はあっても、鍛冶の技術は持ち合わせていなかったのである。

　苦悶の日々を送る金兵衛。そこにポルトガル人から、「娘の若狭《わかさ》を差し出せば協力しなくもないが」との悪代官さながらの話が持ち込まれる。金兵衛にすれば、島主の命令は絶対ながら愛娘を異国人に手渡すのは忍びない。どうしたらいいものか…。思い悩む父親の姿に居ても立ってもいられず、一六歳の若狭は異国に渡る決心をする。

　島を去りゆく若狭。父親の夢が完遂することを己の夢としながらも船上にあっては心細く、波間に浮沈する島影は哀切きわまりなかった。異国の地で詠んだという望郷の歌が涙を誘う。

月も日も　やまとのかたぞ　なつかしや
わがふたおやの　あるとおもへば

　しかし、神仏は若狭を見捨てはしなかった。翌一五四四年に帰島した若狭を今度こそは手放すまいと、父金兵衛が「娘は急死した」と偽り自宅にかくまうのである。父娘の情愛の深さに心動かされたのであろうか、ポルトガル人は見て見ぬ振りをした。

　以上が鉄砲伝来に隠された若狭姫悲話だが、史実ではないようだ。では、どうしてこのような物語が生まれたのか。この疑問について、郷土史研究家の平山武章氏は、その後再訪してきた船にポルトガル人の鉄砲鍛冶が乗っていた事実に着目し、「金儲けにならない鍛冶がいたのは、なんらかの誘引力が

鉄砲伝来の碑と広がる砂浜（種子島・門倉岬）　筆者撮影

あったとしか考えられず、ここに、若狭が、南蛮人に嫁したとする物語り《ママ》も生きてきます」としている。事実、その鍛冶に短冊型の細長い鉄板を斜めに巻き上げて筒を作る方法や雌ネジの切り方などを学んだことで、完全な国産銃の完成をみるのである。

種子島に行かれることがあれば、ポルトガル伝来銃、八板金兵衛作とされる国産第一号の火縄銃を展示する「種子島開発総合センター」、若狭姫にちなんだ「わかさ公園」に足を運び、南海に織り成された秘史に心を馳せていただきたい。

蛇足ながら鉄砲伝来の史実に関し、倭寇の活動状況、鉄砲の形式が当時の欧州のそれと異なっていることを理由に、「わが国に鉄砲を伝えたのはポルトガル人ではなく倭寇であった」とする説があることは述べ添えておきたい。

【注】

1　ヨーロッパ側の資料では鉄砲伝来（＝日本発見）を一五四二年とするのが通説のようだが、本書ではわが国の通例に従い一五四三年とする。また、乗船していたポルトガル人の数を二人とする説もあるが、ここでは三人とする。

2　上田愛生氏は、倭寇を前期と後期に区分している。同氏によれば、日本人と朝鮮人の合体であった前期倭寇は、朱元璋が明朝を創始し足利政権に倭寇取締りの見返りとして勘合貿易を認めるや衰退の一途を辿った。そして時は流れ、倭寇に身を投じた中国人、あるいは模倣者（＝偽倭）を主とする後期倭寇が全盛期を迎えたという（上田愛生「日本人と海―前期・後期倭寇」（日本海事新聞連載））。

【参考文献】

司馬遼太郎『街道をゆく8―熊野・古座街道・種子島みちほか』朝日新聞社（一九九三）
司馬遼太郎『街道をゆく22―南蛮のみち1』朝日新聞社（二〇〇〇）
増田義郎『大航海時代―ビジュアル版 世界の歴史13』講談社（一九八四）
皆村武一『『ザ・タイムズ』にみる幕末維新―「日本」はいかに議論されたか』中央公論社（一九九八）
白石一郎『海のサムライたち』文藝春秋（二〇〇四）
平山武章『鉄砲伝来考』和田書店（一九八三）
宇田川武久『鉄炮伝来―兵器が語る近世の誕生』中央公論社（一九九〇）

第2話

花の都パリに咲いた江戸の華

パリ万博で評判になった江戸芸者

一八六七年（慶応三）、幕府はナポレオン三世の招きでパリ万博（注1）に正式参加した。万博は、科学技術の先端を競い合い、世界各地の珍しい風俗や文化を紹介するという目的で、一八五一年にロンドンで開催されたのが最初である。一八六七年のパリ万博は第五回にあたり、わが国が参加した最初の万博であった（注2）。

当時の幕府はフランスとの距離を狭め、借財を目論んでいた。一方のフランスにしても、万博で勢いづく英国に対抗し国威を国内外に誇示するためにも万博を是が非でも成功させる必要があり、そのため、駐日公使のロッシュに幕府と接触させたのである。

一五代将軍徳川慶喜は、異腹の弟で水戸藩主の徳川昭武《あきたけ》を名代として派遣することを決めた。また、幕府が広く諸藩に参加を募ると、薩摩、佐賀の二藩のほか、江戸の商人瑞穂屋清水卯三郎《うさぶろう》が応じた。

当時、日本からパリへ通じるルートは三つあった。東廻り米国経由で大西洋を渡るルートと、西廻りで地中海に抜ける（注3）か、喜望峰を廻るルートである。

昭武一行は、フランス郵船の蒸気船「アルフェー号」（注4）で横浜を後にした。上海に寄ったのちに香港で「アンペラトリス号」（注5）に乗り換え、サイゴン、シンガポールを経てスエズに到着し、同地からは蒸気汽車でアレクサンドリアに向かった。フランス郵船「サイド号」（注6）で地中海を進み、マルセイユから陸路でパリをめざした。一行のなかには、渋沢篤太夫（のちの栄一）、医師、高松凌雲のほか、先の卯三郎の名もあった。

さて、一行とは別に、幕府はP&O社の「アゾフ号」（注7）を傭船し、万博に出展する四万七一九〇両相当の一八九箱（和紙や金銀蒔絵《まきえ》の漆工品など）を運んだのだが、一行に先んじて横浜を出港したその船に卯三郎が手配した三人の女性が乗っていた。すみ、さと、かねという名の、柳橋「松葉屋」の芸者であった。(注8)

日本髪に振袖、丸帯の格好の彼女らは、セーヌ川沿いの万博会場内に設営された六畳間、土間、厠《かわや》を備える総檜造りの日本家屋で、袱紗捌《ふくささば》きも淑やかに茶を供し、花を生け、長い煙管《きせる》で煙草をふかし、客がのぞめば、土間の縁台で味醂酒(注9)をふるまった。

三人は好評を博し、木戸銭収入が卯三郎の収入を上回るほどの盛況振りだった。観客は手眼鏡を片手にうっとりと見入り、良家の令嬢が着物を欲しがった。印象主義が起こり、モネ、ルノワールらが活躍する花の都パリにあって、純和風な江戸の華が異彩を放ったというところであろうか。

三人の芸者は立派に役をこなした。しかし、果たして当の彼女たちは好んで波濤を越えたのであろうか、それとも、江戸商人の単なる商売道具だったのか。この点について、宮岡謙二氏はおもしろい推測をしている。つまり、よほどのことがなければ地の果てとも思える地に行くはずもなく、商人の甘言に乗るような向こう見ずな性格であったか、さもなければ、柳橋の売れない芸者であったろうと考え、その根拠として、幕府の命で英国に渡っていた川路太郎(注10)の、「甚だ醜婦のみ、少しく恥に近し」と書き記された日記に注目する。

作家の安岡章太郎氏も、「牛乳入り珈琲のような皮膚で、椅子の棒のように細い脚」などと記されたプロスペル・メリメの手紙を参考に、柳橋あたりの売れない芸者と断じている(注11)。

ずいぶんな言われようである。確かに写真でみる限り傾城《けいせい》とは言えない(注12)が、現地で評判になったのは事実であり、〝ジャポニスム（日本趣味）〟ブームの先鞭をつけたといっていい。

そんな彼女たちだが、その後の消息は判然としない。一流の芸者であればどこでもかなりの話題になりそうなものだが、そうした記録がないとなると、彼女らが海を渡ったのはやはり売れない芸者だったからなのか。単なる〝客寄せパンダ〟だったのであろうか…。写真のなかの三人は、ややこわばった顔つきで黙ったままである。それでも私は、江戸っ子気質《かたぎ》の柳橋芸者の心根《こころね》に、「粋《いき》だねぇ～」ってな具合に声をかけてやりたい。

欄干を飾るカンザシのレリーフ（東京・柳橋）　筆者撮影

【注】

1　会期は一八六七年七月一日からの約六ヵ月間。

2　日本の物がヨーロッパにお目見えするのはこれが二回目。最初は一八六二年の第四回ロンドン万博で、駐日公使だったラザフォード・オールコックが個人的に集めた骨董品が展示された。

3　スエズからアレクサンドリアまでの全長四二〇キロメートルの間は、英国の資本と技術により一八五八年に開通した蒸気汽車が利用された。その後、現在のスエズ運河がフランスの外交官で技師だったフェルディナン・ド・レセップスによって一八五九年四月に着工され、一八六九年一一月に完成した。一二〇センチメートルの水位差のため、一〇年余りの歳月を要する難工事であった。

4　一八六一年建造の鉄製二本マストのスクリュー蒸気船。一八四七総トン、長さ一〇一・二五メートル、幅一〇・八メートル、速力一一ノット。

5　一八六〇年建造の鉄製三本マストのスクリュー蒸気船。二一八八総トン、長さ一〇一・八メートル、幅一一・八九メートル、速力一三ノット。

6　鉄製三本マストのスクリュー蒸気船。一七四四総トン、長さ八三・九七メートル、幅九・九九メートル、速力一一ノット。

7　一八五五年建造の鉄製スクリュー蒸気船。七〇〇総トン、速力一〇ノット。

8 江戸文化年間（一八〇四〜一八）に隆盛を誇った辰巳芸者の多くが、取締りが厳しくなった深川から柳橋へと移り柳橋芸者となった。柳橋は隅田川と神田川が交わり、（新）吉原へ猪牙船《ちょき》で向かう客がひとまず立ち寄る場所だった。柳橋芸者は江戸っ子気質が強く、あっさりとした風趣で、日本橋界隈の老舗の旦那衆に支持された。

9 焼酎に、もち米、麹などを加えて醸造した甘い酒。

10 川路太郎は江戸開城の翌日ピストル自殺した旗本、川路聖謨《としあきら》の嫡孫で、のちに温《あつし》と改名し外務省に勤務した。その当時、川路は、幕府が派遣した留学生の監督として渡英（一八六六〜六八）していた。

11 プロスペル・メリメはフランスの小説家で、『カルメン』などの作品がある。ナポレオン三世の側近。彼は三人の芸者を、「大いに気に入っていた」。

12 松戸市戸定歴史館編『文明開化のあけぼのを見た男たち—慶應三年遣仏使節団の明治』に三人の写真が掲載されている。

【参考文献】

元綱数道『幕末の蒸気船物語』成山堂書店（二〇〇四）
吉村昭『夜明けの雷鳴—医師高松凌雲』文藝春秋（二〇〇三）
宮永孝『プリンス昭武の欧州紀行—慶応3年パリ万博使節』山川出版社（二〇〇〇）
岩下尚史『芸者論—花柳界の記憶』文藝春秋（二〇〇九）
松戸市戸定歴史館編『文明開化のあけぼのを見た男たち—慶應三年遣仏使節団の明治』松戸市戸定歴史館（一九九三）
須見裕『徳川昭武—万博殿様一代記』中央公論社（一九八四）
宮岡謙二『異国遍路—旅芸人始末書』中央公論社（一九七八）
安岡章太郎『大世紀末サーカス』朝日新聞社（一九八八）

第3話

パリ万博（一八六七年）に出品した江戸商人
清水卯三郎の生涯

　第2話のなかで、パリ万博に三人の柳橋芸者を同行した江戸商人、清水卯三郎《うさぶろう》の話をしたが、なぜ彼ひとりがパリ万博に出向いたのか、いや出向けたのか。そもそも、彼は何者だったのか…。

　卯三郎（一八二九〜一九一〇）は、武州埼玉郡羽《は》生《にゅう》村（現在の埼玉県羽生市）で、酒造業、薬種商を営む清水家の三男として生まれた。子沢山であったために母親の実家に預けられたが、文武両道の叔父と近づきになったことが幸いし、卯三郎は学問に精進する。

　一八四五年に漢学塾に入門し、一八四九年には、下総《しもうさ》佐倉で病院兼蘭医学塾「佐倉順天堂」をかまえる佐藤泰然《たいぜん》を訪ねた。また、一八五四年にはロシア極東艦隊司令長官プチャーチンが「ディアナ号」で下田に来航するや同地に出向き、生涯を通して多大な影響を受ける箕《み》作《つくり》阮《げん》甫《ぽ》（注1）、彼の婿の秋坪《しゅうへい》と邂逅《かいこう》し、そのため、彼の勉励の域は、蘭学はもちろんのこと、漢学、さらにはロシア語、英語にまでおよんだ。

　ちょうどその頃（一八五五年）、長崎に海軍伝習所が開設された。卯三郎は伝習所への入所を熱望し、阮甫にあっせんを依頼した。しかし、長崎行きは実現したものの、入所はさすがにかなわなかった。しかたなく卯三郎は家業に専念し、合間をみては英語の習得に努めた。

　時代は動いていた。一八六二年九月一四日、英国人リチャードソンが殺される「生麦事件」が起きた。英国は翌年早々に幕府の非を追及し、幕府には一〇万ポンドの償金、当の薩摩藩には二万五千ポンドの償金を課すことにし、さらには、罪人をめしとって眼前で処刑せよ、と要求した。

幕府の償金はかたがつき、いよいよ薩摩との交渉のため英艦七隻が錦江湾《きんこうわん》に入った。しかし、回答にもたつくうちに、翌年八月一五日、とうとう開戦となってしまった。世にいう「薩英戦争」である。

薩英戦争は泥沼のような戦いだった。そのうち英艦は横浜に帰り、一方の薩摩は休戦について協議するため、大久保一蔵《いちぞう》（のちの利通）ら三人を横浜に派遣した。しかし困ったことに、日本文を解する通訳が見当たらない。この窮地を救ったのが、なんと本話の主人公、清水卯三郎だった。意外な展開だが、かの福沢諭吉が、「この人は商人ではあるけれども英書も少し読み西洋のことについては至極熱心、まず当時においてはその身分に不似合な有志者である」と評するくらいの人物だから合点はいく。

卯三郎は、「平生勇気もあり随分そんなことの好きな人で、それは面白い、行ってみよう」とたやすく承諾した。福沢の自伝によれば、卯三郎が横浜の英国公使館に出向いた際、「商人などでは不都合なり、モット大きな人が来たら宜かろう」と言う取次ぎに、「人に大小軽重はない、談判の委任を受けていれば沢山だ」と毅然と返したという。

こうして卯三郎は旗艦「ユーリアラス号」に乗り込み、協議ははじまった。

薩摩藩は償金を支払い、罪人が見つかった場合には死刑に処する、ということでまとまった。このとき、卯三郎は英艦に捕虜となっていた松木弘安（のちの寺島宗則）、五代才助（のちの友厚）の身柄をひきうけ、故郷の羽生村まで連れてゆき、さらには、親類の別荘に長いことかくまっている。寺島宗則、五代友厚は、一八六五年四月に薩摩藩の命で英国にわたった人物（いわゆるサツマ・スチューデント）だが、清水卯三郎という稀代の商人がいなかったら、彼らが英都の地を踏むことはなかったかもしれない。

さてそののちの卯三郎だが、箕作秋坪から聞いたパリ万博の話に心動かされ、義弟の吉田六右衛門とも相談したうえで勘定奉行、小栗上野介《こうずけのすけ》（忠順《ただまさ》）に許しを願い出たところ、薩英戦争始末でのことが評価されたのか、ただひとりの商人として出展を許された。

パリへは、徳川昭武一行と同船した。フランス郵船「アルフェー号」の船内生活は快適で、とりわけ食事が豪勢だった。同行していた渋沢篤太夫（のちの栄一）の日記によれば、朝七時に紅茶、パン、ケーキおよびハム。一〇時からの朝食は鳥、牛、豚などの肉料理にワイン。みかん、ぶどう、梨、びわなどの果実はとり放題で、食後にはコーヒーがサービスされている。午後一時にビーフ、コンソメスープ、ハム、果実といった軽めのランチが出され、夕食は午後五時から。その夕食はスープにはじまり、メインは魚か肉料理、最後はフルーツ、カステラ、アイスクリームなどのデザートが出された。

こうした優雅なときを過ごす一行は、香港からスエズまでは「アンペラトリス号」、アレクサンドリアからマルセイユまでは「サイド号」で航海し、ようやくパリに着いた。

肝心の万博のことだが、卯三郎は自分の出展もさることながら、柳橋芸者の面倒を小まめにみたと思われる。（注2）女好きで知られる渋沢が芸者のひとりに惚れ込んだという話もあり、少しも気は抜けなかったであろう。イラストレイテッド・ロンドン・ニュースに、卯三郎とおぼしき男性が日本茶屋の三人を見ている絵が掲載されているが、父親のような目がそのことを証明しているようだ。

万博閉幕。出展品を地元の商社などに売りさばき、（注3）単身米国にわたった卯三郎だったが、一八六八年六月二六日にパシフィック・メール（太平洋郵船）社の「コロラド号」（注4）で帰国すると、翌年には日本橋に瑞穂屋商店を開店した。洋書輸入や印刷機を販売したほか、歯科医療機器を輸入販売し、わが国の歯科医療発展に貢献した。また、「六合新聞《りくごう》」を発行し海外事情の紹介に努めるとともに、より多くの日本国民が文字を読めるようにと、「ひらがな運動」までおこしているからおどろく。

幕末維新期を一気に駆け抜けた江戸商人、清水卯三郎。学問にめざめ、貪欲なまでに外国語を習得し、異国人と堂々とわたりあい、義侠心に富み、広く国民のことを考えた。まさに歴史の傑物としかいいようがないが、その名はあまりにも知られていない。生まれ故郷の羽生市の市民プラザ前で、小さめの胸像が「これでいいんでさぁ～」と語りかけてくる。

埼玉・羽生市民プラザ前に構える
清水卯三郎の胸像　筆者撮影

【注】

1 江戸末期の蘭学者。幕府天文方の翻訳掛、蕃書調所教授などを歴任。

2 言うまでもないが、渋沢栄一（一八四〇～一九三一）は明治期実業界における偉人である。「武州（いまの埼玉県）血洗島の一農夫」をつらぬいた彼の人生は多くの本で紹介されている。たとえば、『雄気堂々（上・下）』（城山三郎、新潮社、二〇〇八）は、時代背景もよくわかり（たとえば、岩崎弥太郎の三菱との争い）、経済史的な切り口でおもしろい。

3 貨品授受の齟齬で、卯三郎はパリ商事裁判所に呼び出されている。

4 日米間定期航路の開設は、日欧間定期航路開設に二年遅れの一八六七年、パシフィック・メール社によるものだった。「コロラド号」はその第一号船。一八六五年建造の木鉄交造蒸気船で、三三五七総トン、速力約一〇ノット。

【参考文献】

高橋勇市「清水卯三郎の長崎行を支えた人びと」（『日蘭交流史―その人・物・情報』（片桐一男編、思文閣出版、二〇〇二））
福沢諭吉著、富田正文校訂『新訂 福翁自伝』岩波書店（二〇〇八）
澤護「清水卯三郎―1867年パリ万博をめぐって」（千葉敬愛経済大学研究論集、一九八一）
熊田忠雄『すごいぞ日本人！―続・海を渡ったご先祖様たち』新潮社（二〇〇九）
栗本鋤雲『暁《ぎょう》窓《そう》追録（抄）』（『海外見聞集（新日本古典文学大系 明治編）』（松田清ほか校注、岩波書店、二〇〇九））

第4話

異国に散らせた乙女の春
からゆきさんの話

欧米の列強は宣教師や医師を派遣することで現地の人心を掌握し、情報を入手し、技術、資金、強大な武力を以って領地を広げていった。しかし、そうした手段を持たないわが国が海外に進出しようとすれば、不条理もある程度看過せざるを得なかった。〝からゆきさん(注1)〟と呼ばれる海外娼婦もそうした例である。

貧しい家の娘が親のことをおもんばかって海外に渡ることもあったが、多くは女衒《ぜげん》と呼ばれる口入れ屋にだまされ、連れ去られた。西日本、なかでも長崎の島原、熊本の天草出身者が多かったようだ。

からゆきさん出現の背景に〝貧しさ〟があったのは間違いないが、海を渡ることに抵抗のない土地柄であったこと、さらには、海外からの強い〝引き〟があったことも理解しておかねばならない。たとえば、急速に開発が進むロシアのウラジオストック(注2)では中国や朝鮮からの建設労働者が激増し、ロシア極東艦隊の関係者も多くいたことから、出稼ぎ娼婦に対する需要が強かったのである。

一八一九年に英国領となったシンガポールはT・S・ラッフルズによる自由貿易政策のもと、一八六九年のスエズ運河の開通、蒸気船の普及もあり、一八七〇年代に大発展を遂げた。そうなると世の常と言うべきか、インフラ整備や港湾作業に従事する華僑、印僑のほか、欧米の企業家や将兵などの出稼ぎ娼婦に対する需要が高まり、海峡植民地政庁は公娼制度を認め(注3)、その結果、シンガポールはからゆきさんの一大拠点となっていくのである(注4)。

多くのからゆきさんは女衒にだまされ、密航させられたのだが、その扱いはひどいものだった。たとえば、連れ去られた娘たちは山中や石炭堆積場などにかくまわれ、買収された船乗りの手引きで石炭船の船底に詰め込まれ、口之津（注5）、門司、長崎などの港から、上海、香港、あるいはシンガポールなどへと渡っていった。有名な「島原の子守唄」の四番の歌詞に、「姉しゃんなどけいいたろうかい、姉しゃんなどけいいたろうかい、青煙突のバッタンフル、唐はどこんねき、唐はどこんねき、海のはてばよ、しょうかいな（後略）」とある。バッタンフルは英国のバターフィルド&スワイヤ系列の海運会社で、からゆきさんが石炭船で運ばれていった様子が歌いこまれている。

船底は糞尿まみれで、まともな食事も出されなかった。さらに悲惨な例としては、食事のみならず飲み水まで一切断たれ、灼熱地獄のなかで狂い死にしたとか、給水タンクに押し込められ、何かの手違いで溺死してしまった、ということもあったようだ。

むごい話である。しかし、彼女らはじつに強く、したたかだった。たとえば、ウラジオストックでは、「（前略）日本の醜窟を見る。（中略）いやらしきこと限りなし（後略）（注6）」と評されながらも、日本が好きだったチェーホフの相手をしたとか（注7）、シベリアから馬車を乗り継いでロンドンの淫売窟に辿り着いた（注8）という話も伝えられている。また、ほかにも、遠くはザンジバル島（タンザニア連合共和国）はじめアフリカ各地にまで〝転戦〟する猛者もいたようだ。

シンガポールでは、からゆきさんが身をひさいで稼いだ金の一部は親元に送金され、儲かった娼館の経営者は日本人雑貨商、行商人、髪結や洗濯業者などに融資し、ゴムなどの農園に投資した。

彼女らのたくましさの甲斐あって、商社、銀行、海運会社などが当地に進出する下地ができていった。

からゆきさん（および日本人娼館経営者）が〝陰〟の部分を引きずっているのは確かだろう。しかし、わたしには、彼女らが多国籍企業の黎明に思われてならない。次にシンガポールに行くことがあれば、南洋に散らせた乙女の春を思い、図らずも祖国の尖兵となった功業に合掌することにしよう。きっとたどたどしい故郷《さと》の言葉で、積年の思いを語ってくれることだろう。

【注】

1　山崎朋子氏によれば、からゆきさんとは「幕末から明治期を経て大正中期までのあいだ、北はシベリアや中国大陸から南は東南アジア諸国をはじめ、インド・アフリカ方面にまで出かけていって、外国人に体を鬻《ひさ》いだ海外娼婦」のことである。

2　ロシア語で「東方を征服せよ」という意味。

3　一八八五年の公娼数は全体で一〇〇五人。うち、①華人九四〇人、②インド人三二人、③日本人一六人などとなっている。日本人公娼は、清潔、正直（窃盗などのリスクが無い）、親切ということで評判は高かったという。シンガポールの日本人公娼はその後も増え続け、一八八九年一三四人、一九〇三年五八五人、一九〇四年頃にピークとなり、その数六〇〇人に達した。ちなみに、山崎朋子氏は一九〇四年のピーク時には娼館一〇一、からゆきさん九〇二人としているが、これは、公娼のほか私娼も多かったということであろうか。

4　日本人娼婦は〝ステレツ〟と呼ばれた。娼館が並ぶ通り（=ストリート（street））が訛《なま》ったものだという。

5　口之津港は、明治・大正期、三井三池炭鉱の積出港として栄えていた。

6　『そこに日本人がいた！―海を渡ったご先祖様たち』（熊田忠雄、新潮社、二〇〇七）のなかで、杉村楚人冠の評として紹介されている。

7　一八九〇年、チェーホフが後援者に宛てた手紙のなかに書いてある。ちなみに、チェーホフは日本に立ち寄ろうとしたが、日本の港でコレラが発生し断念している。

8　『北のからゆきさん』（倉橋正直、共栄書房、二〇〇〇）には、この女性は伊藤博文を暗殺した安重根《アン・ジュングン》の連累者と夫婦同然に暮らしたとある。

【参考文献】

山崎朋子『サンダカン八番娼館』文藝春秋（二〇〇八）
森崎和江『からゆきさん』朝日新聞社出版局（一九八〇）
熊田忠雄『そこに日本人がいた！―海を渡ったご先祖様たち』新潮社（二〇〇七）
清水洋・平川均『からゆきさんと経済進出―世界経済のなかのシンガポール―日本関係史』コモンズ（一九九八）
倉橋正直『北のからゆきさん』共栄書房（二〇〇〇）
白石顕二「からゆきさん群像」（北上次郎選・日本ペンクラブ編『海を渡った日本人』福武書店、一九九三）

第5話

世界を駆ける芸人一座
パスポート第一号は旅芸人だった

第2話に登場した徳川昭武は、米国廻りでパリ万博に来ていた足芸の浜碇《はまいかり》定吉一座の初演を見物し、多額の祝儀をだしたという。

日米修好通商条約をむすび、一八五九年七月一日（安政六年六月二日）に横浜(注1)を開港した幕府は、一八六六年五月（慶応二年四月）、留学および商用目的の海外渡航を民間人に認可する「海外渡航差許布告」(注2)をだすのだが、その初期の旅券は、米国人リズリー（Richard R. Risley）が二年契約で渡米させた高野広八（一八二二～九〇）一座一八人(注3)（手品・綱渡りの隅田川浪五郎（旅券第一号）ひきいる一座、浜碇定吉一家、独楽《こま》廻しの松井菊次郎一座の面々）にあたえられたものだった。

一座は一八六六年一〇月二六日、サンフランシスコに向け横浜を出港した。芸人の渡航といえば、同時期、同じくリズリーに雇われた独楽廻しの松井源水一座九人（旅券番号一九～二七）が欧州に向け旅立っているほか、英国人グラントを雇い主とする軽業《かるわざ》師の鳥潟小三吉《こさきち》一座が、神奈川奉行発行の旅券（一一～一六号）でパリへと向かっている(注4)。

幕末期の日本では歌舞伎のほか気軽で安い夜間興行の寄席が繁盛し、色物席としての落語、手品、足芸などがさかんに演じられていた。また、縁日などの群集をあてこみ、大道芸人が軽業などを披露していた。薬売りが客寄せで芸を披露することもあったという。こうした芸人のなかから多くの名人がうまれた。そして、それが外国人興行主の目にとまった。

さて、広八ひきいる一座のことだが、一行は太平洋北回り航路の帆船で向かっている。荒れ狂うなか半数の人しか起きて食事できない状態だったが、しばらくすると慣れて、船上で手品師の浪五郎が落語をし、ほかもそれぞれに芸を披露するうちに三〇日弱が過ぎ、無事サンフランシスコに入港した。かつてメキシコ領であったカリフォルニアは、一八四八年に金鉱が発見されるやアメリカ合衆国に編入され、サンフランシスコは人口三万五千人を数える都会へと変貌していた。

広八一座は好評を博し、一八六七年一月三〇日にはニューヨークに向かうべく、サンフランシスコから船でパナマ地峡に向かい、陸路でカリブ海へぬけ、同地から海路という当時のゴールドラッシュルートのひとつをたどっている。(注5) 同じ船には、鉄割《かなわり》福松一座の一三人も乗っていた。同時期、早竹虎吉一座やミカド曲芸団なども渡米しており、世はまさに日本人旅芸人遠征ブーム、といってもいい。彼らの主たる目的は、一様にパリ万博だった。

成功裡に公演を続けた広八一行は、ホワイトハウスで第一七代合衆国大統領、アンドリュー・ジョンソンに謁見したのち、英国、フランスにむけて大西洋を一二日間かけて横断し、一八六七年七月下旬にようやくパリに安着した。疲れをとる間もなく、同月三〇日にはシルク・ナポレオンで初日をむかえたが、この初演こそが冒頭の、昭武が見物した公演だった。(注6)

松井菊次郎がロンドンで客死(一八六八年)する不幸や、宿泊するホテルが火災にあうという災難もあったが、欧州各地での公演を紆余曲折のうちにこなし、ロンドンではヴィクトリア女王の観覧を得るという栄に浴した。そののちニューヨークに戻り、米国に残りたいと希望する者を残してパナマ経由でサンフランシスコに向かい、そこから帰国の途に着いた。新しく造られたばかりの船には中国人が多く、食事は中華料理が中心だったが、久しぶりの米飯に一行は大満足したようである。

一八九〇年、高野広八死去。享年六九だった。それにしても、契約とはいえ、かくも多くの芸人たちが海をわたった原動力は何だったのか。鎖国の呪縛から解放されたいという願望だけでなく、沈没しかけている船から逃げ出したいという衝動、つまりは、一八六七年から起こる「ええじゃないか」の海外版ではなかったかと、作家、安岡章太郎氏は指摘する。しかし、忘れてならない。彼らが一芸専修で多彩な技を身軽にこなし、自信があったればこそ波濤をこえた、ということを。

【注】

1 開港前の相州横浜は湿地帯のさびれた漁村だったが、一八六〇年には二百の商家が軒をならべ、うち八九軒の生糸商を含む約百十数軒が外国貿易などで外国人と接していたという。ちなみに、開港予定日は当初アメリカ独立記念日にあたる七月四日だったが、日露条約で開港が七月一日とされ、最恵国条款により同日を開港日とした。

2 一八六四年三月、曲芸で世界的に有名だったリズリーは曲馬団をひきいて横浜に入り、そのまま住みつき日本最初の劇場、ロイヤル・オリンピック劇場を開設した。ちなみにリズリーは、わが国にはじめてアイスクリームを持ち込んだ人物としても知られる。

3 一座名は「帝国日本芸人一座」。広八は一座の後見人だった。

4 旅券は幕府の外国奉行のほか、商用に限り神奈川・長崎・箱館の三奉行にも発行が認められていた。神奈川奉行発行第一号旅券は、英国商人トーマスに同行した房吉に与えられている（『横浜もののはじめ考―第3版』（横浜開港資料館編、二〇一〇）より）。

　小三吉一座だが、安岡章太郎氏によれば、グラントは契約金の残金を払わないどころか、小三吉と兄弟子の二人を箱詰めし、〝日本人の見せ物〟に仕立てたという。小三吉はそののち解放され（兄弟子は客死）、座長となって欧州各地で手品大道芸を演じ、ドイツ皇帝の前では大掛かりな花火芸を披露し勲章を受けている。ちなみに、小三吉の一行は、P＆O社の「ネポール号」（一八五九年建造の鉄製三本マストのスクリュー蒸気船。七九六総トン、長さ七四・三七メートル、幅九・〇二メートル、速力一〇ノット）で日本を出発し、その船には幕府派遣の英国留学生一行も同乗していたとある。

　ちなみに、その当時の旅券だが、外務省外交史料館に展示されている旅券をみれば、次のように身体の特徴が記されている。（亀吉は「英吉利グラント小仕」として雇われた旅芸人であり、小三吉の兄弟子と思われる。）

> 神奈川第三号　亀吉　限二年
> 年齢弐十三歳　身丈高キ方　眼小キ方　鼻高キ方　両腕草花ノ彫物有

5 大陸横断鉄道の完成は一八六九年五月。

6 安岡章太郎氏によれば、昭武は一週間ほど前に松井源水一座の公演を見物しており、広八はこのことをおもしろく思っていなかったようだ。

【参考文献】

宮岡謙二『異国遍路―旅芸人始末書』中央公論社（一九七八）
安岡章太郎『大世紀末サーカス』朝日新聞社（一九八八）
横浜開港資料館編『横浜もののはじめ考―第3版』横浜開港資料館（二〇一〇）
小山騰『国際結婚第一号―明治人たちの雑婚事始』講談社（一九九五）
石田一良編『日本文化史概論』吉川弘文館（一九六八）

第6話 この男、じつにおもしろい

異国の土となった漂流者、にっぽん音吉

パークス（H. S. Parkes）（一八二八〜八五）は、一八六五年、オールコック（R. Alcock）の後任として英国全権公使となった人物である。幕府が信頼するフランス公使のロッシュと対峙するかのように薩長を支援し、そののち、清国公使となるもマラリアに罹患《りかん》しあえなくこの世を去っている。

パークスは、イングランドの鉄工場主の長男として生まれた。幼くして両親を亡くし、親類を頼って清国にわたった（注1）。そして定めなるかな、同国に在勤していた（一八四四〜五九）オールコックの知遇を得ることになり、はからずも駐日全権公使となる運命をたぐりよせるのだから、人生、何がどう作用するかわからない。

さてさて、そんな近代史に名を刻む彼に、日本語を教えた日本人がいた。

その日本人、名を音吉《おときち》（一八一九〜六七）といった。一八三二年、尾張藩の年貢米を積んで鳥羽《とば》から江戸に向かう途中で遭難し、漂流ののちに米国太平洋岸のフラッタリー岬にたどり着いた「宝順丸」（一五〇〇石積み）の水夫《かこ》である。

その当時、江戸は人口百万を数える世界最大の都市で、各地からの商品や作物がひっきりなしに船で運びこまれた。大方は千石船《せんごくぶね》（注2）と呼ばれる、一本の大きな帆柱を持つ和船である。建造費用は千両とされたが、どうやら一回の満船廻航で回収できたようで、いかにもハイリスク・ハイリターンであった。

大きな船を造ることは許されず（大船建造禁止令）、そのため、外洋航行に不慣れで、さらには、鎖国下にあって航海に欠かせない情報が不足したことが多くの漂流者を生みだした。漂流者は生きて故

郷の土を踏めず、踏めたとしてもお上《かみ》のきびしい取り調べが待っていた。大洋を漂うこと自体が悲劇だった、としかいいようがない。

漂流は想像を絶する艱難辛苦《かんなんしんく》であったろう。音吉の一四ヵ月におよぶ漂流の記録は残っていないが、一八一三年から一八一五年にかけての四八四日を生き延びた「督乗丸」の例でみれば、漂流直後から「終《つい》にハ《ママ》大魚の餌食とならんより一同に首をくくりて死なん」と話し合い、故郷や家族を思っておおいに泣いたとある。船頭がいくら説得しても、水夫たちはみんなでいっしょに死のうと思ったようだ。

飲み水には相当苦労している。積み荷である程度は食いつなげるが、飲み水はたやすく手に入れることができない。ランビキ（注3）でどうにかしようとしても燃やす板木がなく、火種を波濤に失うことも多かったのである。

さて、先の「宝順丸」だが、遭難時に一四人いた仲間も、アメリカインディアンのマカ族に救助（注4）された時には三人になっていた。三吉こと音吉、久吉、岩吉で、それぞれ一四、一五、二八歳だった。

そののち、彼らはハドソン湾会社（注5）に助け出され（注6）、同社のマックラフリン支店長の指示で英国本国に移送されることになった。人道的見地というより、日本との通商に資すると考えたからであった。

音吉らを乗せた英国軍艦「イーグル号」はホーン岬をまわり、一八三五年六月にロンドンに着いた。三人は上陸を許され、はからずも英国本土の土を踏んだ最初の日本人となった。

到着早々にマックラフリン博士が英国政府の意向をただすと、清国との阿片《あへん》問題に直面していた政府は、対日通商問題を劣後させると回答してきた。音吉らにさほど価値がないと判断したのかもしれない。処置にこまったハドソン湾会社は、用済みとなった彼らを自社負担で日本へ送還することにした。

所有船「ゼネラル・パーマー号」で出港し、喜望峰を経由し一八三五年一二月、目的地マカオに到着した。三人を対日通商開拓の手段としたい広東駐在の商務長官らの運動もあったが、英国政府の「なすに値しない」という結論は変わらなかった。通商の手段としない英国政府にかわり米国の企業家が交渉を画策したが、結局は同地に漂着していた肥後の四人の船乗りともども日本に送還されることになった。

一八三七年七月四日、一行は「モリソン号」で那覇《なは》にわたり、そののち日本本土をめざした。ところが、七月三〇日、三浦半島に近づくや思いがけない砲撃を受けた。(注7)そのため、日本への寄港を断念せざるを得なくなり、八月二九日夕刻、彼らはマカオに舞い戻った。

そののち、一八四九年五月二九日、音吉は英国軍艦「マリナー号」で浦賀にわたり、六月二日には下田に入港し通訳を務めた。また、上海で、日本人漂流者の世話をした。

こうした激動のなかにあって、音吉は、一八四六年に上海にわたってきたパークスに日本語を教授することになった。上海は一八四三年の開港以降、海上交通の主力が帆船から蒸気船へと移るなか、貿易港として発展し続けていた。一八五〇年四月、香港、上海間に外輪蒸気船定期航路が開かれると、その発展はさらに加速した。

一八五〇年代の上海は活気に溢れていた。ジャーディン・マセソン商会、デント商会、リンゼイ商会といった英国系商社のほか、ラッセル商会、オリファント商会などの米国系商社が上海に拠点を置いた。しかし、蒸気船を駆使する若い新興商人が勢いを強めると、動きの鈍い大商社は変容を迫られ、ジャーディン・マセソン商会のように銀行、保険業、海運業という具合に多角化できればいいが、デント商会のように対応が遅れ破綻するところも出てきた。

そうした時代にあって音吉は、一八五四年九月、英国極東艦隊とともに長崎入りし、またしても通訳の任にあたっている。一介の漂流水夫が、砲艦外交でならした英国艦隊の通訳を再度務めたのである。すごいとしかいいようがない。

ところで、この時期、もうひとつの漂流譚が音吉の人生にまとわりついてくる。

一八五〇年、(アメリカ)彦蔵(浜田彦蔵、のちのジョセフ・ヒコ)らが乗る一五〇〇石積新造船「栄力丸」が紀州沖で遭難し、太平洋上を漂流した。ようよう五三日目に米国船に助けられ、一行一七人はサンフランシスコに連れて行かれた。その当時、米国は日本との通商を強く望んでいた。ときのフィルモア大統領は東インド艦隊司令長官にジョン・オーリックを指名し、さっそく日本に向かわせた。そんな折、彦蔵らは交渉の道具にもってこいだった。

彦蔵らは、軍艦「セント・メリー号」で香港に移送されることになった。途中寄港したハワイで「栄力丸」船長だった万蔵が病死し、一六人となった。

一行は、マカオで「サスケハナ号」に移乗した。その間、オーリック司令長官が監督能力を問われて解任され、マシュー・C・ペリーが後任についた。しかし、ペリーの到着は大幅に遅れ、一八五二年の秋に香港に着いたときには、彦蔵を含む三人はすでに米国に帰っていた。

残ったのは一三人。一八五三年四月、清国駐在の米国公使とその随員を送って「サスケハナ号」で上海にやってきた彼らを訪ねる人物がいた（注８）。音吉だった。音吉は「サスケハナ号」艦長と交渉し、一二人の解放に成功した。一二人？…、そう、このとき、仙太郎《せんたろう》なる人物がひとり残されたのである。

日本人解放を知って、ペリーはカンカンに怒った。が、後の祭り。解放された一二人は、結局のところ九人が生きて故郷の土を踏んだ。

ところで、ひとり残された仙太郎のことだが、そのまま「サスケハナ号」の水夫になった。周りから好意的に遇され、「サム・パッチ（Sam Patch）」と愛称で呼ばれるようになった。そんなこんなで、ペリー艦隊が浦賀沖に姿を現した（いわゆる「黒船来航」）とき、仙太郎は同艦隊に乗船していた唯一の〝日本人〟となった。彼の存在は幕府の知るところとなり、ペリー再来航の際に引き取りを申し出た。しかし、〝極刑〟を怖れた仙太郎はそれを固辞し、ペリーとともに米国に向かった（のちにキリスト教徒となり、バプティスト宣教師とともに日本の地を踏んでいる）。

さて、米国が修好通商条約の調印に成功しそうだとの情報が英国にもたらされ、音吉は英国上海領事館に呼び出された。重要会議への列席である。いくら日本の情報を必要としていたとはいえ、また、当時上海に住む日本人が少なかったからとはいえ、一民間人、しかも音吉のような経歴の持ち主に公の声がかかるものだろうか。そう考えると、音吉が呼ばれたのはただ単に日本人だったからではなく、二度も英国側の通訳を務め、さらには、デント商会に雑貨屋経営を任された才覚が認められたからではなかったか。

音吉の働きもあったろうか。一八五八年七月三〇日、外輪蒸気船など四隻の艦隊編成で上海を出港したエルギン卿一行は八月三日に長崎入りし、同月二六日、江戸ですんなりと条約調印を終えた。ちなみに、このとき、エルギン卿に私設秘書として随行していたのがローレンス・オリファントだった。行く先々での印象を書き止め、その著書はのちに、英国女王陛下の外交官として知られるアーネスト・サトウに大きな影響を与えた。

一八六〇年四月、音吉は、デント商会の日本進出を手助けした。アヘン貿易からの脱却をめざす同商会は、日中貿易に意欲的に取り組んだ。しかし、その挑戦は失敗に終わり、一八六六年の香港金融危機のなかで倒産する。

何かと忙しい音吉だが、一八六一年に上海にやってきたアーネスト・サトウとも何らかの接点があったのではないか。アーネスト・サトウ（Sir Ernest Mason Satow）（一八四三～一九二九）。〝サトウ〟というひびきから日系と誤解している人もいるようだが、ドイツ東部の小さな村Stowに由来する、生粋の外国人である。すでに触れたように、著名な旅行家、ローレンス・オリファントの書いた清国や日本の旅行記を読み、日本に対する強い憧れを抱くようになった。八倍という競争を勝ち抜き外務省通訳生となり、一八六二年八月に横浜にやってきた。英国公使館に通訳として勤める傍ら、日本語、日本史、日本の政情などを精力的に吸収し、日英両国の架け橋となった人物である。

翌年（一八六二年）に北京に向かうまでの間、サトウはもっぱら独学で漢字を学び、ビリヤードに興じた。そんなある日、友人に、日本人イトーの日本語教師としての能力を調べてもらっている。その友人は、「老い耄《ぼ》れで器用さに欠ける」としながらも採用にゴーサインを出した。宮澤眞一氏は、このイトーなる人物が音吉ではないかと推測する。

モリソン号事件で裏切られ、また、英国に帰化した最初の日本人になろうと、音吉は愛国の人だった。それがために、上海市民が英国などの列強に蹂躙されるのを目の当たりにし、故国がそうなることを憂えた。

一八六二年二月、シンガポールに移り住んだ。同地に来た遣欧使節一行を訪ね、福沢諭吉らに体験談を話して感動させたのはその頃である。

ジョン・マシュー・オトソンと名乗った音吉は、英国人女性と結婚したが死別。そののちマレー人女性と再婚し、男一人、女二人の子をもうけた。聞かせたりもしている。

一八六七年死去。享年四九だった。たしかに自分の意志で波濤をこえたわけではない。しかし、その奮闘努力は日英関係を築く礎となり、ひいては日露戦争での勝利へと導いたといえるかもしれない。ちなみに、息子ジョン・W・オトソンは一八七九年に日本にわたり、日本国籍を許され山本音吉を名乗っている。これは、音吉の、「日本人として生きよ！」という遺言に沿ったものであった。

シンガポール日本人墓地内にある音吉の墓　筆者撮影

【注】

1 ドイツ人医師で宣教師のチャールズ・ギュツラフに嫁いだ従姉を頼って、マカオ、清国にわたった。ギュツラフは日本語研究の先駆者で、聖書を和訳したことでも知られる人物。今回の主人公、音吉はこの和訳を手伝い、今や、故郷（愛知県小野浦）では「聖書を最初に和訳した男」として知られている。

2 江戸時代後期におけるわが国の内航海運を支えた大型和船で、載貨重量でいえば約一五〇トン。一八世紀半ばになると、「弁才船《べざいせん》」と呼ばれていた和船が廻船として利用されるようになり、なかでも千石級が主力であったことから、船の大小を問わずに弁才船のことを「千石船」というようになった。

3 蘭引と書く。ポルトガル語のalambiqueの転であり、熱してできた蒸気を採集して飲料水とするための蒸留器である（『広辞苑 第五版』（新村出編、岩波書店、一九九八）より）。

4 春名徹氏は、救助したのはエスキモー系の住民であるとしている。略奪され、奴隷に売られたという異説もある。

5 一六七〇年に英国政府の特許会社として設立された。カナダの毛皮貿易を独占し、その独占権は一八六九年まで維持された。

6 驚いたことに、死者は頭を下にして樽に突っ込んであった。当時の幕府の法で、海上の死者であっても陸地に運び、役人の検死を受けるべしと定められていたからだが、太平洋に商業的価値を見出せないでいた英国人には漂流民との出会い自体が衝撃的であり、そうした奇異な慣習には絶句するほかなかったであろう。

7 いわゆるモリソン号事件。度重なる異国船の日本近海接近を阻止するため、幕府は一八二五年（文政八）に「異国船打払令（無二念打払令《むにねんうちはらいれい》）」を出し、沿海五大藩（薩・長・土・仙台・加賀）に海岸防禦《ぼうぎょ》処置をとらせていた。

8 吉村昭氏は小説『アメリカ彦蔵』（新潮社、二〇〇一）のなかで、上海における音吉と漂流水主たちとの交流を描いている。吉村氏によれば、音吉の実名は乙吉だったが、「乙とは何か」と聞かれ、説明に窮し「音（sound）」と答えたために音吉に替えたという。

【参考文献】

春名徹『にっぽん音吉漂流記』中央公論社（一九八八）
岩尾龍太郎『江戸時代のロビンソン―七つの漂流譚』新潮社（二〇〇九）
川合彦充「モリソン号の来航と一生を異国で送った漂流者たち」（北上次郎選・日本ペンクラブ編『海を渡った日本人』福武書店、一九九三）
熊田忠雄『そこに日本人がいた！―海を渡ったご先祖様たち』新潮社（二〇〇七）
熊田忠雄『すごいぞ日本人！―続・海を渡ったご先祖様

たち』新潮社（二〇〇九）
宮澤眞一『「幕末」に殺された男―生麦事件のリチャードソン』新潮社（一九九七）

第7話

音吉の故郷を訪ねて
知多半島小野浦の浜と良参寺

第6話のなかで、漂流の果てに生きて故国の土を踏むことのなかった「宝順丸」の水夫、音吉（にっぽん音吉）の話を紹介した。存外な人物を知るところとなり、もう少し知りたいと思うようになった。そして、果たせるかな、彼の故郷である愛知県美浜町の小野浦を訪ねることができた。

まずは、小野浦を含む船主の同業組合「戎講《えびすこう》」の中心地、南知多町内海《うつみ》に向かった。今ではその面影はないが、幕末には七〇～一〇〇隻の千石船を所有した内海船主は、西は大阪・兵庫・下関から、東は下田・神奈川・江戸に至る南海路で、塩・米・小麦・大豆・干鰯などを輸送し、運賃積みではなく、実際に物を買い取って売りさばく買積み方式を特徴としていた。

内海はさすがに尾州廻船の中心地だけあり、海に向かって大きく開けている。しかし、内海や小野浦などの港は船主が住むだけの港で、流通の拠点でも難所避《よ》けの寄港地でもなかった。そもそも江戸時代、伊勢湾には、①商業地を背後に有する拠点港、②風待ちや潮待ちに適した天然の良港、③船主が住むだけの港、そして、④造船を専門に行う港といった四つのタイプの港があった。その区分けでいえば、内海などはこの③ということになろう。ちなみに、①としては、四日市、桑名、名古屋、常滑《とこなめ》、半田《はんだ》、吉良吉田《きらよしだ》など、②としては、志摩の鳥羽《とば》など、そして、④には伊勢の大湊《おおみなと》や神社《かみやしろ》などがそれぞれ挙げられる。

千石船の模型や実際の帆桁があるというので、「南知多町郷土資料館」まで足を伸ばしてみた。高校の校舎を再利用したというだけあって、外観からは資料館とすぐにわからない。おまけに、インターホンで鍵をあけてもらうシステム。これは期待はずれか…そんな不安がよぎったが、いざ館内に入ってみると多彩な資料が所狭しと展示され、十分に満足できた。とりわけ、五〇〇石積みの、長さ一四メートルはあろうかという帆桁の実物には感動した。千石船の一〇分の一模型もよくできている。これで入場料無料というのは、じつにありがたい。

音吉が乗り込んだ「宝順丸」は一五〇〇石積みだったというから、かなり大きい。幕末期の基幹航路にはこうした一五〇〇～二〇〇〇石積みの大型船が数多く就航し、一方、ローカル航路では二〇〇石積みを中心とするおびただしい数の小型船が人々の暮らしや経済を支えていた。たとえば、一五〇トンの米を名古屋から江戸に運ぶ場合、陸路では四斗俵（約六〇キログラム）を二俵載せられる馬一二五〇頭、馬子一二五〇人で一〇日間かかるところを、載貨重量一五〇トンの千石船であれば、一二人の船乗りで、風次第ではあるが早くて四日、かかっても九日もあれば運ぶことができたのである。う～ん、やっぱり海運はすごい…。

内海の町を後に、美浜町へとハンドルを切った。小野浦に着くと、道路沿いの看板に「音吉」の名を見つけた。「聖書を初めて和訳した人物」という触書である。全国的にはさほど知られていない音吉だが、当地の人には身近な人物のようだ。彼を「波濤列伝」に加えた者として、ちょっぴり嬉しい心持ちになった。

ピーク時にはかなり賑わうであろう海水浴場近くの食堂に立ち寄った。まずは腹ごしらえ、といったところだ。そして驚いた。メニューに、「世界一周音吉定食」とあるではないか。地元の野間小学校五年生のプロデュースらしいが、音吉が実際に足を踏み入れた地、たとえば、ロンドン、上海、シンガポールなどの料理が一皿に盛られており、なかなか凝っている。いささか食傷気味の私は、特産品の塩の効いたうどんを注文したが、やはり無理してでも音吉定食を食べるべきだったか…（でも、うどんも存外に美味しかった）。

食堂のご主人に音吉の眠る良参寺への行き方を教

えてもらい、徒歩で向かった。細い道をしばらく進むと、いかにも古刹らしき建物が見えてきた。それにしても、シンガポールで亡くなった音吉の遺灰がなぜここに納められているのであろうか。そんな疑問を抱きながら、寺の門をくぐった。

　入ってすぐのところにある説明書きを読みすすむうちに、その疑問は解決した。経緯はこうだ。

　ジョン・マシュー・オトソンと名乗った音吉はマレー人女性との間に男一人、女二人の子をもうけ、一八六七年、シンガポールの地にて四九年の生涯を閉じると国立墓地に埋葬された。その後、シンガポール日本人会の尽力もあり、シンガポール環境庁から掘り起こしの許可を得たうえで改めて荼毘《だび》に付され、日本人墓地公園にある納骨堂に納められることになった。さらには、二〇〇五年二月一七日の分霊式で音吉の遺灰は三つに分けられ、ひとつは日本人墓地、ひとつは山本家代々の墓、そして残る遺灰が、「宝順丸」乗組員一四人の墓がある良参寺に納められることになったのである。それは遭難後一七三年ぶりの帰省、そして仲間との再会であった。

音吉が眠る小野浦・良参寺　筆者撮影

第8話　漂流者の命を継いだ大鳥の話

今回は、八丈島《はちじょうしま》と小笠原《おがさわら》諸島（注1）の中間にある小島を舞台にした漂流話をしよう。その小島とは鳥島《とりしま》のことである。正式には八丈島鳥島といい、東京から約五八〇キロメートルの南海上にある。周囲八・五キロメートルの活火山の無人島で、かつては絶海の孤島だった。

そもそも、この小島にからんだ漂流話が多いのは、生死にかかわる奇跡が重層的に起こったからである。波濤にのみこまれることなく、雨水がかわいた喉をうるおし、適度な風が島へといざなってくれた。そして、飢えの苦しみから解放してくれる食料があった。鳥島はアホウドリ（注2）の群生地で、人間に不慣れでいささかもおそれない大鳥が、漂着者の胃の腑を十分にみたしてくれたのである。

アホウドリは鳥島などで繁殖し、北半球で繁殖するなかでは最大の海鳥類である。ダイナミック帆翔で空に舞うが、ふだんは地上に群れ、動きはいたって緩慢である。そのため簡単に撲殺でき、食用とすることができた。かわいそうだが、飢えた人間は責められない。

とにかく、飲み水と食料が漂着者の生死の鍵を握っていた。飲み水は、火の種があればランビキで海水から得ることができたし、溜めた雨水でも代替できた。しかし、問題は食料だった。積み荷があれば別だが、そうでないと即、死を意味した。魚、貝、小蟹、海草などはあるにはあったがなにぶんにも量が少なく、どうあれ、群棲するアホウドリに頼らざるを得なかった。無尽蔵とも思える大鳥の群れ、まさに天の恵みとしかいいようがない。

ここで、この鳥島を舞台にした漂流史をみておこう。

まずは一六九六年、薩州志布志の五人を乗せた船が漂着している。洋上をさすらううちに海亀に導かれ、五四日目の夜にようやく島にたどり着いた。彼らはふつうに雨水をたくわえ、ランビキで海水から真水をあつめ、新鮮な水分はすすきの芽から手にいれた。魚を釣り、陸にあるグミを採取し、そして、当然のようにアホウドリを食料とした。しかし、仏心《ぶっしん》からか、そののちアホウドリの殺生をやめ、かわりにアホウドリが吐瀉《としゃ》する落餌で飢えをしのごうとしたが、そのことが原因で病に苦しむということもあった。七八日間もの塗炭の苦しみにわかれを告げようとする日、アホウドリたちは群れをなし、仲間を食い物にされたことを忘れたかのように、彼らの後を追った。

一七一九年に遭難し三九年に生還した遠州新居《あらい》の「大鹿丸」の話や、一八四一年にはかのジョン万次郎（中浜万次郎）が捕鯨船「ジョン・ハウランド号」に救出される話もあるが、吉村昭の小説『漂流』の題材になった土佐長平の話はじつにおもしろい。一七八五年に大西風のため遭難し、昼夜の漂流のはてに鳥島に奇跡的にたどり着いた水主四人の物語である。

この四人もまたアホウドリに生命をあたえられた。殺生の贖罪《しょくざい》からか、無事に帰還できたら一生鳥は食べないと念仏のように唱えながら、流木でアホウドリの首を殴打し生きる糧を得た。火種をなくした彼らはアホウドリを塩もみし、生で食した。卵はこのうえない滋養となり、卵の殻は雨水をためる容器となった。アホウドリが渡り鳥であることを知り（注3）、肉を干物にしようとした長平の機転はじつにみごとである。

孤島での生活をはじめた四人だったが、しまいには長平ただ一人になった。彼は、三人の死因がアホウドリの干し肉しか食べないことによる栄養失調とかんがえ、貝、蟹や海草などをバランスよく食べ、ほどよく体を動かすことに心をくだいた。

さびしさの淵で「南無阿弥陀仏《なむあみだぶつ》」をとなえ、神仏のご加護をひたすら祈る長平のもとに、大坂（大阪）船、薩摩（志布志）船が漂着する。彼らは、アホウドリを調理する火種、それに貴重な大工道具まで持っていた。これで生還できる…。彼らは必死に流木をかきあつめ、何とか千石船に擬した小船を完成させ、やっとの思いで八丈島にたどり着いた。長平にとっては、じつに一二年におよぶ苦闘であった。

人間の生まれ持った運命、生き延びようとする強い意志、経験、神仏やご先祖のご加護にすがる信心の大切さを感じるとともに、人間主体の歴史のなかに埋没しそうなアホウドリのことを思う。食料として、そして、寒さや雨露をしのぐ蓑にもなったが、それ以上に、明日のみえない漂流者にとっては、アホウドリの鳴き声や排泄物の臭いは近くに〝生き物〟がいるという癒しであり、空を自由に舞う姿は〝脱出〟への希望だったのである。(注4)

アホウドリのことを書き進めるうち、なぜだか過日耳にした「かもめ」(L・ボワイエ作曲、薩摩忠訳詞)のメロディーが脳裏をよぎった。その歌詞には、「(前略)かもめを殺してはいけない。なぜなら、かもめは死んだ水夫《すいふ》の魂だから」とある。もしかしたら、アホウドリもそうなのかもしれない、そうも思った。

【注】

1　一八四〇年に父島に漂着した「中吉丸《なかよし》」が米国人に救助され銚子に生還した際の報告で、同島に外国人が定住していることを知っていた幕府は、一八六一年に「咸臨丸」を派遣し日本領土であることを主張するとともに、八丈島住民の一部を移住させた。一八七五年、小笠原諸島領有問題が浮上するや明治政府は「明治丸」を父島に派遣し、同諸島領有の基礎を固め、翌年三月に日本統治を各国に通知している。

2　アホウドリ(信天翁、学名：Diomedea albatrus(英名：Short-tailed Albatross))は、高さ一メートル、羽を広げた全長が二・四メートルという大鳥であり、国の特別天然記念物に指定されている。かつては百万羽もいた鳥島のアホウドリだが、羽毛業者による乱獲、太平洋航海者の食料となったこと、加えて一九三九、四一年の火山噴火により、一九四九年に絶滅宣言がなされた。その後、若鳥の存在が確認された。二〇〇五年時点で一八四〇羽まで復活しているが、延縄漁《はえなわ》の犠牲となり、毎年多くのアホウドリが溺死している。二〇〇八年から小笠原諸島聟島《むこ》を新たな繁殖地にする試みもなされており、今後の動向が注視されている。

3　遠くは、アリューシャン列島、北米海岸沖、アラスカ湾、ベーリング海などにわたる。

4　吉村昭氏の小説『漂流』の高井有一氏の解説より。

【参考文献】

岩尾龍太郎『江戸時代のロビンソン─七つの漂流譚』新潮社（二〇〇九）

真木広造写真、大西敏一解説『日本の野鳥590』平凡社（二〇〇〇）

フランク・B・ギル著、山階鳥類研究所訳『鳥類学』新樹社（二〇〇九）

吉村昭『漂流』新潮社（一九八〇）

第9話

サツマ・スチューデントと長州ファイブ

異国での若き薩長群像

第2話で、一八六七年のパリ万博に徳川昭武一行とともに薩摩藩が参加したと紹介したが、じつは、返答を渋っていた幕府が薩摩藩の参加を知り、慌てて参加を表明したというのが正しいようだ。

薩摩藩はいち早く密航というかたちで欧州に人材を送り込み、西洋文明の吸収に着手していた。

薩英戦争で西洋の先進性を知った薩摩藩は薩摩開成所を開校し、このなかから俊英を英国に留学させることを決めた。そして一八六五年四月一七日、藩の勅命を受けた一九人が英国人商人、トーマス・グラバー（Thomas Blake Glover）の協力のもと、「オースタライエン号」（注1）に乗船した。

約二カ月におよぶ洋上生活をともにした面々は、第3話にも登場した五代友厚《ごだいともあつ》、松木弘安（のちの寺島宗則）ら四人の外交使節と、森有礼《ありのり》、磯長彦輔ら一五人の留学生であった。藩の勅命文には、「甑島《こしきじま》、その他の大島などに用向きがあるから（後略）」とあった。国禁を犯しての洋行であり、幕府に配慮しての偽装工作だったのであろうが、航海途中で藩命を無視し脱藩逃亡のすえに外国へわたった、という釈明が周到に用意され、一人ひとりに脱藩後に用いる変名まであたえられていた。

五代のように是非とも外国へ行きたいと考える者ばかりではなく、「攘夷の時節に外国へ出掛けるのは間違っている」、「欧州へ行くのは西洋崇拝からではない」などと主張する者も少なからずいた。たとえば、松村淳蔵は洋行日記のなかで、髷《まげ》を切り刀も差さない格好を〝西洋風の醜《みにく》い姿〟と表現し、「国のためを思えば厭《いと》うものではない」と複雑な心境をつづっている。

さて、海は大いに時化《しけ》、船はローリングとピッチングをくりかえし、全員船酔いがはげしかった。朝八時、昼一二時、夕四時に食事をとり、夜九時には消灯という生活のなかで、洋風の食べ物は「味があるのは 橙《だいだい》と米 計《ばかり》で豚や牛はどうにもまずい」と愚痴をこぼした。それでも、航海になれてくると食事も喉を通るようになり、香港では、「陸地はあたかも蛍火に髣髴たり」と余裕のコメントを残すまでになっている。

英国のP&O（Peninsular and Oriental Steam Navigation）社所有の、長さ九〇メートル、幅一六メートル、三〇客室（一五〇人収容）の大型蒸気船に乗りかえ、シンガポール、ペナン、ボンベイ（現ムンバイ）[注2]、アデン、スエズ[注3]、そして、アレクサンドリアから地中海に入り、六月二一日に英国南部のサウサンプトン港に着いた。この航海の間、専属の楽人が演奏する西洋音楽で無聊《ぶりょう》をなぐさめ、シンガポールでは〝マツカサクタモノ〟なるパイナップルを食し、西洋人の夫婦が路上で接吻するのにびっくりした。インド洋上では、〝アイスクリーム〟なる氷菓子に感動。一方で、ボンベイの暑さに辟易《へきえき》し、貯炭地アデンの高温多湿に鬱々となった。

ようようロンドン生活をはじめた一行だったが、しばらくして、グラバー商会から世話役として同行していたライル・ホームから、「ロンドンで物理学を勉強している長州人に会った」と聞かされる。一同驚いているところに、当の長州人から早速の申し入れがあり、七月二日に面談することになった。

この時に会った長州人は、のちに〝長州ファイブ〟と呼ばれる伊藤俊輔（のちの博文）、井上聞多《もんた》（のちの馨《かおる》）、野村弥吉（井上勝）、遠藤謹助、山尾庸三のうち、長州が外国船を砲撃したことを知り無益な行動を制止させようと帰国した伊藤と井上を除く三人だった。

彼らは洋夷排撃ののちに西洋文明を学ぼうとたくらむ藩主の命を受けた格好だが、人選は藩政務役、周布《すふ》政之助がすすめた。まず、官僚型の平凡な秀才、野村と山尾が選ばれ、ついで、伊藤と聞多が追加された。聞多が頼みこんだようだ。藩主、毛利敬親《たかちか》に〝早耳〟であることを理由に聞多と改名させられた彼らしいエピソードである。それにしても、名家の出である聞多はさておき、両親が百姓の出で足軽程度の家格の伊藤が選ばれたのは、いかにも時代であった。

伊藤は、「大丈夫《ますらを》の恥を忍びてゆく旅も、皇御国《すめらみくに》の為とこそ知れ」と朗詠した。日本武士が獣の国に行くような思いだったかもしれない（司馬遼太郎『世に棲む日日』より）。ジャーディン・マセソン商会所有の「チェルスウィック号」で上海にむかい、同地からはロンドン行きの二隻の貨物船に分乗し、約四カ月の月日を費やしようやくロンドンにたどり着いた。

この長州五傑には、船上での面白いハプニングがある。ジャーディン・マセソン商会に渡英の目的を尋ねられ、英語力不足からか、海軍技術の習得という意図の Navy を Navigation（航海術）と勘違いされ、四カ月もの間水夫《かこ》として働かされたというのである。しかも、一片の乾パンに一きれの塩漬け肉というお粗末な食事。一同は痩せこけ、下痢気味の伊藤などは、便所のない船上のこと、友の力を借り海上に突き出た帆桁《げた》から用をたしたという。攘夷の思いとは裏腹に広く世界を見聞することで身分の枠をこえたいと考え、父親に宛てて、「（前略）彼の情実を詳らかにし、且海軍の術に不熟しては不相叶事と奉存、三年を限り執行仕り（後略）」と外遊の崇高な動機を記した伊藤だけに、そのギャップにいささか笑いがこみ上げてくる。

とにもかくにも、薩長の若き群像が遠く離れた英国で邂逅することになった。のちに盟約を結ぶ両藩だが、異国にてこうも早く接近しようとは…。歴史のあやとは、じつにおもしろい。

さて、サツマ・スチューデントのことだが、一八六七年に米国にわたった六人を除いて帰国し、それぞれに明治の世を生きた。畠山義成は岩倉使節団にも参加し、東京大学の前身にあたる東京開成学校の初代校長を務めた（享年三三）。鮫島尚信は外交官として激務のなかパリに客死（享年三五）し、五代友厚は大阪商工会議所初代会頭として渋沢栄一と双璧とされるほどに活躍した（享年四九）。凶刃に倒れた森有礼は初代文部大臣を務め（享年五〇）、寺島宗則は欧米列強と伍して自主外交を推進し（享年六一）、町田久成は帝国博物館初代館長（享年五九）、松村淳蔵は第三代海軍兵学校長を拝命した（享年七七）。変り種は高見弥市であろう。元土佐藩士で、武市半平太に感奮するも長州に脱走し薩摩にかくまわれた人物だが、そのこともあってか終生鹿児島を離れず、県立中学校造士館の教員などを務め生涯を終えている（享年五三）。

一方の長州ファイブはというと、歴史上で傑出する伊藤、井上馨は言うまでもなく、山尾は工部卿として工学教育に尽くすかたわら障害者教育にも注力し、遠藤は造幣局長として近代貨幣制度を整備し、野村は鉄道の整備に意を注ぐなど、これまた、近代日本の建設におのおの骨身を惜しんでいない。

先達の残した資産のうえに安穏《あんのん》と暮らすわたしたちだが、この時代においてやらねばならぬことが山ほどあるはずだ。「いっぱいあっど（沢山ありますよ）…」。若き薩摩の群像が現代に生きる同胞にそう語りかけながら、今日も鹿児島中央駅前で天を指している。

鹿児島中央駅正面に建つ「若き薩摩の群像」 筆者撮影

【注】

1 グラバー商会所有の小型蒸気船で香港航路の便船。蒸気機関を補助に持ち、入出港を除いて航海は基本的に帆走だった。船長以下船員は総勢七三人、うち中国人が三〇人だった。

2 彼らがはじめて目にする近代的な都市であった。英国王、チャールズ二世の妃となったポルトガル王女キャサリンの〝化粧料〟としてポルトガルから英国に贈られ、そののち東インド会社所有となり、一八五八年に英本国統治となった。

3 工事中のスエズ運河（一八六九年一一月開通）を日本人で最初に見学した。スエズに到着した五代ら六、七人が、蒸気汽車が発車する深夜一一時までの時間を利用して運河の開削現場を見学したという。

【参考文献】

門田明『若き薩摩の群像―サツマ・スチューデントの生涯』春苑堂出版（一九九一）
犬塚孝明『薩摩藩英国留学生』中央公論社（一九七四）
熊田忠雄『そこに日本人がいた！―海を渡ったご先祖様たち』新潮社（二〇〇七）
瀧井一博『伊藤博文―知の政治家』中央公論新社（二〇一〇）
司馬遼太郎『世に棲む日日』文藝春秋（二〇〇三）

第10話

孫文の亡命を手助けした会津人
日本人初の欧州航路船長、郡寛四郎

薩長ときたからには〝賊軍〟、たとえば会津の話をするのが公平というものであろう。なぜ会津かと聞かれれば、個人の趣味としか返答しようがない。しかし、会津は山国であり、本書に登場いただくような話などないのではないか。いささか困っていたところに、日本人としてはじめて欧州航路の船長になった郡《こおり》寛《かん》四郎《しろう》（一八五八〜一九四三）の存在を知った。彼は会津藩最後の家老の実子で、中国革命の父、孫文《そんぶん》（一八六六〜一九二五）の日本亡命を手助けした硬骨漢だという。

興味をひかれ調べようとしたが、いかんせん資料がない。日本郵船歴史博物館に問い合わせたところ、福島の新聞に掲載された記事と「週刊ダイヤモンド」の記事を頂戴した。せっかくのご厚意であり、資料は限られていようと会津が生んだ尊敬すべき人物について少しでも光を当てられれば、と乗りかかった船に乗ってみた。

寛四郎は、会津藩家老のひとり、萱野《かやの》権兵衛《ごんべえ》長修《ながはる》の三男として生まれた。幼名虎彦。父長修は戊辰戦争（会津戦争）を戦い、一ヵ月にわたって鶴ヶ城に籠城した。さりながら、奮戦の甲斐なく開城を受けいれることとなり、一八六九年五月、責めを一身に負って切腹し、主君、松平容保《かたもり》父子を守った。まさに、忠義の人だった。しかし、それがために萱野家は断家処分となり、寛四郎は姓を母方の郡《こおり》に改めることになる。

そもそも、会津はじめ東北列藩が薩長に敗れた主因は、その兵力の差にあった。西国諸藩が海外列強から圧力を受けて時勢に敏感であったのに対し、東北諸藩は時代の変化にはなはだうとかった。そうした会津が、徳川家への忠義から、落涙のうちに京都守護職を拝命した。そして、その忠義な会津を、将軍慶喜はいともたやすく裏切った。まさに、会津にとっての不幸としかいいようがない。官軍が振りかざす刃は、雪崩をうつように錦の御旗とともに会津へとむかった。

さて、萱野長修の忠義に心動かされた旧会津藩松平家は、あてがわれた敷地の一部を郡家に貸しあたえ、次男乙彦《おとひこ》（のちに長正と改名）を豊前豊津藩に留学させた。しかし、このことがさらなる悲劇を招くことになろうとは…。

長正が母親からの手紙を落とし、それを読まれてしまったのがことのはじまりだった。その手紙には、食事がおいしくないと愚痴をこぼす長正を叱責する内容がしたためられていた。そのことを知った同僚が長正をいじめ、彼は彼で、会津の誇りをまもろうとして切腹するのである。世が江戸から明治にかわろうとするなかでの、はかなく悲しい父子二代にわたる自決であった。

寛四郎はといえば、三菱商船学校（のちの東京高等商船学校）の第一期卒業生となり、三菱汽船会社に入社した。そののち、日本人初の欧州航路船長となり日本海運史にその名をのこすのだが、世界史の表街道をほんの数歩ではあるが歩いている。

一九一一年一〇月、辛亥《しんがい》革命で中国湖北郡督府が成立すると、翌年一月には米国に亡命していた孫文が臨時大統領となり、中華民国が誕生した。その後、袁世凱《えんせいがい》が大統領となり独裁制を敷こうとするや、孫文は第二革命を起こした。しかし、革命は失敗に終わった。福建省に逃げた孫文だったが、日本領事館付武官から台湾総督府の支配下にあった台湾を経由する日本亡命をすすめられ、決行する。

一九一三年八月九日早朝、寛四郎が船長を務める日本郵船「信濃丸」（注1）が神戸港に入った。袁世凱から孫文の亡命阻止を依頼されていた日本政府は、四人の警官を船内に派遣し、事務長に船長公室のなかを案内させた。「内務省警保局から、この船で孫文が亡命しているとの連絡が入っている。隠すとためにならないぞ」とすごむ警官に寛四郎は、「顔は存じ上げており、乗船していれば気付くはずだが、一向に知らない。乗船名簿をお見せしても構わない。何なら船内くまなく捜索されたらどうか」と返す。実際に三時間ほどかけて捜索するが孫文を探し出せず、警官はすごすごと下船していった。じつは、船長公室の奥に小部屋があり、そこにかくまっていたのである。

こうして、孫文は無事日本に上陸した。そして二年後、第三革命でもって袁世凱の野望をくじくのである。孫文はこのときの謝意として、寛四郎に「博愛」と書かれた肉筆の額を贈った。

福島の地元新聞に、寛四郎の孫に当たる荘一郎氏の弁として、寛四郎の日常生活や性格の一端が紹介されている。それによれば、太平洋戦争中でも毎朝四時に起床し、雑巾《ぞうきん》がけのあとにパンとコーヒーの朝食をとるのが日課だったという。海の生活のリズムが身にしみついていたのであろう。

ハイカラでユーモアのある一方で、一九四〇年の「浅間丸」事件(注2)ではありったけの怒りをあらわにするなど、熱い血の人だった。そう考えると、寛四郎が孫文を助けたのは、胸の内に秘める藩閥への反骨、そしてわが身を挺して中国民衆のために立ち上がろうとする孫文の気概に心打たれてのことではなかったか、と思えてくる。

それにしても、山国で育った寛四郎がなぜ大海原を駆けようと考えたのか。くわしくはわからないが、狭い国土のなかで、官軍だ、賊軍だとかまびすしい世界が嫌になり、何者にも邪魔されない大海原に身を置きたかったのかもしれない。

いろいろ思いをめぐらすうち、小学校の学芸会で「白虎隊」を舞ったことを思い出した。薩摩の小学生に会津の〝哀切〟を演じさせるとは、わが師たちもいささかなりと寛四郎と同じ気持ちだったのだろうか。過日、会津若松市にそびえる鶴ヶ城の天守閣から眺めた景色は、どこまでも透明だった。

【注】

1　一九〇〇年に英国で建造された六三八八総トンの客船。一九五一年に解体されたが、その間、ロシアバルチック艦隊を発見し日本海海戦の勝利に貢献したほか、シアトル航路就航中は永井荷風を乗せている。

2　一九四〇年一月二一日、日本郵船の「浅間丸」が房総半

島沖の公海上で英国海軍の巡洋船に拉致検船され、二一歳以上のドイツ人乗客が戦時捕虜として連れ去られた事件。戦時国際法では不問とされたが、日本のマスコミや政府がはげしく批判した。そのため、一部は解放されたが、両国間に不穏な空気が漂うきっかけとなった。

【参考文献】

司馬遼太郎『司馬遼太郎全講演１９８４－１９８９ 第２巻』朝日新聞社（二〇〇〇）
中村彰彦「孫文を助けた男―郡寛四郎の秘密」（「週刊ダイヤモンド」一九九七年八月二日号、ダイヤモンド社）

第11話 ジャポニスムの必殺仕掛人

美術商、林忠正の生涯

清水卯三郎のパリ万博での演出は現地で大きな反響を呼び、欧州におけるジャポニスムの源流となった。パリの街に和の蕾がふくらみ、一八七三年のウィーン万博で大きな花を咲かせたのである。

ジャポニスム（japonisme）は万博や浮世絵の流入によって開花した一種のブームであり、バルビゾン派（注1）の画家には色彩についての、印象派（注2）の画家にはモチーフ、構造、彩色についての新風をもたらした。そして、この風をクリエイトした人物こそが、パリを拠点に浮世絵などの日本美術を紹介し続けた林忠正（一八五三〜一九〇六）である。

忠正は蘭方医、長崎言定《げんてい》の次男として、越中高岡に生まれた。幼名を志芸二《しげじ》といった。息子に学問の環境をあたえようと考えた言定は、志芸二を富山藩大参事だった甥の林太仲《たちゅう》の養子とし、名を林忠正と改めた。

一八七〇年一〇月に上京し、村上英俊（注3）が運営するフランス語塾「達理堂」に入塾。翌年一月には大学南校（一八七三年に開成学校と改称）に入学し、フランス学を専攻した。ところが、養父太仲の弟で、同じ学校に学ぶ磯部四郎が司法卿、江藤新平の推進する五大法（民法、刑法、民事訴訟法、刑事訴訟法、商法）整備のため第一次留学生としてパリ大学に留学することになり、選にもれた忠正は理科を専攻することになった。

一八七七年、忠正は起立《きりつ》工商会社に入社した。同社は、輸出工芸品の企画制作および輸出を目的に政府補助により設立された、わが国初の貿易会社である（注4）。

さて、貿易会社社員となった忠正だが、一八七八年にパリで開催される万博に参加することになり、迷うことなく退学の手続きをすすめた。総長の浜尾新《あらた》がつよく慰留するが、忠正の西洋への憧れをぬぐいさることはできなかった。

出国を前に、若井のまねきで吉原の妓楼「稲本」に遊んだりもした。一月二七日、新橋から横浜にむかい、二九日の早朝、フランス郵船「チーブル号」で日本をあとにした。外務卿、寺島宗則発行四三九一号のパスポートには、「二四歳四ヵ月」とある。

航海初日ははじめての蒸気船に興奮し、生意気な食事をしたために夜中に吐いたようだが、徐々になれるにつれ食がすすみ、とくにミカンがおいしいと日記に記している。

万博は、一八七八年五月一日から六ヵ月間の日程で開催された。イタリア、中国の展示館にかこまれた日本館は単純で素朴なつくりがかえって優雅であると評判となり、日本の品々は飛ぶように売れた。しかし、それらはガラクタも同然のしろもので、関係者の自信はうぬぼれ以外のなにものでもなかった。

意気揚々パリの地をふんだ忠正は通弁として働き、万博終了後は同地に留まることを決意する。

欧州警察制度視察のためパリを訪れた大警視、川路利良一行のなかに旧知の人がいたことから一行の通訳、翻訳をつとめることになり、一八七九年九月から翌年三月までの間、ベルギー、オランダ、ドイツ、ロシア、オーストリアなどに同行した。そして、この周遊はのちの大きな財産となった。

ジャポニスムを肌で感じ取った忠正は、浮世絵を正しく理解して商いをしようとかんがえた。一八八六年に若井とともに日本美術専門商を立ち上げ、一八八九年には完全独立を果たした。この間、印象主義の進歩的作家、エドモン・ド・ゴンクールに付きまとわられる一方で、ゴンクールにナポレオン三世の従妹《いとこ》、マチルド皇女のサロンを紹介され、日本人としてははじめて上流階級サークルにお目通りがかない、高級美術商としてのめどをつけているからおもしろい。

忠正は浮世絵をていねいに鑑定し、そのうえで証印し、パリを中心に売り出した。ちなみに、一八九〇年から一九〇一年にかけての一〇年間の統計によれば、海外に流出した浮世絵は一五万六四八七枚、うち初期浮世絵は一二三五枚とある。内訳をみると、春信、清長、歌麿などの全盛期のものが二万九二六一枚、北斎以降の末期作品が一二万五九九一枚となっている。顧客は美術史家、画商、作家などであったが、こうした人を介して、浮世絵はパリ画壇に大きな影響を与えていったのである。

そもそも、初期の風俗画が民衆社会の流行や娯楽と一体となって発展したのが、浮世絵とされる。菱川師宣《もろのぶ》ら江戸の絵師によって多くの傑作が描かれたが、流行もとが吉原遊郭と歌舞伎であったことから、浮世絵も美人画と役者絵が主流となっていった。幕府による弾圧をかいくぐりながらも制作は続けられ、美人画では鈴木春信、鳥居清長、喜多川歌麿、役者絵では東洲斎写楽といった鬼才が世にでた。そののち、美人画はやや低迷し、かわって、葛飾北斎、安藤広重などの風景版画が脚光を浴びるようになる。

忠正はわが国の貴重な文化財を海外に大量に流出させた悪徳商人のようにいわれるが、はたしてそうか。当時の江戸ではチラシや包み紙程度にしか見られていなかった浮世絵が海外で愛好され、日本の愛すべき文化として評価されるにいたったのは彼の働きに負うところが大きいのではないか。その意味では、忠正はジャポニスムの仕掛け人として評価されてよい。事実、彼は美術史家のビュルティをサポートしたほか、ゴンクールの執筆に協力し、『歌麿』『北斎』などの著作を世におくりだす産婆の役を果たしている。その一方で、フランスで法律を学んでいた黒田清輝《せいき》に画家になることをすすめ、また、モネなどの絵画を日本に持ち込み画家の眼を刺激した。さらには、過去の万博における日本の陳列品の陳腐さをなげき、（伊藤博文と親しかったこともあるが）一九〇〇年パリ万博の日本事務官長に就任し、そのため自分の店を閉めることまでしているのだ。

一九〇〇年のパリ万博での働きが評価され、忠正はフランス政府からレジョン・ド・ヌール三等勲章を授かった。が、その一方で、日本政府から与えられたのは正五位勲四等だった。この扱いに、忠正は祖国の冷淡さを痛感したというが、もし、彼が芸術に対する公の評価がその国の文化度と考えたとすれば、その落胆を笑うことはできない。

『日本美術史』をフランス語で上梓し、パリに骨を埋めるかと思われた。しかし、一九〇五年三月、忠正は祖国への帰途につき、帰国から二カ月とたたないうちに不帰の人となった。彼があつめた印象派の傑作は妻によってオークションにだされ、不帰の絵となった。

【注】

1　ルソー、コロー、ミレーなど。制作の栄養を森、田園、空気や光から得ようとする一派で、絵画を空想から現実へ回帰させるうえで重要な役割を果たしたとされる。

2　モネ、ルノワール、シスレーなど。市民生活や目の前の現実を、新鮮で明るい光の効果で表現しようとした。

3　幕末、明治初期の蘭学者。のちにフランス語を独学し、〝フランス学の祖〟と呼ばれた。

4　日本ではじめて紅茶を生産した佐賀県人、松尾儀助《ぎすけ》が社長に就任し、骨董商の若井兼三郎が副社長として松尾をささえた。しかし、結局は西洋人の趣味の変化に対応できず、一八九一年に倒産を余儀なくされている。

【参考文献】

辻惟雄『日本美術の歴史』東京大学出版会（二〇〇五）
坂崎乙郎・野村太郎編『年表・要説 西洋の美術』社会思想社（一九六八）
大塚国際美術館編『西洋絵画300選』有光出版（一九九八）
小山ブリジット著、高頭麻子・三宅京子訳『夢見た日本―エドモン・ド・ゴンクールと林忠正』平凡社（二〇〇六）
木々康子『林忠正―浮世絵を越えて日本美術のすべてを』ミネルヴァ書房（二〇〇九）
木々康子『林忠正とその時代―世紀末のパリと日本美術』筑摩書房（一九八七）
瀬木慎一『世紀の大画商たち』駸々堂出版（一九八七）
鹿島茂『パリの日本人』新潮社（二〇〇九）
石田一良編『日本文化史概論』吉川弘文館（一九六八）

第12話

日本女優第一号と烏森ゲイシャの欧州行脚
マダム貞奴としたたか芸者の競艶

一九〇〇年に開催されたパリ万博で、ある日本人演劇一座が大変な評判になっている。自由民権運動の闘士で、奇抜な都都逸《どどいつ》風「オッペケペ節」で名をなし、庶民の哀歓を表現する新派演劇の礎を築いた熱の男、川上音二郎（一八六四〜一九一一）が率いる一座である。そして、その一座で他をしのぐ人気だったのが、彼の妻で、日本人女優第一号とされる貞奴（一八七一〜一九四六）であった。

貞奴は本名を小山貞といい、江戸は日本橋に生まれている。芸者置屋の養子にだされ、一五才で一人前の芸者になった。一六で名妓をついだ彼女は、伊藤博文や西園寺公望《さいおんじきんもち》といった元勲からひいきにされるほどの美貌の持ち主だったという。

金づかいのあらい音二郎は、借金から逃れるために出国をもくろんだ。一八九八年の衆議院選挙で落選し、人気は急落…その失地挽回をねらっての決断でもあった。いずれにせよ、新天地をもとめての出国だったが、その方法がふつうではなかった。隅田川から小舟で漕ぎだすというのだ。無謀というほかない。しかし、とにもかくにも沿岸を伝って神戸にたどり着き、同地で興行をうって軍資金を調達したのちの一八九九年四月三〇日、一座の面々と「ゲーリック号」で神戸をあとにし、五月二三日、目的地サンフランシスコに入港した。

到着して二日ののちから公演をはじめたが、事故で舞台に立てない女形《おやま》の代役を貞奴が務めることになり、そのことがのちの一座の運命を大きく変えることになった。音二郎の演じる〝ハラキリ〟もさることながら、黒髪を振り乱し短剣を喉にあてる貞奴の演技が大評判となったのである。一座は成功裡に公演をつづけた。

しかし、そんな一座を悲劇がおそう。スポンサーがぬけただけでなく、稼いだ虎の子の二〇〇〇ドルを現地の悪徳弁護士に持ち逃げされたのだ。一同、失意のどん底にあえいだ。しかしそれでも、役者魂だけは失わなかった。シアトル、シカゴ、ボストンと精力的に幕をあげた。ワシントンではマッキンレー大統領と劇談をかわし、音二郎が「日本の演劇は忠孝、義理、人情を織りこんでおり、猥雑な米国演劇とは格が違う」と論をぶつと、大統領はただただ苦笑していたという。

一九〇〇年四月二八日、一行はニューヨークをあとに「ユベニア号」で英国をめざした。当時の欧州はジャポニスムブームのなかにあり、一座は大歓迎された。なかんずく、貞奴の人気はすごかった。彼女の衣装をヒントにデザインした〝ヤッコドレス〟が流行し、英国では王室の貴賓が公演を鑑賞した。

同年に開かれたパリ万博では、当時人気だった舞踊家ロイ・フラーによる会場内劇場の柿落《こけら》としに招待された。華麗で凄艶な舞はますます好評を博し、マダム貞奴の勢いは衰えるところをしらなかった。日本に対する誤解をまねくとの批判[注1]あったが、ドビュッシーやジードを魅了し、ピカソは彼女をモチーフにコンテを描き、ロダンにいたってはモデルになってほしいとねだった。

万博ののち、貞奴らは欧州各地を公演してまわり、ロンドンから日本郵船の「神奈川丸」で帰国の途についた。一座が演じた芸者と侍の演技は欧州の人々の心をとらえ、桜の散りかかる秀峰富士の遠景が添えられることで、わが国のイメージ（?）とされる「フジヤマ・ゲイシャ・サムライ」の三幅対《さんぷくつい》が完成した。

さてさて、わが国のイメージキャラクターのひとつである〝ゲイシャ〟だが、烏森《からすもり》芸者が〝本物〟のゲイシャとして欧州を行脚し、一九〇〇年のパリ万博では貞奴と双璧とされているからおもしろい。烏森芸者は築地とともに新橋芸者にふくまれるが、地元では〝格〟が一等下だったようだ。そんな烏森の「扇芳亭」の女将―名をおきゃんといった―

に率いられたた芸妓一行がパリにわたったたというから、じつにあっぱれである。

彼女らは「寿美屋」お抱えの芸妓で、引率者おきゃんは、日本の芸妓が欧州に行く嚆矢《こうし》であると彼女らを自慢した。実際は、(第2話で紹介したように)一八六七年のパリ万博に柳橋芸者が出向いているのだが、芸を披露する本当の芸者の渡航としては最初としてもなんら不都合はない。ちなみに、一九〇〇年の万博には、烏森芸者とはべつに三人の芸者が参加している。一九〇〇年二月二八日、画家の浅井忠《ちゅう》とともに、神戸発の日本郵船「神奈川丸」に乗船した。浅井と三人の芸者は、パリに着いてからもしきりに会っていたという。

さて、烏森芸者一行は、パリに一〇ヵ月留まっている。その間、雇用主が用意した日本風の家屋で、味噌、醤油までそろった日本流の生活をいとなむことができた。彼女らの人気は上々で、上品な長唄より道化踊りのほうが喝采を浴びたようだ。

万博が終わるとすぐに帰国する予定だったが、女将が欲を出したか、デンマークをふりだしに欧州巡業の旅にでている。帰国する者を除いた一一人の芸者による、さすらいの旅だった。フランス陸軍の将校がひとりの芸妓に惚れこむという事件もあったが、浮いた話をかき消すかのように、ベルギー、ロシア、ハンガリー、ウィーンなどの街を日本の着物で闊歩し、せっせと稼いでまわった。

しかしそんな折、ウィーンで雇った米国人に二〇〇〇円ほどの金を横領され、おまけに踊り子三人が病にたおれるという危機に見舞われた。日本公使館に助けを求めるも遅々としてすすまず、結局のところ、ベルリンの私設領事といわれていた玉井喜作(一八六六〜一九〇六)の義侠心に救われるのである。山口生まれの玉井は帝国大学医学部予備門に入学ののち第一高等中学校独逸法律科に転じた。しかし、どうしても世界貿易の仕事がしたいと思うようになり、外国事情や諸民族のことを知る目的でロシアへと渡り、一八九三年一二月、イルクーツクからベルリンに向かった。

玉井は一行をどうにかベルリンに迎えいれた。さらに好意から、みずからが発刊する日独貿易機関誌

「東亜」に、彼女らの一大広告文を載せた。幸いなことに、当地では〝ゲイシャ劇〟なるものがはやっていた。白人の似非《えせ》芸者による猿真似興行で、そのためか、〝本物〟の芸者による公演は連日大賑わいだった。それからというもの、似非芸者の演技を指導し、その一方で、スポンサーをさがしながら温泉地をめぐる汲々の日々を過ごし、一九〇二年一月二日、彼女らはようやく新橋駅に降り立った。世界を見聞してきた芸妓の人気がほかを圧したのはいうまでもない。

　さて、貞奴のことだが、一九一一年一一月一一日に音二郎が亡くなり、彼女は女優を引退した。そののち、かつて恋仲にあった福沢桃介《ももすけ》（注2）と仲むつまじく暮らし、鬼籍に入ったのは一九四六年のことである。

【注】

1　夏目漱石もパリ万博を訪れているが、一座の公演を観たとの記録はない。「東洋趣味に乗じた公演に、恥ずかしさをおぼえたのかもしれない」（『漱石の孫』（夏目房之介、実業之日本社、二〇〇三）より）。

2　福沢諭吉の娘婿で、「電力王」と呼ばれた人物。

【参考文献】

博学こだわり倶楽部編『世界を股にかけた凄い日本人がいた！』河出書房新社（二〇〇八）
宮岡謙二『異国遍路―旅芸人始末書』中央公論社（一九七八）
岩下尚史『芸者論―花柳界の記憶』文藝春秋（二〇〇九）
篠田鉱造『明治百話（下）』岩波書店（一九九六）
北上次郎選・日本ペンクラブ編『海を渡った日本人』福武書店（一九九三）

第13話 二〇世紀前夜
夏目漱石、滝廉太郎ほか海外留学生の話

二〇世紀前夜の一九〇〇年は、たとえば、世界人口が現在の四分の一、約一六・五億人と推測されている。

当時の明治政府は、列強諸国と対等に伍していこうと必死だった。そのためには、(予算の関係もあったが) いつまでもお雇い外国人にたよらず、自国の有為《ゆうい》な人材を育てることが喫緊とかんがえた。幕末、幕府は遣外使節団のほかにオランダ、英国などに留学生を派遣(注1)し、長州や薩摩は極秘裏に英国に留学生を送りこんだ。しかし、その数が急増するのは明治維新ののち(注2)であり、派遣先は米、英、フランスが多かったが、一八八一年以降はドイツへの留学が顕著に増えていった。この背景には、岩倉使節団の副使として欧米を巡遊した大久保利通がビスマルクとの対談や彼の演説に感銘を受け、あげくには日本のビスマルクを標榜し、わが国のモデルには小国ドイツ (プロシア) がふさわしいと考えたことがあるのかもしれない。

留学生の専攻をみると人文系・自然科学系が六対四の割合となっており、幅広く欧米の文化や知識を吸収しようとしていたことがうかがえる。政府はこうした方針を強力に推し進めようと、一八八二年二月、従前の貸費留学生規則をあらためて「官費留学生規則」を制定した。文部卿が東京大学卒業生のなかから将来性ある人材をえらび、専攻学科、留学先、留学期間などを指定して留学させるもので、帰国ののちは、留学期間の倍にあたる期間は文部卿の命じる職に就くことが条件となっていた。このため、たとえば森鴎外こと森林太郎 (一八六二〜一九二二) は官費留学がかなわず、私費留学を余儀なくされた。

一八九七年から、文部省は官費留学の枠を広げた。一八九六年に三五人だったものが一八九七年に六〇人となり、翌々年の一八九九年にも五九人が送り出され、うち二七人がドイツに留学している。このなかには、夏目漱石（一八六七〜一九一六）の親友でのちに「味の素」を発見する池田菊苗《きくなえ》、宗教学の姉崎正治《あねさきまさはる》、西洋画の浅井忠《ちゅう》も含まれていた。一九〇〇年二月に三人の芸者と仲良く乗船した、あの浅井である（第12話参照）。

漱石が留学した一九〇〇年はやや少ない三九人がえらばれ、うち二〇人がドイツに向かった。ドイツ語研究の藤代禎輔《ていすけ》、国学者芳賀矢一《はがやいち》、西洋画の黒田清輝《せいき》（注3）、作曲家滝廉太郎といった面々であった。ちなみに、審美学の研究留学を命じられた高山樗牛《ちょぎゅう》は、吐血のために留学を辞退している。

さて、漱石だが、第五高等学校教授を務めていた一九〇〇年六月に英国留学を命じられた。とくに洋行を希望しておらず、ほかにふさわしい人物がいるのではないかと、校長、教頭に申し出たが、特段の異議なければ命にしたがうよう諭された。留学の目的が英文学研究ではなく英語研究だったことにも不満だったようだが、これについては、文部省から弾力的にかんがえてよいとの言質をとっている。一八八四年八月の留学にあたり、「昂々未折雄飛志」と日記に記し、国家をになうエリート軍医にならんとする強烈な使命感をいだいていた森鴎外とは、なんとも対照的である。

一九〇〇年九月八日、漱石はドイツ汽船「プロイセン号」で横浜を発し、ジェノヴァで下船したのちにパリ経由で一〇月二八日夜にロンドンに着いた。上海に着く前に「夢に入る者は故郷の人、故郷の家」なるホームシックにかかり、香港からは高浜虚子に宛てて「早く茶漬と蕎麦が食度候」としたためた。途中のパリでは万博に三回も顔を出し、エッフェル塔にのぼったと妻、鏡子に書き送った。

漱石が留学していたころの英国は、一八三七年に即位したヴィクトリア女王の治世下にあった。産業革命と世界に広がる植民地ネットワークで富を築き、一八五一年には第一回万国博覧会を開催するなど、世界にその栄華を見せつけていた。ところが、一九〇一年一月二三日に女王が享年八一で逝去する不吉のうちに新世紀をむかえると、繁栄のほころびも随所に現れはじめた。

そうした微妙な空気を感じとったのか、漱石は〝内発的開化〟ではないわが国の国力のなさをなげきながら、その一方で、英国の繁栄の先にある衰弱についてかんがえ、「倫敦《ロンドン》に住み暮らしたる二年は尤《もっと》も不愉快の二年なり。余は英国紳士の間にあって狼群《ろうぐん》に伍《ご》する一匹のむく犬の如く、あはれなる生活を営みたり」と記した。孫の夏目房之介は父親（純一）から、「ロンドンを歩いていたら、向こうからやけにみすぼらしい猿のようなのが歩いてくる。みっともないな、と思ったら、ウィンドーに映った自分であった」という漱石の逸話を聞いている。

かんがえにかんがえ、なやみになやみ抜いた漱石は、一九〇二年一二月五日、日本郵船「博多丸」でロンドンをあとにした。

漱石が不愉快な街と別離するすこし前の八月二五日、テムズ川の埠頭に接岸する日本郵船「若狭丸」の船上で、病を得てドイツからの帰国の途にあった滝廉太郎（一八七九〜一九〇三）が、土井晩翠《つちい(どい)ばんすい》の訪問をうけている。名曲「荒城の月」の作詞者と作曲者の初顔合わせだった。甲板で、小一時間ほど歓談した。晩翠が同曲のモチーフは鶴ヶ城と白虎隊の悲劇にあったというと、廉太郎は、はじめてその詩を読んだとき、少年時代を過ごした竹田の岡城を思い浮かべたと返した。

廉太郎が音楽の世界にはいるきっかけは、役人だった父、吉弘が横浜に引っ越したことが大きく影響している。当時の横浜は、日本で最も新しい生活様式に接することができる街だった。外国人とのつきあいも多く、積極的に西洋文明を取り入れる父は、廉太郎に手風琴（アコーディオン）を買いあたえた。幼いころから海が大好きで、遠い異国に強い憧れをいだいていた廉太郎は、祖母とよく行った海をながめながら幾度となく演奏した。

ところで、わが国における音楽の近代化につくした人物に、伊沢修二（一八五一〜一九一七）がいる。一八七五年に米国の師範学校に留学し、かのグラハム・ベル（一八四七〜一九二二）とも知遇を得ている（ベルが電話で最初に話しかけた相手とされる）。一八七八年に帰国し、翌年には東京高等師範学校長に就任した。お雇い外国人のルーサー・W・メーソン協力のもと「小學唱歌集」をまとめあげたほか、ヤマハの創業者、山葉寅楠がわが国ではじめて製作したオルガンの調律の乱れを指摘したことでも知られている。

　一八九四年、廉太郎が伊沢がかかわった東京音楽学校に入学した。一八九九年、その東京音楽学校は高等師範学校から独立した。しかし、いかに独立しようと、技術面はあいもかかわらず欧米にとおくおよばない。そんななか、お雇い外国人にばかり頼らず自前の技術者を育てよう、そのための留学生を海外に派遣しようという話が浮上し、教員二名のほか、研究生の幸田幸《こう》と廉太郎が候補にあがった。

　廉太郎が最有力ともくされた。しかし、わが国唯一の音楽留学経験者で、同校教授でもある幸田延《のぶ》が妹の幸を強く推したため、第一回の留学生はヴァイオリン専攻の幸田幸に決まった。廉太郎は幸田露伴《ろはん》（注4）主催の送別会で、幸を祝す側にまわった。

　ひたすら待つ廉太郎。そしてようやく、一九〇〇年六月一二日付「ピアノ及作曲ノ為メ満三ケ年独国へ留学ヲ命ズ」という文部大臣の令状が届いた。

　留学の夢がかなった廉太郎だったが、留学にあたいする曲ができていない不安、音楽学校の運営上の都合などから、出発を一年延ばすことにした。そして、その間の一九〇〇年一一月、「春のうらゝの隅田川…」ではじまる名曲「春」を含めた組曲『四季』を完成させた。

　心の憂いが晴れた翌年四月六日、音楽学校学友会員が「蛍の光」を合唱するなか新橋駅を発し、ライプツィヒに向かうべくドイツ汽船「ケーニヒアルベルト号」で横浜港をあとにした。日本郵船「若狭丸」も就航していたが、すこしでも早くドイツの空気になじみたかったのであろう。夢破れての復船が「若狭丸」であることを考えると、皮肉としかいいようがない。

　船内では、給仕たちで構成する楽団のレベルの高さに感動し、留学生仲間のすすめでワルツをはじめて踊り、女性の顔をはじめて間近にしたばかりかお互いに抱き合うことにドギマギし、「思い切ってやってみれば何とか道は開ける」ことを会得した。夢半ばで帰国せねばならない運命とは知らぬ、じつに幸せなひとときだった。

廉太郎を乗せた「若狭丸」は、一九〇二年一〇月一七日、横浜港に投錨した。途次の船上で彼は、「なごりをおしむことの葉もいまはのべえでただつらしあすはうつゝけふはゆめのこるおもいをいかにせむあゝいかにせむ」という『別れの歌』を構想した。

帰国から一年も経たない一九〇三年六月二九日、滝廉太郎は二三歳一〇ケ月の短い生涯を閉じた。土井晩翠は廉太郎の墓前で、「滝くん。芸術に完成などというものはないのだ。芸術は常に未完成であり、未完成だからこそ永遠に生き続けるのだ」と語りかけた。漱石、廉太郎…。それぞれがそれぞれに必死に生きた時代のことである。

【注】

1　一八六二年、榎本武揚《たけあき》、西周《あまね》らが新造軍艦の受領を兼ねてオランダに留学したが、これが欧州留学の嚆矢とされている。当初は米国派遣となっていたが、南北戦争勃発で行き先が変更された。

2　一八七一年九月時点の在外留学生総数は、二八一名または三五四名とされる。

3　パリで法律を学んでいたが、林忠正に画家になるようすすめられた。

4　幸田延、幸の両名は、明治の文豪、幸田露伴の妹。

【参考文献】

加来耕三『不敗の宰相大久保利通』講談社（一九九四）
小林章夫『漱石の「不愉快」—英文学研究と文明開化』PHP研究所（一九九八）
寺島実郎『一九〇〇年への旅—あるいは、道に迷わば年輪を見よ』新潮社（二〇〇〇）
夏目漱石『文学論（上）』岩波書店（二〇〇七）
夏目房之介『漱石の孫』新潮社（二〇〇六）
郷原宏『わが愛の譜《うた》—滝廉太郎物語』新潮社（一九九三）
海老澤敏『瀧廉太郎—夭折の響き』岩波書店（二〇〇四）
司馬遼太郎『街道をゆく40—台湾紀行』朝日新聞出版（二〇一一）

第14話 明治期の若き女子留学生

岩倉使節団に同行した女子留学生とその波紋

　明治初期の岩倉遣外使節団を知っている人は多いであろう。一八七一年一二月二三日、右大臣岩倉具《とも》視《み》を特命全権大使とする同使節団は、パシフィック・メール（太平洋郵船）社の「アメリカ号」（注1）で横浜を出航し、米国（注2）をめざした。使節団は岩倉のほか、木戸孝允、大久保利通、伊藤博文、山口尚芳（以上副使）らを入れた総勢四八人だったが、その船に五八人の留学生が同行していた。そして、そのなかに五人の振袖姿がまじっていた。

　津田梅子（当時六歳）、永井繁子（同一〇歳）、山川捨松《すてまつ》（同一一歳）、吉益《よします》亮子（同一四歳）、上田悌《てい》子《こ》（同一六歳）。いずれも幕末期に賊軍とされた幕臣や佐幕藩藩士の子女で、女子教育に熱心な黒田清隆が女子留学生の使節団随行を企画するや親たちがいち早く応じた。現代の感覚ではまだ幼い年端だが、武家の娘としての厳しい教育を受けた彼女らは精神的にはすでに成熟し、国家への忠義心を十分に持ち合わせていると判断したのであろう。

　さてさて、明治日本の立役者たちを乗せた「アメリカ号」は、船客を船酔いで悩ませながら二三日目（一八七二年一月一五日）にサンフランシスコに入港した。全米のメディアが大きくとりあげ、とりわけ五人の女子留学生は大きな関心の的となった。ここでは、梅子（一八六四〜一九二九）と捨松（一八六〇〜一九一九）、このふたりに注目し、乙女たちの洋行に思いをはせてみよう。

　梅子は「東京府貫属《かんぞく》士族津田仙弥女《むすめ》」、捨松は「青森県士族山川与七郎妹」である。捨松は幼名を咲子といったが、留学にあたり母親が「捨てて待つ」の意から捨松に改名している。

ふたりは官費留学生として国家への責任をはたすことを第一義に考え、女子の学校を開くことを夢として語り合った。

女子留学生のアメリカでの生活の詳細については寺沢龍著『明治の女子留学生―最初に海を渡った五人の少女』などを参照いただくとして、ここではいきなり帰国の途次へと時計の針をすすめる。

一八八二年一〇月三一日、ふたりを乗せた「アラビック号」はサンフランシスコ港を解纜《かいらん》し、一一月二一日に横浜に入港した。一一年ぶりの故国であった。梅子は日本語の不安をいだきながらも米国の恩人にあてた手紙に、喜びで興奮し自分自身を抑えられない心情をしたためた。しかし…。

ふたりを待っていたのは、想像以上にきびしい現実だった。当時の日本に、女子留学生が就くべき仕事はないにひとしかったのである。みずからの夢とする教育の機会に恵まれず、日本語にも不自由していた捨松は、陸軍卿、大山巖《いわお》と結婚する（大山は再婚）。薩摩隼人と会津娘の結婚に反対する声もあったようだが、彼女の強い意志がまさった格好である。のちに、彼女は鹿鳴館を代表するレディーとなる。ちなみに、捨松の兄、健次郎はエール大学を卒業ののち一八七五年五月に帰国、二七歳という若さで東京大学物理学教授となっている。

なかば夢やぶれた格好の捨松に対し、梅子は一九〇〇年九月に私立「女子英学塾」を開校し、初心完遂に邁進している。同塾はそののち専門学校となり、現在の津田塾大学へとつながっていく。

以上、明治初期を駆けぬけた賢女の話をひろってきたが、彼女らの活躍は多くの日本人、わけても多くの少女に深い感動と憧憬の念を植えつけた。次に紹介するラグーザ・玉《たま》もそのひとりである。

本名を清原玉といい、一八六一年（文久元）六月、江戸芝新堀で生まれている。父親は増上寺の差配《さはい》で、暮らし向きは裕福だった。玉は絵を描くのが好きな子だった。日本画を学んでいたが、工部美術学校教授として来日していたラグーザ（Vincenzo Ragusa）（一八四一～一九二七）と知り合い、絵の指導をうけるようになる。ときに、ラグーザ三六歳、玉一六歳であった。

彫刻を教えるラグーザは、しだいに玉に心をうばわれていった。コスモスの種子を日本にはじめて持ち込んだのはじつは彼なのだが、それは玉の写生力を高めようという、おそらくは無垢な愛からでたことだったろう。ふたりは急速に親しくなっていった。

ラグーザは玉をモデルに「日本娘像」を仕上げ、彼女は外国人が採用する日本人モデルの嚆矢《こうし》となった。

一八八〇年、工部美術学校校長、大鳥圭介の力添えで、ふたりは身内だけの結婚式を挙げた。国際結婚など珍しかった時代に、ふたりはいたって自然に暮らした。そしてふたたび、ラグーザは玉をモデルに「日本婦人像」を完成させる。

日本を愛するラグーザだったが、故郷イタリアのパレルモに日本技芸をおしえる工芸学校を創設するため、また、尊敬するガリバルディ将軍の銅像を製作するため、日本をはなれる決断をする。しかし、玉と別れるのはしのびない。そこで彼は、工芸学校の創設には日本人教師が欠かせないという理屈で、玉の姉、千代を日本流刺繍の、千代の夫、英之助を漆器の、そして玉を水絵と蒔絵の教師とする三年契約を結んだ。姉夫婦が同行することもあり、玉の両親は彼女の渡航にいっさい異を唱えなかった。

一八八二年八月一一日、フランス船「サガレン号」で横浜を出港した。涙、涙…の姉夫婦とちがい、愛する夫の国に行けるよろこび、本場で洋画を修業できるうれしさ、それに、西洋の学校で教師になることへの期待で、玉は嬉々としていた。途中、日本の洋帆船を目にしては「さよなら！」と声をかけ、上陸したシンガポールではからゆきさんのだらしなさに辟易した。

一八八二年一〇月一日、シシリー島の首都・パレルモに着いた。シチリアに住み着いた最初の日本人女性となった彼女は、さっそくパレルモ大学美術専攻科に入学した。当初は三年のつもりで欧州にわたった玉だったが、現地にとけこむうちに月日は過ぎ、そのうち最愛の夫ラグーザが、「もう一度日本に行きたかった」と言いのこし逝ってしまった。資産は十分にあり生活には困らなかったようだが、望郷の念から日本に帰りたいとローマ大使館に相談すると、「お前は外国人と結婚して日本人ではないから、ここでは世話できない」と冷徹にかえされた。しかし、一九三一年に東京日日新聞（現毎日新聞）が玉のことを実話小説で連載し、また、姉夫婦の息子がいろいろと働きかけたこともあり、帰国が実現した。シチリアの土となる悲愴な覚悟を決めていた玉は、その報を心からよろこんだ。

一九三三年一〇月二六日、玉を乗せた日本郵船「諏訪丸」が横浜港に投錨した。じつに、五一年のときがながれていた。帰国ののちは、絵筆をとったり、外国映画を観たり、下町を散歩したりとおだやかなときを過ごし、一九三九年四月、静かに息をひきとった。

【注】

1 パシフィック・メール社が一八六七年に太平洋航路を開設するにあたり新造した四隻のうち最後となる、一八六九年竣工の鉄骨木皮三本マスト・蒸気機関式外輪船。長さ一一〇・六四メートル、幅一五・〇三メートル、四四五四総トン、速力九・五ノット（『幕末の蒸気船物語』（元綱数道、成山堂書店、二〇〇四）より）。

2 『海外ユートピアを求めて―亡命と国外根拠地』（田村紀雄、社会評論社、一九八九）のなかに、米国における日本人の人口推移が出ている。それによれば、一八七〇年（推測五五人）、一八八〇年（推測一四八人）、一八九〇年（二〇三九人）となっている。一八八〇年代に急増するのは、自由民権運動が政府によって抑制され、サンフランシスコなどへ避難したことも原因と思われる。ちなみに、新渡戸《にとべ》稲造《いなぞう》によれば、一八八七年の日本人人口は一三五二人（男性一二七五人、女性七七人）となっており、その過半数が留学生としている。

【参考文献】

櫻井よしこ『明治人の姿』小学館（二〇〇九）
寺沢龍『明治の女子留学生―最初に海を渡った五人の少女』平凡社（二〇〇九）
加地悦子『ラグーザ・玉―女流洋画家第一号の生涯』NHK出版（一九八四）
木村毅編『ラグーザお玉自叙伝』恒文社（一九八〇）
熊田忠雄『そこに日本人がいた！―海を渡ったご先祖様たち』新潮社（二〇〇七）

第15話

聖像画家、山下りんの「生来画を好む」人生
日本人女性で初めてロシアの土を踏んだイコン画家

明治期の聖像画家、山下りん（一八五七〜一九三九）。彼女は、常陸国（現在の茨城県笠間市）の下級士族の家に生まれた。一八七二年、「嫁には行かぬ、東京に出て絵を習いたい」の一心で上京をくわだて、あえなく失敗におわった（注1）。しかし、彼女はあきらめなかった。翌年、家人を説得し、ついに上京を果たした。

その当時、蕃書調所《ばんしょしらべしょ》画学局の川上冬崖《とうがい》、高橋由《ゆ》一《いち》らが洋画の分野で頭角をあらわし、市井では複数の私塾が洋画の指導にあたっていた。一八七六年には工学寮（翌年、工部大学校に改称された）付属の美術学校が創立され、イタリアから三人の教師が招かれた。いわゆるお雇い外国人である。第14話で紹介した彫刻のラグーザ、元トリノ王立美術学校教授で風景画家としても知られていたフォンタネージ、それに、建築を担当するカペレッティである。

この工部美術学校に、浅井忠、小山正太郎、中丸精十郎らが先をあらそうように入学し、巣立っていった。そして、りんもまた女性一期生としてその門をくぐり、中丸に師事した。

一八七八年九月、フォンタネージが突然教師をやめた。理由は病気とされたが、政府の文教政策に不満をいだいてのことだった。イタリアから後任を迎えたが評判はかんばしくなく、退学する者があとを絶たなかった。しかし、りんはじっと時機を待った。そうしたある日のこと、親友の山室政子（注2）に駿河台のニコライ神父を紹介される。

ニコライは、本名をイオアン・ドミートリヴィッチ・カサートキンといった。神田駿河台のニコライ堂（注3）を建立したことで知られるニコライは、神学生

だったときに図書館でふと手にしたゴロヴニンの『日本幽囚記』を読み、日本での伝道を志すようになったという。一八六一年四月、カムチャッカ、樺太（現在のサハリン）を巡ったのち、日本に向かうロシア軍艦「アムール号」で箱館の地にたどり着いた。

ニコライ神父との出会い、ロシア正教会への入信は、りんの人生を大きく変えた。

日本での布教には日本人の聖像画家（イコン画家）[注4]の育成が不可欠と考えていたニコライは、本国とも協議のうえで画家の卵をペテルブルグの修道院に派遣しようと思いたち、まずは山室をその候補に挙げた。しかし、絵の力で教会に仕えるとしていた山室は、あろうことか同郷の岡村竹四郎と早々に結婚し、そのため、修道院に出向くことができなくなった。ニコライに対する裏切りといっていい。だが、ニコライはきびしく責めることなく、当の岡村夫妻は、このことを恩にかんじたのか、石版印刷会社を経営しながら終生教会を支え続けた。

さて、困った。誰を派遣したものか。考えあぐねた

駿河台のニコライ堂（ここには山下りんのイコンは収蔵されていない）
筆者撮影

末にニコライの出した結論は、りんであった。そもそも、りんは山室に紹介された画家の卵であり、工部美術学校の成績はいつも女性トップで、「生来画を好む」性向もよく知っていた。ニコライは「修道院なれとも其内に画学校は有りとの事故《こと》、また、他より良教師の来り教る」とりんを説得し、口説かれた彼女は、言葉の不安はあったものの画学校に行けると喜んだ。ところがじつのところ、受入先のノヴォデーヴィチ修道院に画学校は付設されていなかった。画学校とイコン工房はまったくの別物で、ニコライとりんの認識は大きくちがっていたのである。

　とにもかくにも、ロシア行きを決断したりん。横浜のロシア領事館に泊まった翌日（一八八〇年一二月一一日）、艀《はしけ》でフランス郵船「メレザレー号」に向かった。りんの胸中に去来するものは、異国の人間にまじってひとり絵を学ぶという熱い思いだった。「誠に始《ママ》めてかかる大船誠に山家にそたちし身の只キョロキョロとなすのみなから（後略）」と船旅の印象をいだき、「本国へ別るる事と何となく只愁然なる」との思いを書きしるるした。

　欧州航路の「メレザレー号」には何十もの船室、豪華な食堂やサロンが備わっていたが、りんにとってはかならずしも快適ではなかったようだ。同行したアナトリイ神父、彼の実弟で歌の教師ヤコフ・チハイ、その妻とふたりの子供が、りんを〝ヂゴク〟へとおとしめたのである。部屋はあたえられず、泣きさけぶ子供の世話を命じられ、食事といえば船客の残り物。まさに、地獄といっていい。宣教をすべてに優先させるニコライは、りんの絵の才能は評価しつつも、地味で色黒で口うるさい彼女に特別目をかけることはなかったのである。りんに金をわたさず、そのため、同行者からは、「お前は金がナイ」、「を前の室ハなし」という扱いを受けたようだ。

　悔し涙の航海は、香港、サイゴン、シンガポール、マラッカ海峡、コロンボ、アデン、スエズ運河、ポートサイドとすすみ、ポートサイドで「メレザレー号」を下船し、アレクサンドリアからはロシア船でコンスタンティノープル（現在のイスタンブール）に至り、黒海をゆき、一月三〇日、ようよう現在のウクライナの港街、オデッサの空気を胸いっぱい吸いこんだ。

「ロシアに来た初めての日本女性」の彼女（以前、からゆきさんがいたかもしれないが）は行く先々で歓待され、しだいに心のかぶとを脱いでいった。色々な壁とたたかいながらも必死にイコンを学んだ。しかし、そんな彼女を病魔が襲う。失意のうちに、一八八三年、りんはやむなく帰国した。

帰国の船上は往路とちがい、無上に楽しかったようだ。船客と気が合うと、「二合三号のはした酒は嫌だねぇ」といいつつ好きな酒やビールを浴びるように飲み、「海面青、朝第六時半ニ起ル、其ヨリ少シクウントウシ後、コーフィヲ飲ム（中略）、日本人ヨリ日本茶ノ地走《ママ》ニ成者也（中略）、夜十時寝」というぐあいだった。

帰国後は、駿河台の日本正教会女子神学校のアトリエなどでイコンの製作に励み、一九三九年一月二六日に亡くなった。享年八一。過日、ニコライ堂のまえを歩いた。「イコンじゃなくて、〝本当の〟洋画にもっともっと打ち込みたかったのよ…」。そんな彼女の声が聞こえてきそうだった。


【注】
1 りんは顔が不細工で、周りからは「山の中の農家の嫁に出すしかない」と思われていたようだ（『山下りん』（小田秀夫、日動出版部）より）。ちなみに、小田氏はりんの弟、峯次郎の孫にあたる。
2 信州岩村田、内藤家家老の娘。幕藩体制が崩壊するや、山室家は他の武家同様に没落し、政子は貧しいなか一八七五年（明治八）にロシア正教会に入信し、ニコライの負担で工部美術学校に通った。
3 正式名称は東京復活大聖堂。関東大震災で崩壊し、一九二九年に再建。
4 イコン（icon）にはハリストス（キリスト）、マリアなどが描かれ、正教会では「天国の窓」と呼ばれている。

【参考文献】
川又一英『ニコライの塔—大主教ニコライと聖像家山下りん』中央公論社（一九九二）
小田秀夫『山下りん』日動出版部（一九七七）
中村健之介・中村悦子『ニコライ堂の女性たち』教文館（二〇〇三）
大下智一『山下りん—明治を生きたイコン画家』北海道新聞社（二〇〇四）
石田一良編『日本文化史概論』吉川弘文館（一九六八）

第16話 孫文と盟約を成せる梅屋庄吉

日本映画の風雲児がみせた義侠心

二〇一〇年、隣国上海市で国際博覧会がにぎにぎしく開催された。北京オリンピックの二年後ということもありおおいに盛り上がったが、その日本館での特別展「梅屋庄吉《うめやしょうきち》と孫文」に、おかたいテーマながら二万人以上が足を運んだという（二〇一〇年九月八日付「読売新聞」より）。

梅屋庄吉（一八六八～一九三四）は日本活動映画株式会社（日活）の創業者にして、中国革命の父、孫文《そんぶん》（一八六六～一九二五）にはじめて会った日本人であり、一九一三年八月に日本への亡命に成功した孫文を金銭的にたすけ、その額は一兆とも二兆ともいわれている。一九一五年一一月には新宿区百人町の自邸（注1）にて、孫文と実業家の宋嘉樹《そうかじゅ》の次女、宋慶《けい》齢《れい》（注2）との披露宴まで主催した。

生まれてまもなく、庄吉は梅屋家の養子になった。養父の梅屋吉五郎は、長崎で貿易業と精米業をいとなんでいた。梅屋商店の看板の近くに、土佐藩の経営する土佐商会があった。折よくそこに、岩崎弥太郎がつとめていた。弥太郎は梅屋商店の借家に住んでいたこともあり、幼い庄吉をすごくかわいがった。

外国船がしきりに行き交う長崎で育ったこともあり、庄吉少年は海外雄飛の夢をいだくようになった。

そして、一四歳になった一八八二年、親の猛反対を押し切り上海行きを決行する。梅屋商店の持ち船「鶴江丸《つるえまる》」（一五〇〇総トン）が唐津から石炭を積んで上海に向かうことを耳にし、船にしのびこみ、臨時の水夫として密航に成功したのである。

一八四二年の南京条約で開港された上海は、すでに中国最大の国際都市になっていた。目にするものすべてが珍しく、魅惑的だった。はじめて口にした鼈《すっぽん》の味が忘れられず、料理屋の台所に盗みにはいって鼈にかまれるというハプニングもあった。

一方で、中国人が欧米人にはずかしめられる光景を目の当たりにし、列強に対抗するには欧米のことをもっと知る必要があるとかんがえるようになった。

一八八六年三月、一九歳になった庄吉は、米国の帆船「ビニエスペンドル号」（一二〇〇総トン）でサンフランシスコに向かった。そしてその船上でも、コレラを発症した中国人が、まだ息があるにもかかわらず海に投げすてられる光景を目にする。遺棄された中国人の怨念か、「ビニエスペンドル号」で突如として火災が発生し、多くが溺死するなか、船長と庄吉のふたりだけが助かった。ふたりは、スペインの軍艦でマニラに移送された。

米国行きを断念し、庄吉は長崎にもどった。だが、故郷は安住の地とはならなかった。養父が仲次人をつとめる長崎米穀市場（一八九二年開設）で投機に失敗し、逃げるように福建省廈門《アモイ》島に向かい、そののち、中国各地や東南アジア各国を放浪した。

シンガポールで中村トメ子という女性と知り合った。熊本出身の彼女は、カイロで英国人宅の家政婦として働いていたという。からゆきさんであったかもしれない。偶然にも、この英国人が写真を趣味にしていた。庄吉は彼女から、撮影から現像にいたる写真技術のすべてを学んだ。ハンサムで義侠心が強く、それでいて茶目っ気もあった庄吉ならではの幸運といっていい。

シンガポールで「梅屋照相館」を開くがうまくいかなかった。しかたなく香港に移り、繁華街にふたたび梅屋照相館の看板をかかげた。なんとか経営も軌道に乗り、そうなると、久しぶりに故郷を思い出した。

故郷に帰ってみると、養父吉五郎は病の床にあった。死期をさとった吉五郎は養女トク（注3）と庄吉を枕元に呼び、ふたりに結婚をうながした。香港にのこしているトメ子のことが気にかかりながらも、庄吉は孝行せずじまいの養父の頼みをむげにできなかった。

ふたりは結ばれた。しかし、庄吉の心はすこしもみたされない。長崎を出よう…。家業のすべてをトクにまかせ、庄吉は香港にもどった。

一八九五年一月、小柄な中国人が庄吉を訪ねてきた。英国人医師に紹介されたという。ポートレートの撮影にきたその男はしずかに店内をすすみ、みずからを孫文と名乗った。二九歳の孫文と二七歳の庄吉。ふたりはながいこと語り合った。共感をおぼえた庄吉は、「君は兵を挙げたまえ。我は財を挙げて支援す」と孫文の手をかたく握りしめた。孫文を支えた日本人としては、犬養毅《いぬかいつよし》、宮崎滔天《とうてん》、頭山満《とうやまみつる》らアジア主義者の面々が有名だが、梅屋庄吉もこうしてその仲間となったのである。

写真業で稼いだ金を惜しみなく孫文に提供する庄吉は、清国政府から要注意人物としてマークされた。身の危険を感じ、香港に移ってきていた妻のトクともどもシンガポールに移住した。

シンガポールでは映画上映で成功をおさめ、多額の資金を懐に三六歳のときに帰国した。

長崎に帰ってまもなく上京し、映画ビジネスに本格的に打ってでた。一九〇六年のことである。草創期から活動写真を手がける東京の吉沢商店、京都の横田商会に遅れをとったが、斬新なアイデアを駆使し、西郷隆盛の生涯を描いた「大西郷一代記」を制作するなど、日本映画界の風雲児となっていった。着眼もユニークで、映画のニュースメディアという一面を切りひらいた。たとえば、一九〇九年一〇月二六日にハルピン駅で韓国人安重根《あんじゅうこん》に暗殺された伊藤博文の現場映像（ロシア人制作）を上映し、一一月四日に日比谷公園で行われた伊藤の国葬の模様を映した。その折など、親しくしていた同公園内「松本楼」にカメラを運びこみ、スクープ映像をねらったという。コネクションもおおいに活用した。たとえば、旧知の大隈重信から、白瀬中尉南極探検のドキュメンタリー映画の撮影を依頼されたりもしている。

庄吉は、孫文の革命を惜しむことなく支援した。しかし、一九三一年に満州事変が勃発するなど、時代は日中の間に大きな溝をつくっていった。庄吉は蒋介石ともつながっており、その太いパイプを活かせないかと、ときの外相、広田弘毅と数度にわたって会談した。しかし、事態が好転することはなかった。そして道半ばの一九三四年一一月一五日早朝、千葉房総の別荘から東京に出ようとして駅で倒れてしまう。末期の胃癌だった。一一月二三日、妻トクに「オマエほど、わしに尽くしてくれたものはなか…」の言葉をのこし、人生の幕をおろした。享年六五。「支那革命の恩人梅屋庄吉翁逝く」、「惜まるゝ志士梅屋翁の長逝」などと、新聞は大きく報じた。

　庄吉が好きな言葉に「富貴在心」がある。富や貴さは財産や名声ではなく、その人の心のなかにある、という意味のようだ。

　梅屋庄吉がなぜここまでして孫文を支援したのか。曾孫にあたる小坂文乃氏は、「庄吉は孫文を〝援助〟していたのではなく、一緒に革命をやっていたのだ」と自著に書いている。孫文は庄吉夫妻に感謝の意を込め、羽織の裏に「賢母」と揮毫《きごう》した。「自分が中国の父なら、庄吉は母である」という気持ちからであったろうか。外交問題が山積する昨今だが、「世の中は持ちつ持たれつ諸共に助けあうこそ人の道なれ」という庄吉の言葉をもう一度噛みしめたい。(注4)

【注】

1 一五〇〇坪を超える敷地で、かつては詩人、西條《さいじょう》八十《やそ》の実父が所有していた。

2 宋慶齢の妹は蒋介石夫人の宋美齢《びれい》

3 身長一六五センチメートルと大柄な女性で、人情に厚く、弱者を放っておけない性格だった。資金支援する庄吉をささえ、頼ってくる若者らを世話した。

4 小坂文乃氏は、二〇〇八年五月六日に中国の胡錦濤《こきんとう》国家主席が来日した際、当時の福田康夫首相による私的な夕食会会場となった松本楼にて、庄吉と孫文の友情を胡主席に説明している。同主席は、「中日友好世世代代」と一字一字丁寧に記帳されたという。

【参考文献】

小坂文乃『革命をプロデュースした日本人』講談社（二〇〇九）

読売新聞西部本社編『盟約ニテ成セル—梅屋庄吉と孫文』海鳥社（二〇〇二）

第17話

日比谷公園の「首かけイチョウ」

「公園の父」本多静六の生き方

日比谷公園「松本楼」の脇に、「首かけイチョウ」と名付けられた推定樹齢四〇〇年の銀杏の大木が枝を広げている。うす気味悪いと思う向きもあるかもしれないが、首吊りに適した銀杏、あるいは討ちとった首が並べられた銀杏ということでは毛頭ない。

もともとこの銀杏の木は、旧日比谷見附（注1）あたり、現在の日比谷交差点付近にあった。日比谷公園の造成で道路が拡張されることになり、切り倒そう、いやいや移植すべきだ、と争論はわれた。そんななか、ある人物が東京市参事会議長、星亨《ほしとおる》の反対を押し切り、自分の首を賭けてでも移植（注2）したいと申し出たのである。わが国最初の林学博士にして、「公園の父」と称される本多静六《ほんだせいろく》（一八六六〜一九五二）だった。移植はうまくいき、この大木はいつしか「首かけのイチョウ」と呼ばれるようになった。

静六は、現在の埼玉県菖蒲町の裕福な農家に生まれた。しかし、九歳のときに父親が急逝し、暮らし向きが苦しくなった。それでも、家の仕事を手伝いながら、必死に勉強を続けた。まさに努力の人といっていい。

一四歳のとき、農繁期にはかならず帰ると祖父に言いのこし、東京で書生生活をはじめた。書生といっても、それは家政婦さながらだったという。そんな生活が三年続いた。

一七歳になった春、静六は北区西ヶ原にあった東京山林学校に入学する。合格時の成績は五〇人中最下位。よほど落ちこんだとみえ、第一学期に数学の試験に落第すると、いよいよ実家の家族に申し訳ないとばかりに古井戸で自殺を図った。しかし、そんな静六を祖父は、「地元の偉人、塙保己一《はなわほきいち》は、盲目ながら『群書類従』六三〇巻を著したのだ」などとあたたかく励ました。祖父の温情がなければ、静六の人生はそこで終わっていたかもしれない。

それからの静六は、別人のように勉強した。一八八六年、山林学校と駒場の農学校が合併し東京農林学校（のちの東京帝国大学農学部）が設立されると、静六は駒場に移った。

彼が二二歳のとき、同校の教師から婿養子の縁談が持ちこまれた。相手は、かつて彰義隊頭取をつとめた本多晋《すすむ》の娘、詮子《せんこ》だった。詮子は、その当時、最高の女学校といわれていた竹橋女学校に学び、そののち海軍軍医学校を卒業し、わが国四人目の女医となった才女だった。いい話といっていい。ところが当の静六はというと、詮子が二つ年上で、日本一の美人というわけでもないことを理由に、この話にまったく気乗りしない。わざと山男然とした風体で、見合いの場に出向いたりもした。詮子の親はそんな静六の気持ちを悟り、破談をかんがえた。しかし、当の詮子が静六に惚れ込こんでしまったから、始末に負えない。静六もほとほと窮した。どうしたものか…。かんがえた挙句、絶対に受け容れられないだろうとドイツ留学を条件に出した。ところが豈図《あにはか》らむや、本多家がその条件をのんだから万事休す。こうして、本多静六が誕生した。

林学の世界最高峰であるドイツへの留学という夢、この大きな夢が思わぬかたちで実現されることになった。一八九〇年三月二三日、無理をいって大学を卒業した静六は、留学先となるザクセン州ターラントに向けフランス郵船「ゼムナ号」（三〇〇〇総トン）で横浜港をあとにした。

日比谷公園松本楼の傍らに根を張る「首かけのイチョウ」　筆者撮影

養子先の負担を考慮し、三等客室にした。同室に、日本人は静六ただひとりだった。一、二等船客は貴族のように遇されるが、三等船客は牛馬も同然の扱いをされた。舳先《へさき》にある三角形の客室は、錨を上げ下げする音がうるさく、ネズミと南京虫にたびたび襲撃された。はじめての船旅につくづく嫌気がさしたのであろうか、「金《かね》の重要性を痛感した」と静六は自伝に記している。

神戸までの二昼夜は船酔いがはげしく、新調した鳥打ち帽が吐しゃ物で使いものにならなくなってしまった。食事も喉をとおらない。ようやく航海に慣れてきたかと思うと、こんどは無聊《ぶりょう》をなぐさめることができない。言葉の壁…給仕たちと会話すらできないのだ。そんなとき、同船の坪野平太郎（注3）が三等船室に静六を訪ね、話し相手になってくれた。八人の日本人が乗船していたが、こうした気配りをみせたのは、逓信省参事官の坪野だけだった。彼が静六の手帳に書いた「望みある身と谷間の水は、しばし木の葉の下を行く」という言葉に、静六はおおいに救われたという。

船がスエズ運河を抜け、地中海にはいったときだった。思いもよらぬ衝突事故が起きてしまう。相手の船の乗客三〇人余りが犠牲になるという、大事故だった。幸いにも静六が乗る船の被害は些少に留まり、そののちマルセイユに安着した。ここまでに要した日数は、三八日であった。

マルセイユからは陸路でターラントに向かい、五月八日に同地で旅装を解くことができた。

森深いターラントでは山林学校に籍をおいた。学生数七〇人というこじんまりした学校だったが、ドイツ林学の最先端を行っていた。校舎は、いまもドレスデン工科大学林学科としてのこっている。

静六はターラントで六カ月を過ごし、そののちミュンヘンに移り、ミュンヘン大学で林学と経済学を専攻した。そんなある日、思いがけない不幸が降りかかる。本多家が預金していた銀行が破たんし、資金源がなくなったのである。生活を切り詰め、留学期間を当初の四年から二年に短縮せざるを得なくなった。しかし、難関の博士号取得だけはあきらめなかった。途中何度もくじけそうになり、養父から餞《はなむけ》に手渡された刀で腹を切ることもかんがえたが、「人生 即《すなわち》 努力、努力 即《すなわち》 幸福」と自分に言い聞かせ、一八九二年、念願の経済学博士号を取得した。

ドクトルとなった静六はロンドンで北里柴三郎博士と出会い、米国まで同行する。そののちバンクーバーを解纜《かいらん》し、一八九二年五月二八日、横浜に帰り着いた。

静六はわが国最初の林学博士（一八九九年林学博士号取得）として、日本林学の発展と普及につくした。国立公園を創設し、日比谷公園、福岡の大濠《おおほり》公園など、全国津々浦々の公園を整備したのも彼である。また彼は、投資家、蓄財家としての顔もあわせ持っていた。ドイツに留学していたときの恩師に諭されたようだ。

帝国大学農科大学（現在の東京大学農学部）助教授の職についたころ、「六五歳までは一生懸命に働き、六六歳から八五歳までは社会に奉仕し、そして八六歳から一二〇歳までは老後を楽しく生きる」という、いたって長生きの人生計画を立てている。社会奉仕という発想は、米国で聞きかじったカーネギーやロックフェラーの影響らしい。事実、東京大学退職ののちは巨額の資産をひそかに寄付し、自身は静岡県伊東市の別荘で質素に暮らしている。

静六は一日一ページの執筆を自分に負荷し、林学専門書のほか人生論など、生涯に三七六冊もの著作をのこした。「人生 即《すなわち》 努力、努力 即《すなわち》 幸福」。日々懸命に努力し、そして、努力の結晶は社会に還元した。若いころ憧れた海外渡航も生涯を閉じてみればその数一九回、その足跡は世界中におよんでいる。しかし、人生計画では楽しく生きるはずの八六歳を前に、当の設計者の人生は〝閉園〟となってしまった。


【注】
1　日比谷練兵場跡地。一八八八年公布の東京市区改正条令に基づき計画され、一九〇三年に開園したわが国初の洋式公園。
2　四人目の職人がやっとのことで作業を引き受けた。公園内にレールを敷き、四五〇メートルを二五日かけて移動するという大作業だった。
3　のちに、東京高商（現在の一橋大学）校長、神戸市長を務めた。

【参考文献】

久喜市企画政策課編・発行『日本の公園の父―本多静六』（二〇一三）
（http://www.city.kuki.lg.jp/kanko/rekishi/honda/sassi/honda_sassi.html）
本多静六『本多静六自伝―体験八十五年』実業之日本社（二〇〇六）
遠山益『本多静六―日本の森林《もり》を育てた人』実業之日本社（二〇〇六）

第18話

南極に挑んだ住職の息子

白瀬南極探検隊

大隈重信は梅屋庄吉に、みずからが後援会長（注1）をつとめる白瀬南極探検隊の撮影を依頼した。国民的行事となった南極探検隊、その冠にある白瀬とはいかなる人物だったのか。

二〇〇九年五月、南極観測船の新「しらせ」がユニバーサル造船（現ジャパンマリンユナイテッド）舞鶴工場で竣工した。「宗谷」「ふじ」「しらせ」の後継船で、二〇〇九年のシップ・オブ・ザ・イヤー（日本船舶海洋工学会主催）に選ばれたが、二代にわたって船名にその名を残し、前人未踏の南極（注2）に果敢に挑んだ男が白瀬矗《のぶ》（一八六一～一九四六）中尉である。

矗は、秋田県金浦《このうら》町にある浄蓮寺《じょうれんじ》の長男として生まれた。幼名を知教《とものり》といった。評判の腕白少年だったが、寺子屋の師、佐々木節斎から「井の中の蛙、大海を知らず」と教えられ、外の世界を知る大切さを学び、探険家を志した。師が語るコロンブス、マゼランの冒険談に聞きいり、英国の探検家ジョン・フランクリンに憧れた。師はそんな少年を、「酒は飲まない、タバコは吸わない、茶は飲まない、湯は飲まない、寒中でも火にあたらない」といましめ、少年はその訓諭を生涯守りとおした。

一八歳のとき、浅草本願寺境内にあった浄土真宗の僧侶養成学校に入学するが、探検家になる夢を捨てきれず、日比谷の陸軍教導団（下士官養成学校）に入りなおしている。このときに矗と改名。矗の字には、「まっすぐに高く聳《そび》え立つ」という意味がある。

郡司成忠《しげただ》海軍大尉（注3）発案の千島列島遠征に参加し、寒さとビタミン不足で仲間の多くが犠牲になるほどの厳しい訓練をうけた。しかし、極地探検の機会はなかなか訪れなかった。日露戦争（一九〇四〜〇五）が勃発し、矗は中尉に出世した。戦勝に、日本中が酔いしれた。しかし、彼の頭には極地探検のことしかなかった。

矗は当初、南極ではなく北極を目標にしていた。ところが、一九〇九年、米国海軍軍人で探検家のロバート・ピアリー（一八五六〜一九二〇）が世界ではじめて北極点に到達したと報じられると、目標を南極に変更した。彼はこのときのことを、「この報道は、わたしの耳を穿《うが》ち心臓を氷らせた。（中略）失意とそれに伴う数々の煩悶が、わたしの心をさいなんだ」、「北極とは正反対の南極に突進しようと欲した」と書いた。矗、四八歳。三男三女の父親だった。

その当時、南極は人類がまだ踏みいれたことのない希少な場所だった。英国のキャプテン・クックが一七七二〜七五年の航海で南極大陸を一周しているが、このときは海氷のため大陸の一角すら見ることができなかった。そののち、英米のアザラシ猟師（オットセイは毛皮用、ゾウアザラシは油脂用）が半島の一部を発見し、一八一九〜二一年、ロシア皇帝アレクサンダー一世の指揮のもとに複数の島々が発見され、一八三七〜四三年には米英仏の各国政府が観測隊をそれぞれ編成した。

一九一〇年一月、矗は第二六回帝国議会に南極探検経費一〇万円（注4）を申請した。衆議院は無事通過したが、貴族院で三万円に減額され、しかも、日露戦争後の財政逼迫を理由に金は支給されなかった。落胆した矗は大隈に支援をあおぎ、募金活動、講演会などで何とか四万五千円の資金をあつめた。しかし、計画は縮小を余儀なくされ、みずからも一万円を借金するはめになった。

退役軍艦「磐城」（排水量六五六トン）を購入しようとしたが海軍との交渉がまとまらず、報効《ほうこう》義《ぎ》会《かい》の持ち船「第二報效丸」を改造することになった。新装成った二〇四総トンの船は、東郷平八郎元帥によって「開南《かいなん》丸」（注5）と命名された。しかし、同時期に南極をめざすスコット（英国の軍人・探検家。一八六八〜一九一二）の「テラ・ノヴァ号」（〝新大地〃の意味。七四四総トン）、アムンゼン（ノルウェーの探検家。一八七二～一九二八）の「フラム号」（四〇四総トン）とは比すべくもない小船だった。

一九一〇年一一月二八日、大隈伯はじめ五万人もの人々が見送るなか、白瀬中尉一行二七名（注6）と樺太犬二九匹を乗せた「開南丸」は東京芝浦港をあとにした。「我々は一度本国を乗り出した以上、その素志を貫徹せずんばふたたび諸君に見《まみ》ゆるなんの顔《かんばせ》があろう。必ず目的を達してご同情に報いる」と矗は覚悟した。

しかし、時機を逸した出航だった。「開南丸」がニュージーランド沖から南極海に向かったのは二月、南半球では秋になろうとしていた。徐々に厚くなる流氷。矗はやむなくシドニーでの越冬を決断する。

資金が足りず、港に近い緑地でのキャンプを強いられた。そんな彼らを地元新聞は〃ミステリアスジャップス（怪しい日本人）〃と書きたて、スパイあるいは密漁者ではないかと噂した。窮地に立たされる矗だったが、御仏の慈悲に救われる。幸いにも、シドニーには一八九七年に日本領事館が開設されており、同地在住の三宅幸彦（注7）が救いの手を差しのべたのである。そして何よりも、シドニー大学のデビッド教授（注8）が彼らを擁護し、そのことで、世間の目は好意的になっていった。

枯渇しそうだった資金も大隈伯の資産提供などでなんとか目処がたち、一九一一年一一月一九日、「開南丸」はふたたび南極をめざしシドニーを出港した。そして、ようよう一九一二年一月一六日、白瀬隊はついに南極に上陸する。矗は、「上陸！私は十数年来、夢の間も忘れなかったこの一語を発した。声が震えていた」と書いた。

しかし、ここからが苦難の連続だった。体力のはげしい消耗、心もとない食料、橇《そり》を引く犬の死…。「南極点一番乗りではなく、学術調査に力点を置け」…大隈の声が耳朶にとどいた。〃生きて帰れ〃という大隈の思いを知る矗は、勇気をもって引き返すことを決断する。

一月二八日、南緯八〇度五分、西経一五六度三七分の地に「南極探検同情者芳名簿」を入れた箱を埋め、その上に一メートル八二センチの竹竿を立てた。日章旗、赤く塗ったブリキ製の回転旗が雪原に映えた。彼らは、その一帯を〝大和雪原《やまとゆきはら》〟と名付けた。南緯八〇度をこえた、世界で四番目の快挙だった。(注9)

一応の目的を果たした一行は、六月二〇日、日本郵船豪州航路の「日光丸」(一九〇三年竣工、三菱長崎)でシドニーをあとにした。芝浦港では大勢の人が矗らを出迎えた。歓喜の渦のなか、矗はあらためてよろこびを噛みしめたであろう。しかし、そこには厳しい現実も待ち受けていたのである。多額の借金を返済するため、東京の自宅を売却し、さらには軍服から刀剣まで手放すことになった。

しかしそれでも、矗は元気だった。南極探検のフィルムをたずさえて全国の学校をまわり、子供たちに南極への夢を語り続けた。(注10)一九五七年の南極観測船「宗谷」越冬隊長、西堀栄三郎も、そんなフィルムを見て南極への夢をふくらませた少年だった。

矗は、「一身を賭するからには、その目的というものがある。その目的にして堂々たるものであれば、国家に大いに裨益するものであれば即ちその行動は喝采せられるであろう。(中略)こう考えて見ると、何事でも目的というものが肝要だ」といい、南極探検の目的として、①極地に日章旗をひるがえすことで日本人の心意気を海外に示すこと、②学術上の研究調査をおこなうこと、③日本人としての技量を世界に示すこと―の三点を挙げた。一〇〇年前の明治人が示した矜持といっていい。

【注】

1 大隈は会長就任の要請をことわったが、かわりに推挙した乃木希典《のぎまれすけ》が学習院長の職を理由に辞退したために再度懇請されやむなく受諾した。

2 棚氷を含めると、地球陸地の約一割を占める(日本の面積の約三七倍)。

3 幸田露伴、延、幸の兄で、報効義会を結成した人物。

4 現在の価値で約二〇〇億円。

5 「第二報効丸」は、伊勢大湊の市川造船所で造られた一九九総トンの木造サケ漁船。矗は石川造船所で補強したうえで中古の蒸気補助機関(一八馬力)を乗せ、二〇四総トンの三本マストスクーナー型木造重甲板船に改造した。一八馬力は一二五ccバイククラスのエンジン。

6 公募であつめたため、高校教師、千石船船頭、漁師、薬剤師などの素人集団だった。

7 和歌山県の材木商の家に生まれ、祖父とともに渡米。以後、世界を転々とした。白瀬探検隊に合流し、南極探検ののち日本に帰国した。

8 地質学教授。一九〇七年のシャクルトン南極探検隊に参加した。

9 南極点到達は、アムンゼンが一九一一年一二月一四日、スコットが一九一二年一月一七日。

10 わが国が公式に南極大陸観測を開始したのは一九五六年。現在、南極大陸と周辺の島に、およそ三〇ヵ国が約六〇の基地を設け、夏季は約四〇〇〇人、冬季は約一〇〇〇人が、気象・天文・地質・生物学などの分野で観測している。

【参考文献】

小島敏男『南極観測船ものがたり―白瀬探検隊から現在まで』成山堂書店（二〇〇五）
白瀬矗『白瀬矗―私の南極探検記』日本図書センター（一九九八）
立松和平『南極にいった男―小説・白瀬南極探検隊』東京書籍（二〇〇八）
NHK取材班編『その時歴史が動いた18』KTC中央出版（二〇〇三）
「季刊SORA〔そら〕」IDP出版（二〇一〇年春号）

第19話

土佐人、岩崎弥太郎を支えた会津の船乗りたち

憎悪にも勝る、凄みある旧会津人のプライド

第10話のなかで、山国会津の人間がなぜ大海原をめざしたのか判然としないと書いたところ、日本海事新聞社を介して興味深い資料が送られてきた。有り難く思いながら封を切ると、それは平山誠一氏による講演録で、「岩崎弥太郎を支えた「朝敵」会津の船乗りたち」というタイトルがつけられていた。

一読して、〝目からうろこ〟だった。さっそく同資料によりながら、「会津人がなぜ大海原をめざしたのか」あらためて探ってみよう。

そもそも、会津十族の海への関与は、江戸時代末期に浦賀水道防備の命を受けて三浦半島周辺に出兵したことにはじまる。ここかしこで話される凱旋兵士の体験談は、藩校日新館に学ぶ少年たちに大いなる夢を与えたにちがいない。

しかし、時代は会津に冷たかった。朝敵とされ、戊辰戦争（会津戦争）に敗れた会津士族の運命は、下北半島が新天地とされたときに決せられた。喧々《けんけん》囂々《ごうごう》の議論がなされるなか、のちに大参事となる山川浩（注1）が意見をまとめ、斗南藩《となみ》（注2）として再出発することになったのである。

一八七〇年の春から移住がはじまり、その数一万五〇〇〇人。陸路を伝うほかは船で向かった。海路をとったひとりに、のちの陸軍大将、柴五郎がいる。彼は二百余名とともに汐留から艀《はしけ》で品川沖に出たのち、八〇〇総トンの米国船で同地をめざした。外輪式蒸気船は、「速力は遅く、船室また暗くせまくして乗客鮨詰め」だったようだ。

西洋人や中国人をはじめて目にし、はじめての海にはしゃぐ柴だったが、沖に出るにしたがって言葉は少なくなり、顔色は褪《あ》せ、横になっているだけで

水も飲めず、死人のようだと笑われる始末。しかし、笑ってはいられないところに旧会津藩は追い込まれていた。

山川ら上層部は、斗南藩を〝北の長崎〟にしようとした。開拓に必要な物資や機材を東京で調達し、それらを運ぶための洋式帆船二隻を尾張藩からの借金で購入した。しかし、如何せん操船する人材がいない。そこで山川らは、榎本武揚《たけあき》艦隊の生き残りをはじめ、旧幕臣の海運方経験者を指導者として募集し、生え抜きの船乗りを育成しようとした。採用されたのは、御船手《おふなて》(注3)だった石渡栄治郎(注4)(一八三〇～七五)のほか、福井光利(注5)、古川庄八(注6)などの面々。彼らは、会津人を一人前の船乗りにしようと奮闘した。

〝北の長崎〟を目指す斗南藩。しかし、その夢は、一八七一年七月の廃藩置県で水泡に帰してしまう。一方、その頃の明治政府はといえば、沿岸輸送が米国Pacific Mail Steamship(PM、太平洋郵船)社や英国Peninsular and Oriental Steam Navigation(P&O)社に独占されつつあることを憂慮していた。そこで、一八七二年、三井や鴻池などの豪商を後ろ盾に日本国郵便蒸気船会社を設立し、経営責任者に石渡を据えた。

さてさて、岩崎弥太郎のことだが、一八六七年に土佐藩の商務組織である土佐商会の主任に抜擢され、また、海援隊の金庫番を担当するなど、海運業との接点を強めていく。一八七〇年には海援隊の後身ともいうべき九十九《つくも》商会(注7)の監督に任じられるが、廃藩置県がおこなわれると弥太郎は同社を個人のものにした。彼は債務を引き継ぎ、海運業で身を立てる決心をする。

一八七三年に同社を三菱商会と改名し、一八七四年五月の台湾出兵(征台の役)で「ここぞ」とばかりに政府の要請に応え、政府の信任を得ることに成功した。一八七五年二月には政府の命により日本初となる定期航路(横浜─上海航路)を開設し、同じ航路を開いていたPM社を撤退させた。同年五月には三菱汽船会社と改名し、六月に政府が台湾出兵で非協力的だった日本国郵便蒸気船会社を解散するや、九月には所有船一八隻の払い下げを受け、郵便汽船三菱会社として装いを新たにした。

鶴ヶ城（イラスト／木原志織）

郵便汽船三菱会社は一八七七年の西南戦争での軍事物資輸送で巨利を手にし、弥太郎は海運王の礎を固めるのだが、その過程において、一八七五年一一月に私立三菱商船学校（のちの官立東京商船学校）を創立し、翌年一月に一期生四四人が入校している。このなかに、先の石渡にかわいがられた郡寛四郎（注8）もいた。岩崎弥太郎と旧会津藩との出会いであり、そこには石渡栄治郎という人物が斗南藩に招かれていたことが大きく関わっていたのである。さらに言えば、同藩を戦略的に北の長崎にしようと考えた山川の深慮こそが、三菱と会津人船乗りの接点として注目されるべきかもしれない（注9）。

会津城下にいの一番に攻めこんだのは、のちに自由民権運動で名をなす板垣退助ひきいる土州兵だった。そのときは、山川が指揮する部隊が打ち負かした。しかし、結局は賊軍という汚名のなかに敗走を余儀なくされた。旧会津藩士の、土佐、むろん何よりも薩長に対する憎悪はぬぐい難かった。西南戦争において彼らが躍躍としたのもその証左のひとつであろう。そう考えると、土佐出身の弥太郎のもとで船乗りとして粉骨砕身働く会津人の姿は、凄みのある矜持《きょうじ》としかいいようがない。

【注】

1　山川浩（一八四五～九八）は幕末の会津藩国家老、山川重固の長男。最初は大蔵《おおくら》と名乗っていたが、明治以降に浩と改名した。斗南藩大参事のころは困窮をきわめた。のちに陸軍少将、貴族院議員を歴任。男爵。実弟に、米国エール大学に留学し、のちに東京帝国大学総長や九州帝国大学初代総長となった理学博士、山川健次郎がいる。また、第14話で紹介した大山巌夫人、捨松は実の妹である。

2　佐幕藩だった南部藩から処罰として割譲された。ことごとく天子の領土、という意味の「北斗以南皆帝州」からきている。

3　将軍御座船《ござぶね》の管理運用にあたる職。御座船とは、天皇、公家、将軍、大名などの貴人が乗る船のこと。

4　若くして御船手組から選抜されて長崎で航海術を学んだ人物で、勝海舟にも目をかけられた。幕末における航海術の権威。榎本武揚らと五稜郭をめざそうとしたが、病で果たせなかった。

5　幕府海軍の中核として活躍し、戊辰戦争では室蘭の防衛にあたった。五稜郭陥落ののちは東京に収監され、赦免されると斗南藩が購入した帆船の船長に就任し、船乗りの育成に励んだ。日本国郵便蒸気船会社、日本郵船の船長を務めた。

6　塩飽《しわく》諸島瀬居島《せいじま》の出身。二九歳（一八六二年）のとき、抜擢されて榎本武揚らとオランダに留学。幕府海軍最大の軍艦「開陽丸」の回航に従事し、のちに同船水夫長を務めた。斗南藩の帆船運用では訓練生の教育に熱心に取り組んだ。

7　土佐湾の別称、九十九洋《つくもなだ》にちなんでいる。

8　郡寛四郎は、石渡栄治郎の三女、登美を妻にした。

9　郵便汽船三菱会社の船員記録をみれば、一八七六年に西郷寧太郎、日本郵船の名機関長として名をなす城取豊太郎、一八七八年に郡寛四郎、楡井次郎、浅岡俊吾らが採用されている。

【参考文献】

平山誠一講演「岩崎弥太郎を支えた「朝敵」会津の船乗りたち」（『海員』（全日本海員組合、二〇一〇年九月号）。平山氏は全日本海員組合顧問、講演は二〇一〇年七月二四日のもの。

石光真人編著『ある明治人の記録―会津人柴五郎の遺書』中央公論新社（二〇一〇）

伊藤隆監修『明治の群像 知れば知るほど―気骨ある日本人の原型ここにあり！』実業之日本社（一九九七）

第20話

明治初期、海外渡航者の人気業種ベスト3
写真師、屋須弘平の波瀾万丈

一八六六年五月（慶応年四月）の海外渡航差許《さしゆるし》布告によって、留学生のほか商人の海外渡航が解禁された。彼らに人気の職業は、理髪店、洗濯屋それに写真屋だった。少ない資本ではじめられ、また、手先が器用で、誠実で勤勉な仕事ぶりが渡航先に受けいれられたからである。

ダゲレオタイプ（銀板写真）のカメラが長崎に輸入されたのは発明から二年後の一八四一年とされ、蘭学者で科学者でもあった上野俊之丞《しゅんのじょう》が天保一二年六月一日（一八四一年七月一八日）、薩摩の島津斉彬《なりあきら》公を撮影したのがわが国における嚆矢《こうし》として、公益社団法人日本写真協会はその日を「写真の日」として制定した。しかし、その後の調査でことの経緯に誤りがあったことが判明した。正しくは、安政四年九月一七日（一八五七年一一月三日）、薩摩藩の市来四郎、宇宿彦右衛門が斉彬公を撮影したのが最初で、そのときの写真が鹿児島市の尚古集成館に保存されている（注1）。

写真機をわが国に最初に輸入し、わが国最初の職業写真家となったのは米国人雑貨商のフリーマンとされているが、日本人最初の職業写真家となると、鵜飼玉川《うかいぎょくせん》（一八〇七～八七）、下岡蓮杖《れんじょう》（一八二三～一九一四）、上野彦馬《ひこま》（一八三八～一九〇四）、内田九一《くいち》（一八四四～七五）などの名が出てくる。

鵜飼は江戸で生まれた。開港間もない横浜でフリーマンに師事し、一八六一年、江戸は両国薬研堀《やげんぼり》に「影真堂」という写真館を開いた。

下岡は日本画の世界から写真家になった人物で、一八六二年に野毛にて開業した。

上野は先の俊之丞の子息で、スイス人写真家のロシエから写真術を学び、一八六二年、長崎に「上野撮影局」(注2)を開設、さらには上海や香港にも支店を出している。

内田も長崎出身だが、上野が名を馳せる長崎を離れ、一八六九年、浅草に写真館を開いた。(注3)

わが国写真の黎明期は以上のとおりだが、次に、この写真によって人生が思わぬ方向に向かってしまった人物を紹介しよう。

二〇一二年六月の「金星日面通過」はかなり盛りあがったので記憶されている方も多いであろう。二〇〇四年にもみられたが、その前となると一三〇年も前の、一八七四年一二月九日のことになる。「金星日面通過」は金星が太陽面を通過する天体ショーで、一八七四年のそれは一〇五年ぶりのことだった。わが国が観測に最も適した地とされ、米国、フランス、ロシア、メキシコなどから多くの観測隊が来日した。このとき、上野彦馬が長崎に陣取る米国隊について写真撮影に加わり、のちに国産燐寸《マッチ》の開祖となる清水誠がフランス神戸別働隊の通訳をしている。そしてもう一人、メキシコ隊のスペイン語通訳として参加し、そのためにその後の人生を大きく変えることになった人物がいる。屋須《やす》弘平《こうへい》（一八四六〜一九一七）である。この男ほど波瀾万丈の人生をおくった人も、この時代そう多くはあるまい。

弘平は蘭医、屋須尚安《しょうあん》の長男として、現在の岩手県藤沢町に生まれた。父に蘭学を学び、一七歳のときに江戸に出た。漢学、医学、フランス語、スペイン語(注4)、天文学を修め、一八七三年、日頃切望していた海外渡航許可が外務省から下りた。そして二八歳のとき、先の金星日面通過の観測にきていたメキシコ隊(注5)との運命的出会いとなったのである。

天文学者を夢見ていた弘平は、帰国するメキシコ隊に帯同を懇願した。隊長のコバルビアスはその熱意にうたれ、彼の夢は叶った。

一八七五年二月二日、フランス郵船「ボルガ号」で横浜を出港した。船は、中国、インド沿岸を経由してスエズ運河を渡り、ナポリ港に着岸した。美術館、劇場を視察し、ポンペイ遺跡に涙を流し、数日滞在したローマでは、サン・ピエトロ寺院など主要な観光地をめぐった。

アルプス山脈をぬけて、ようよう憧れのパリの地を踏んだ。六ヵ月を過ごすことになるパリは、彼に強烈な印象を与えた。「見たもの全部を数え上げるのは不可能だ」、彼はそう記した。

パリに別れを告げ、サン・ナゼール港からメキシコをめざした。メキシコのベラクルス港で上陸し、鉄道でメキシコシティに向かい、やっとのことでコバルビアスの家にたどり着いた。横浜を発ってから、欧州を経由したとはいえおよそ一〇ヵ月の旅路だった。

着物姿で大統領を表敬訪問し、国立天文高等専門学校で留学生活をはじめた。しかし、一八七八年のクーデターで大統領が追われるや、グアテマラ公使(注6)となったコバルビアスについてグアテマラへの移動を余儀なくされた。その道程は〝苦行〟だった。いくつもの川や急な坂道…。一〇日かけてようやく太平洋側のアカプルコ港へ抜け、同港からグアテマラのサン・ホセ港をめざした。

コバルビアスの生活は暗転した。弘平は日本に帰ることを考えるようになった。そのためには資金が必要だ。公使館前で営業する写真館に目をつけ、米国人経営者に頼みこんで助手になった。持ち前の研究心でまたたく間に写真技術を習得し、ついに「フォトグラフィア・ハポネサ」（日本人の写真館）を創業するまでになった。

天文学者を夢見た男の転身は、ときの大統領やグアテマラ大司教が肖像写真を注文するまでに成功した。しかし、弘平―フアン・ホセ・デ・J・ヤスという洗礼名になっていた―は、母親が元気なうちに故郷の地を踏みたいという感情をおさえられない。いかに成功しようと、望郷の念には勝てなかった。

一八八九年五月一五日、パナマから来た「サン・フアン号」に乗船し、サン・ホセ港をあとにグアテマラの地を去った。

太平洋岸を北上し、六月四日、サンフランシスコ港で「シティ・オブ・ペキン号」に乗りかえ、一路日本をめざした。一五歳の船は風に翻弄された。多くの人が船酔いに苦しめられ、女性たちが死んだような顔になろうとも航海は果てない。〝太平洋のオアシス〟、ホノルルに立ち寄り、横浜港に到着したのは六月二六日の深夜だった。

　母親との再会を果たした弘平は築地に写真館を開き、姪を含めた三人で安寧な生活をはじめた。しかし、波瀾万丈の運命がその進行を止めることはなかった。ペルーのヘーレン(注7)なる人物と共同で鉱山会社(注8)を設立する計画が持ちあがり、農商務省特許局長の高橋是清《これきよ》がその代表となると、弘平は秘書兼通訳として随行を打診されるのである。母親との悲しい、そして永遠の別れであった。

　一八八九年一一月一六日、高橋、田島晴雄鉱山技師（理学博士）、弘平らを乗せた英国汽船「ゲーリック号」は、サンフランシスコに向け横浜をあとにした。一二月一日未明に同地に着き、そののち汽船「アカプルコ号」でパナマに向け南下し、一八九〇年一月七日、最後に乗った汽船「サンタロサ号」がペルーのカヤオに入港した。

　さて、肝心の鉱山のことだが、良鉱と思われたカラワクラ鉱山は、じつは廃鉱だった。先に調査にはいった田島の報告が虚偽だったのである。落胆した高橋はペルーを去り、田島までもがひそかに逃げ出した。しかし、弘平だけは、日本人坑夫たちを無事帰国させると、自責の念からかグアテマラに留まった。

　〝ほんのしばらく〟のつもりだったが、まさか、異国を終の棲家にすることになろうとは…。彼自身思いもしなかったにちがいない。さらに、まさか…。一八九一年一一月二六日、丘に建つ教会で結婚した。相手の女性は、マヤ系先住民とスペイン人の混血だった。

　一八九五年、夫婦はグアテマラシティから西へ約三〇キロメートルの地にある古都アンティグアに移り、弘平はこの地で天に召された。享年七〇。甥に宛てた最後の手紙には、蕎麦きり、豆腐、トロロなど、醤油を使った柔らかい料理、子供の頃から慣れ親しんだ郷里の味、おふくろの味が食べたい、と書かれていた。

　偶然のことだった。一九七六年二月のグアテマラ地震で倒れた本棚の陰から、弘平が撮った一〇〇〇枚にもおよぶガラス湿板が発見され、弘平の高い写真術、そして何よりも彼の数奇な生涯がひろく知られるところとなった。出身地、藤沢町の情報誌に、「屋須さんが帰国していたら、是清を超える活躍をしただろう」という齋藤恕平氏のコメントが紹介されている。アンティグアの共同墓地に眠る弘平も、さぞや喜んでいるにちがいない。それとも、苦笑いしているだろうか。

【注】

1　日本写真協会ウェブサイト「6月1日「写真の日」について」(http://www.psj.or.jp/gekkan/about/gekkan2003.html) 参照。

2　当時誰もが知る人気写真家で、坂本龍馬を撮影したことでも有名。

3　明治天皇の肖像写真を撮影したことで有名。

4　薩長を迎え撃つため兵力増強を図りたい仙台藩が、メキシコと交渉しようとして弘平に通訳を依頼したことがあった(これは未実現)。弘平は、奥羽列藩のなかで貴重な人物とされていたようである。

5　メキシコ隊は天文学者二名、技師二名および秘書一名で構成され、横浜の野毛山、本村を観測所とした。

6　グアテマラは中米の国で、面積が北海道の一・四倍、人口は日本の一〇分の一。古代マヤ文明の中心地で、一八二一年にスペインから独立した。

7　ドイツ生まれ。莫大な遺産を相続し、一八六九年に来日し東京・築地に住んだ。そののちドイツ領事館員としてペルーに移り、バドロー大統領の姪をめとって中央銀行総裁になった人物で、ペルー実業界の名士だった。

8　日秘鉱業株式会社。資本金百万円は、日本、ペルー両国が均等に分担した。

【参考文献】

斎藤多喜夫『幕末明治 横浜写真館物語』吉川弘文館(二〇〇四)
大島昌宏『幕末写真師下岡蓮杖』学陽書房(一九九九)
横浜開港資料館編『横浜もののはじめ考―第3版』横浜開港資料館(二〇一〇)
熊田忠雄『すごいぞ日本人!―続・海を渡ったご先祖様たち』新潮社(二〇〇九)
高橋是清口述・上塚司筆録・矢島裕紀彦現代語訳『高橋是清伝』小学館(一九九七)
「まちの総合情報誌 Fujisawa (No.626)」岩手県藤沢町役場(二〇〇六)
藤沢町文化振興課編『グアテマラの写真家 屋須弘平の手記―波瀾万丈の生涯』藤沢町文化振興協会(二〇〇四)

第21話

奮って斯業を起こすべし
国産マッチの開祖清水誠と近代造船事始

一八七四年の「金星日面通過」の観測のために来日したフランス神戸別働隊のなかに、ひとりの日本人がいた。第20話ですでに名前を出した清水誠（幼名金之助、一八四五〜九九）である。

金沢（加賀）藩士の家に生まれ、維新で没落の悲哀を味わった。フランス人の塾に学び、そののち、一八六九年五月一二日から七月二日の航海を経てパリに留学した。この留学の費用は金沢藩によってまかなわれたが、一八七一年八月の廃藩置県で藩が消滅したのちは文部省留学生となった。

エコール・サントラル・パリ（注1）（École Centrale Paris）に入学し、造船技術の習得にはげんだ。ちょうどそのころ、宮内次官の吉井友実《よしいともざね》（注2）がパリに外遊中だった。ふたりはパリで出会い、吉井は誠にある話を持ちかけた。それは造船といささかも結びつかないものだった。「山林豊富な日本であればマッチぐらい自前で作れないものか」、「帰国したら造ってみたらどうか」…それは、輸入超過を憂慮するあまり、たまたま目にしたマッチを前に思いついた話だった。

一八七四年に留学生制度がいったん廃止となり、誠はフランス政府の要請で先の観測隊に同行した。

官費留学生だったこともあり、一八七五年に海軍造船官として横須賀造船所に勤務するが、その一方で吉井の言葉が忘れられず、東京の吉井の別邸でマッチ製造に取り組み、これがマッチ製造の嚆矢（注3）となった。

二足の草鞋《わらじ》を履く誠だったが、内務卿、大久保利通に「造船も大事だが何とかなる。マッチに専念してはどうか」と諭され、一八七六年九月、本所柳原町に「新燧社《しんすいしゃ》」を設立した。

桜印などを商標とする同社のマッチは、品質が優れていたこともあり（注4）大きくその販路を広げていった。また、失業武士の婦女子を雇用し、士族授産や殖産興業の観点からノウハウを惜しみなく公開した。そのため、マッチ製造は全国に広がっていった。誠による社会貢献といっていい。

一八七八年、国産マッチが上海にはじめて輸出され、以後重要な輸出商品となっていった。吉井が願った輸出入のアンバランス解消に、ようやく一役買うことができたのである。

同年、所期の目的を達しつつあった誠は再び訪欧し、スウェーデンのストックホルムにあるヨンコピング社（注5）を視察した。このとき、彼は産業スパイまがいのことをしている。一般見学者に交じり、一時間足らずのうちに製造上のツボをつかんだというのだ。

国産マッチの開祖として、誠はマッチ製造に邁進した。しかし、一八八八年、新燧社は閉鎖の憂き目に会う。それでも、誠はその後もマッチ製造機の研究を進め、一八九七年に大阪で再出発を図った。が、志半ばの一八九九年に病死。〝起業家〟として生きた士族の功績をたたえるように、「国産マッチの創始者清水誠の頌」が亀戸天神の境内にひっそりと佇んでいる。

ところで、清水誠のキャリアは、すでに触れたように横須賀造船所の海軍造船官としてスタートしている。

わが国における近代造船は、一八五三年のペリー艦隊来航にはじまる。砲艦外交によって屈辱的開国を強いられた幕府は、近代的な海軍創設と〝黒船〟が必要と感じた。さっそく長崎のオランダ商館長、クルチウスに意見を求め、オランダから蒸気艦船二隻（のちの「咸臨丸」と「朝陽丸」）を購入し、一八五五年、海軍伝習所を長崎奉行所西役所に開所した。

幕府は洋式帆船の建造にも着手した。まずは一八五三年、幕府の命を受け、水戸藩主、徳川斉昭が石川島造船所を創設した。株式会社IHIの前身で、そのため、石川島は近代造船の発祥の地とされている。

同年九月、幕府は石川島造船所に「旭日《あさひ》丸」（排水量約七五〇トン）の建造を命じ、同年一〇月には浦賀奉行所に「鳳凰《ほうおう》丸」（排水量約五五〇トン）（注6）を造らせた。これらの洋式帆船は、オランダの造船書、実船見学から得た知識を頼りに、日本人のみで建造された。（注7）

こうした流れを受け、同年一〇月、幕府は大船建造禁止令（一六三五年制定）を廃し、諸藩による洋式帆船建造を認めた。（注8）しかし、欧米各国はすでに蒸気艦船の時代となっていた。幕府も即座の対応を考えた。だが、追いつこうにも当時の幕府では、技術力、資金力から到底かなわなかった。結局、幕末に建造された蒸気艦船は、石川島造船所建造の「千代田形」（注9）だけだった。

造船所の整備が急務とかんがえた幕府は、一八五四年に長崎製鉄所の建設に着手し、一八六一年に計画全体を完成させた。また、江戸に近い横須賀に大規模な造修所の建設を計画した。一八六五年一〇月、フランス人のヴェルニー（注10）を総責任者として着工し、時代をまたいだ一八七一年三月（注11）に完成した。このため、幕府が期待した蒸気艦船は一隻も建造されず、三〇馬力の通船「横須賀丸」と一〇馬力の雑用船のみのお目見えとなった。

技術革新は明治維新以降のこととかんがえがちだが、日本の近代化は幕末にすでにはじまっていた。高い問題意識と技術理解力を有する人材が当時からいたとして、「幕末から明治への時期にあるのは断絶ではなく、むしろ連続であり、幕末の社会すべてにわたる近代化過程があったらばこそ、明治維新以降の近代化路線も円滑かつ勢いよく進んでいった」と主張する向きもある（佐々木譲）。そのかんがえ

亀戸天神境内に建つ「国産マッチの創始者清水誠の頌」　筆者撮影

に立てば、明治維新は学術における〝イノベーション〟（革新）だったといえそうだ。

【注】

1　一八二九年に設立された工学・技術系エリート養成機関。卒業生には、ギュスターヴ・エッフェル（エッフェル塔の設計者）、アンドレ・ミシュラン（ミシュランタイヤの創業者）、アルマン・プジョー（プジョー自動車の創業者）などがいる。

2　のちの枢密顧問官。歌人吉井勇《いさむ》の祖父。

3　『横浜もののはじめ考―第3版』（横浜開港資料館編、二〇一〇）によれば、一八七五年一月二三日付の「横浜毎日新聞」に、持丸幸助が米国から機械を購入し、平沼にてマッチ工場建設という記事があり、これを以って本邦初のマッチ製造としている。また、一八七五年には、大阪の小野久兵衛と小杉又三郎が共同でマッチを製造している（のちの昌燧社）。

4　一八七七年の第一回内国勧業博覧会で鳳紋賞牌《ほうもんしょうはい》が授与され、一八八一年の第二回内国勧業博覧会では進歩一等賞を獲得している。ちなみに、内国勧業博覧会は、大久保利通が一九七三年のウィーン万博を参考に、富国強兵のためにも博覧会開催が必要と太政大臣、三条実美に建白したことにはじまる。第一回内国博覧会は上野寛永寺旧本坊跡（現在の東京国立博物館正面前の広場）で開催され、開場当日は立錐《りっすい》の余地もなかったという。

5　当時世界一のマッチ製造会社。技術の流出をおそれ、部外者の立ち入りを厳しく制限していた。

6　わが国で最初に建造された洋式帆船。浦賀奉行所与力の中島三郎助らが中心となって建造した三本マストのバーク型帆船。一八五五年三月、筆頭老中、阿部正弘以下幕府要人が帆走と演習を検分し、高い評価を得た。

7　これに対し、外国人指導のもとで建造された最初の船は、伊豆・戸田《へだ》村で建造された「ヘダ号」（二本マストのスクーナー船、長さ約二五メートル、幅約七メートル、排水量八〇から一〇〇トン）である。ロシア使節、プチャーチンの乗る艦船「ディアナ号」が一八五四年一二月の安政大地震による津波で沈没し、その代船として建造された。

8　一八五三年五月、薩摩藩は大船建造禁止令の廃止に先んじて洋式帆船「昇平丸」（排水量約三七〇トン）を建造した。同船はのちに幕府に献納され、長崎海軍伝習所一期生を品川から長崎まで運んでいる。

9　「咸臨丸」の航海長を務めた小野友五郎の建言により、一八六一年三月に建造が決定され、一八六七年三月に竣工した。蒸気機関は長崎製鉄所、ボイラーは佐賀藩の三重津海軍所で製作された。

10　日仏の公式国交は、一八五八年の日仏修好通商条約にはじまる。二代目公使のロッシュは、勘定奉行、小栗上野介と親交が深かった。幕府の信任も厚く、その結実がフランスからの借款による横須賀製鉄所の建設であった。ちなみに、ヴェルニーは当時弱冠二七歳で、技術顧問として献身的に努力した。清水誠がパリ留学前に学んだ人物こそ、このヴェルニーである。

11
帝国海軍所管横須賀造船所と改称。一八七五年に清水誠が造船官に就任しており、ここにも誠とヴェルニーの接点がある。一九〇三年に横須賀海軍工廠《こうしょう》、太平洋戦争後は米軍が接収し米海軍基地となっている。

【参考文献】

伊藤隆監修『明治の群像 知れば知るほど―気骨ある日本人の原型ここにあり！』実業之日本社（一九九七）
一般社団法人 日本燐寸工業会ウェブサイト（http://www.match.or.jp/jmma/）
熊田忠雄『すごいぞ日本人！―続・海を渡ったご先祖様たち』新潮社（二〇〇九）
佐々木譲『幕臣たちと技術立国―江川英龍・中島三郎助・榎本武揚が追った夢』集英社（二〇〇六）
元綱数道『幕末の蒸気船物語』成山堂書店（二〇〇四）
寺島実郎『一九〇〇年への旅―あるいは、道に迷わば年輪を見よ』新潮社（二〇〇〇）

第22話

藩主、明治の御世に海を渡る
上田藩最後の藩主、松平忠礼と弟、忠厚の挑戦

明治という時代は、かつて領地を治めていた人物をも海外へと駆り立てた。

第六代上田藩主の松平忠優《ただます》（のちに忠固《ただかた》と改名）伊賀守は、一九歳のときに姫路藩酒井家から養子に入った。五人の側室との間に一六人の子をもうけるが、おとしとの間に生まれた忠礼《ただなり》、おつまとの間に生まれた忠厚《ただあつ》をふくめ、わずか五人しか成人していない。

その忠礼（一八五〇〜九五）だが、わずか九歳で上田藩五万三〇〇〇石の藩主となった。また、異腹の弟となる忠厚（一八五一〜八八）は、一〇歳のときに上田藩分家、松平忠行の養子となった。五〇〇〇石の第七代領主として、学校を開くなどの開明的な治世をしたという。

一八七二年七月一日、兄弟そろって米国へと旅立った。まさしく、〝海を渡ったラストプリンス〟（飯沼信子『黄金のくさび―海を渡ったラストプリンス松平忠厚〈上田藩主の弟〉』より）となったわけだが、この決断には、開国論者であった父忠固の意思が強く反映されていた。幕閣の老中でありながら、開国派であったがゆえに蟄居《ちっきょ》させられた父親の恨みを晴らそうとしたのかもしれない。

ここで、オランダ人、フルベッキ（G. H. F. Verbeck）なる人物が大きく関与してくる。米国に移住したオランダ改革派教会の宣教師で、一八五九年に長崎に来ていた。多くの人から尊敬され、大隈重信、副島種臣、福沢諭吉、勝海舟、坂本龍馬らが門をたたいたほか、土佐の山内家や太政大臣、三条実美にも招かれている。

彼の教えは近代化を説く者たちに大きな影響をあ

たえ、彼らを米国へと雄飛させていった。フルベッキの指し示す先…そこには、大きく門戸を開くラトガース大学（注1）（Rutgers University）があった。

　同大学には、すでに日下部太郎（一八四五～七〇）が留学していた。彼は越前藩からの派遣だったが、これには、米国に傾倒する開国論者で、同藩の顧問を務めていた横井小楠《しょうなん》が関係していたにちがいない。一八六八年三月、ラトガース大学に入学した日下部は、本科数学科に進学した。最高点をとるなど秀才ぶりを発揮したが、不幸にも結核に倒れてしまう。しかし、彼の投じた一石は、後輩たちに大きな波紋となって伝わり、勉学への意欲を掻き立てた。

　服部一三《いちぞう》（注2）、松方幸次郎（注3）らが、続々とラトガース大学に留学した（注4）。忠礼、忠厚兄弟も、はやる思いから私費留学の道をえらび、ラトガース大学のグラマー・スクールに入学し、その後本科の理学部に進んだ。

　忠礼は工学士号を取得し、一八七八年に帰国した。一八八四年に子爵となり、そののち宮内省に勤めるなどしたが、一八九五年に四五歳という若さで亡くなった。

　一方、忠厚はというと、ものおじしない性格からか、学生会長になったり、一八七六年に開催されたフィラデルフィア万博でアルバイトをしたり…。彼は、帰国をためらった。日本を出るときの約束を守って帰国した忠礼にすれば、「私が帰朝する折に貴方（＝忠厚）が逃避された件は面目をなくし体裁の悪かった」とおもしろくない。忠厚が〝逃避〟したのはもっと勉強したかったということもあるが、好きな女性がいたことが大きかったようだ。名をカリー・サンプソンといい、実家は大学の近くで本屋と雑貨屋をいとなんでいた。

　一八七九年一月、工学士となった忠厚はニューヨークの建設会社に入社した。しかし、測量士の仕事をするなかで、理論と現実のギャップに苦悩する。日進月歩で進歩する技術をもっと勉強しなければ…。彼はそう思うようになった。この思いが結果的に奏効した。新しい測量器を開発し、新聞に大きく取りあげられるのである。

　同年八月、一九歳のカリーと結婚した。マンハッタン高架鉄道会社（のちに、メトロポリタン高架鉄道会社に合併される）に入社し、日本人初のシビル・エンジニア（Civil Engineer）（土木工学技師）として、当時世界最大の吊橋となるブルックリン橋の設計にもたずさわった。すばらしい、としかいいようがない。ちなみに、この大橋計画は、ドイツ人技師、ジョン・ロブリングの「空中に羽根を広げて飛び上がる鳥たちのような華麗な橋」をつくるという構想にもとづく一大プロジェクトだった。

　地元紙に「日本人に負けたアメリカ人」という見出しで紹介された。プライベートでも第一子をさずかるなど、すべてが順調に思えた。しかし、暮らし向きはすこしも良くならなかった。恥をしのんで兄の忠礼に、松平本家への復籍と金銭面の援助をたのんだ。しかし、一切の金銭面の協力はできない、と返されてしまう。復籍もまかりならぬ、という。

　冷徹な兄を恨んだろう。ところがじつのところ、忠厚には渡航前に妻と娘があり、その妻との離婚と復籍を同時にかなえるのは難しいというのが謝絶の理由だった。忠厚は、米国永住を決意するしかなかった。

　ユニオン・パシフィック鉄道会社の測量団責任者となった忠厚は、妻と長男太郎をともないニューヨークを後にした。同社には二万五〇〇〇人の中国人が働いていたが、瀟洒なスーツに身を包んだ忠厚は白人社会から〝ジェントルマン〟と見られ、中国人のように蔑視されることはなかったという。

　忠厚は、三人の子供すべてに日本流の名前をつけた。長男の太郎、長女のフミエ、次男の欽次郎。太郎は上田城から眺める太郎山《たろうやま》にちなんでおり、欽次郎は自分の幼名からとった。フミエが一歳半の短命に終わるという不幸はあったが、生きて故国の地を踏むことのなかった忠厚にとって、家族そのものが故郷だったのかもしれない。

　コロラド州デンバーに日本人としてはじめて歩を印した忠厚は、一八八八年一月二四日、同地の自宅で永眠についた。享年三七という若さだった。洋の東西を分かたぬ愛に生き、日本民族の優秀さを全米に知らしめた男、ＴＡＤＡＡＴＳＵ　ＭＡＴＳＵＤＡ

IRA。「ペリー提督が野蛮な日本人を近代化したのだ」と吹聴する人もいたが、彼は立派に日本人の矜持を示したといっていい。

一九九四年六月、天皇皇后両陛下はデンバーに住む忠厚の孫(注5)にお声をかけられ、そののち訪問されたラトガース大学でも、「日本人の留学生がその昔お世話になりました。ありがとうございます」と、お礼のお言葉を述べられた。じつにすてきな話である。

【注】

1 一七世紀から一七七六年の独立宣言までの間、ハーバード大学など、牧師養成機関として複数の大学が創設された。ラトガース大学は一七六六年創立のオランダ改革派教会系大学で、全米では一二番目に古い。

2 ラフカディオ・ハーン（小泉八雲）をわが国に招いた人物として知られ、貴族院議員などを歴任した。一八六九年に米国留学。

3 川崎造船所の創始者。松方コレクションで有名。エール大学、ソルボンヌ大学にも学んでいる。父は明治の元勲で、第四代・第六代内閣総理大臣をつとめた松方正義。

4 幕末からの一〇年間で四〇人以上が留学した。仲間がエリート街道を歩む一方で、結核に倒れ、あるいは成績不振で退学する者も多かった。ちなみに、米国の大学を最初に正規卒業したのは、一八七〇年にアマースト大学を卒業した新島襄と先の日下部太郎とされている。日下部は卒業を待たずに同年死去したが、大学側が卒業生と同格扱いとした。

5 未亡人となったカリーは、絹織物の小間物の輸入販売をしていた日本人と再婚し三人の子供をもうけた。そののち、その男性が黙って帰国すると日本まで後を追い、上海に逃げたとわかるとさすがに断念し、フィリピンに住む太郎を訪ねている。太郎が亡くなると米国に帰り、欽次郎と再会した。そののちしばらくして、他界した姉の夫と再婚した。ちなみに、両陛下が声をかけられたのは、軽業師でのちにエドモンストン市の初代市長となった欽次郎がのこした三人の子供（忠厚三世）のうちの次女である。

【参考文献】

飯沼信子『黄金のくさび―海を渡ったラストプリンス松平忠厚〈上田藩主の弟〉』郷土出版社（一九九六）

飯沼信子『野口英世とメリー・ダージス―明治・大正偉人たちの国際結婚』水曜社（二〇〇七）

第23話

国を開き、愛は海を渡る

明治期における国際結婚事情

本書のなかで、ラグーザと清原玉（第14話）、松平忠厚とカリー・サンプソン（第22話）の話をした。彼らは、いわゆる国際結婚である。今回は明治期の国際結婚について、もう少々踏み込んでみたい。

国際結婚とは国籍[注1]が異なる男女間の結婚のことだが、明治初期においては、日本人と外国人の間の結婚の許可、国籍の移動を規定した「太政官布告第一〇三号[注2]」にもとづいた制度であり、ちまたでは「内外婚姻」あるいは「雑婚」とも呼ばれた。

この制度、日本人男性と外国人女性の結婚というよりは、居留地に住む外国人男性と日本人女性との結婚を想定したものだった。幕末から明治初期、すくなからぬ外国人男性がわが国を訪れた。彼らの〝発見〟のひとつは、「日本の女たちそれも未婚の娘たちの独特な魅力[注3]」だった。たとえば、一八七二年から一八七五年まで駐日ドイツ公使を務めたマックス・ブラントは、「ムスメは日本の風景に必須であり、日本の風景の点景となり、生命と光彩を添える[注4]」と記している。商家などの娘が、陽気で、純朴、しとやかで気品があると映ったのであろう。また、彼らが日本人女性に出会う機会は、外国人相手の娼館のほかにもいろいろあった。たとえば、開国後に条約港となった地では、月極めの給金目当てに娘を外国人に妾奉公させようとする親がすくなくなかったという。こうしたことを背景に、日本に居留する外国人男性が日本の娘に恋することも多かったろうし、娘は娘で、邦人男性より異邦人[注5]、と心変わりしていったのかもしれない[注6]。

外国人男性と日本人女性というと、フィリップ・フランツ・フォン・シーボルトと其扇《そのぎ》（楠本瀧）、トーマス・グラバーと淡路屋ツルなどがすぐに思いうかぶ。ポルトガル、オランダとの貿易拠点として一六三四年に造営され、オランダ人が「国立の監獄」と呼ぶほどに息苦しかった出島におけるオランダ館員の唯一の慰みは、日本人遊女とたわむれることと、年に一、二度の自国船来航だった。シーボルトにしても事情は同じだった。当時一六歳の遊女其扇と過ごす時間に、いつしか癒されたのであろう。伯父に宛てた一八二三年一一月一五日付の手紙に、「私は日本に着いて日本人の妻を迎えました。彼女は美しく、（中略）優しく私に尽くしてくれます。この分でいくと、ヨーロッパの女性をめとることはないでしょう」と書いている。しかし、シーボルトが其扇と正式に結婚したという事実はなく、彼女と娘（イネ）を残して帰国した彼は、一八四五年、四九歳となった年に欧州の女性と正式に結婚した。歌劇「蝶々夫人」のモデルとされるグラバーとツルも、どうやら正式に結婚した事実はなさそうである。

太政官布告第一〇三号にもとづく政府公認の国際結婚第一号は、一八七三年の南貞助《（注7）》と英国人、ライザ・ピットマン（Eliza Pitman）の結婚とされている。前年に英国方式で結婚し、帰国したのちに山口県の東京出張所に届け、外務省に回付され正式に許可された。その届出書には、ロンドン滞在中の岩倉具視全権大使、寺島宗則に許可された旨が添えられていた。ちなみにこの結婚は、人種改良論者の南が日英混種の子孫をねがってのことだった。

しかし、一八八五年、その南は伊沢せん（仙子）との結婚届けを外務卿、井上馨に提出した。井上から「正式に離婚したのか？」と質された南は、ライザとの結婚は英国での婚姻手続きを説明するためにしたことであり、彼女を入籍していないと主張した。しかし、むなしくも、「（ライザとの）結婚は正式に成立しているからこの結婚は認められない」とつき返された。のちに香港領事を務めるほどの人物にしてはいささかぎこちないが、じつのところは、ライザが日本の生活になじめず、また、人種改良しようにも子宝に恵まれず、そのうち彼女が発狂し南を狙撃しようとするなどの挙動が見られるようになったために離縁した、ということのようだ。祖国に帰った後の彼女の消息はわかっていない。それはそれで、じつに切ない。

『国際結婚第一号―明治人たちの雑婚事始』（小山騰、講談社、一九九五）のなかの「国際結婚リスト」に目をとおすと、「番号二四、明治一〇・二・一許可」として鳥潟小三吉《こさきち》の名が出てくる。第5話で紹介した旅芸人である。兄弟子の亀吉（旅先で客死）らとともに海を渡り、ドイツ皇帝の前で大掛かりな花火芸を披露し勲章を授与された人物だが、まさか、国際結婚のテーマで再登場いただくことになろうとは思ってもみなかった。

小三吉は軽業で旅費を稼ぎながら欧州をまわり、ウィーン近郊に滞在中の一八七三年七月一五日、ドイツミュンヘン出身のフランシスカ（ファニー）・ビルツレー（注8）（Francisca Birzle）と結婚した。一八七六年八月に帰国し、本籍地の秋田県を通じ内務省に結婚証明書を添えて願い出た。結婚と入籍は、めでたく許可された。

ファニーの母親は未婚の母で、敬虔なクリスチャンだった。そのため、小三吉は結婚する一〇日前に洗礼を受け、結婚証明書にはヨハンという洗礼名が記載された。

ふたりの間に子ができた。しかし悲しいかな、愛の結晶はすぐに消えてしまった。失意のファニーは糖尿病で視力を失い、狂人になるという不遇のうちに小三吉の家の土蔵で三九年の生涯を閉じた。ライザといい、ファニーといい、外国人女性にとって、明治期の日本は心身を病むほどに住みづらいところだったのかもしれない。

先の国際結婚リストをさらにみていくと、一八七七年一月二五日の青木周蔵（駐ドイツ全権公使）とElisabeth von Rhade、一八九〇年九月二四日の新渡戸稲造《にとべいなぞう》（注9）とMary P. Elkinton などの名前を見出すことができるが、一八九五年に東京府知事が許可した青山光子とオーストリア代理公使、ハインリッヒ・クーデンホーフ伯爵の結婚は特筆される。

青山光子（クーデンホーフ光子、一八七四〜一九四一）は東京の油商人、青山喜八の三女として生まれた。大変な美人で、一五歳も年上だった伯爵の一目惚れだったという。

一八九二年の結婚から四年後、夫とふたりの息子とともに夫の国に向かうべく、夜汽車で東京から二四時間かけて神戸に至り、そこからオーストリアの船「ギゼラ号」に乗船した。東京を離れる悲しみ、疲労と緊張、ホームシックと、複雑に入りまじる感情のなかでの船出だった。

商家の娘として三味線、唄や踊りなどを仕込まれてはいても、尋常小学校を出たばかりの光子にとって、異国の、しかも名門ハプスブルグ家に近い家柄での貴族生活は神経をすり減らす思いであった。近親から白い目でみられるなか、光子は涙ぐましい努力で伯爵夫人としての素養を身につけ、〝黒い瞳の伯爵夫人〟と称されるまでになった。

次男のリヒャルトは、ＥＥＣ、ＥＣやＥＵ(European Union)の原型になる「パン・ヨーロッパ運動」を提唱したことで知られる。しかし、その素地には、父である伯爵の影響もさることながら、三二歳の若さで寡婦になりながらも七人の子を育て上げた光子の、想像をこえた情熱があったのではないか。

海を渡った愛…。三年ほどで帰国するはずだったが、光子が文明開化著しい東京を目にすることはなかった。

【注】

1 小山騰氏によれば、「国籍」という概念は欧州における近代国家成立のなかで確立され、わが国には幕末期にもちこまれた。

2 一八七三年に制定され、国際私法である法例(明治三一年法律第一〇号)が施行されるまで存続した。

3、4、5『逝きし世の面影』(渡辺京二、平凡社、二〇〇五)より。

6 一方で、嫌々ながら米国初代総領事、ハリスの妾となった下田芸者「唐人お吉」や、外国人の誘いに自刃した岩亀楼の遊女喜遊の例を挙げるまでもなく、外国人を毛嫌いする風潮も強かった。

7 長州藩士。高杉晋作とはいとこ関係。高杉家の養子となるが、そののち除籍された。

8 安岡章太郎氏によれば、ファニーは小三吉を庇護したオーストリア・リンツの警察署長の娘とされる。

9 そのほか有名なところでは、野口英世とメリー・ダージス、高峰譲吉とキャロライン・ヒッチなども特筆される。

【参考文献】

小山騰『国際結婚第一号―明治人たちの雑婚事始』講談社（一九九五）
渡辺京二『逝きし世の面影』平凡社（二〇〇五）
安岡章太郎『大世紀末サーカス』朝日新聞社（一九八八）
博学こだわり倶楽部編『世界を股にかけた凄い日本人がいた！』河出書房新社（二〇〇八）
シュミット村木眞寿美編訳『クーデンホーフ光子の手記』河出書房新社（一九九八）

第24話

大富豪の子息が一目惚れした京都の芸妓

モルガンお雪の生涯

国際結婚の話もいろいろだが、大富豪モルガン一族と京都の芸妓《げいぎ》、お雪《ゆき》（一八八一～一九六三）のそれは、海をまたいだ恋路にいろどりを添える。モルガンと言っても「幹じゃなくて、枝のほう」とお雪が言うように、大モルガン、ジョン・ピアポンド・モルガンの甥にあたる人物で、名をジョージ・デニソン・モルガンといった。

お雪は、京都の刀剣商の娘（注1）に生まれた。本名を加藤ゆきといい、一四歳で花街に身を置いた。祇園で生きる術にと姉に仕込まれたらしく、胡弓の名人として名をなしていた。

ふたりは京都の街で出会った。モルガンは写真からもうなずけるように、かなりのプレイボーイだった。そんな御曹司が、一九〇〇年、一説には継母をきらってのこととされているが、失恋の果てに日本にやってきたというから世の中じつにおもしろい。

横浜に定住したモルガンは、翌年、京都「尾野亭」でお雪とめぐり会い、一瞥《いちべつ》するや恋に落ちてしまった。胸中にいまだ引きずる元恋人の面影に似ていたかららしいが、真偽のほどはわからない。いずれにせよ、ポチ袋に大金二〇（注2）円を包むほどの気に入りようだった。ちなみにこの時期、大モルガンはカーネギーやロックフェラーの鉄鋼会社を買収し、強大なUSスチール社を設立するなど、その騰勢を強めている。

願ってもない話かと思われたが、肝心のお雪にモルガンの求愛を受けいれる気などさらさらなかった。「異人は人間ではない、気味悪い」と、彼女はかんがえていた。それに、お雪には、当時心を寄せる人がいたのである。相手は相思相愛の苦学生、名を川上俊介といった。彼女は、稼いだ金を健気に貢いでいた。しかしモルガンに、そんな事情などわかるはずもなかった。彼の思いはますます募っていった。

　お雪愛用の胡弓をかかえ一時的に帰国するが、一九〇二年一月に日本にもどると、ダイヤモンドの指輪とモルガン家紋章入りの指輪をお雪に贈り、彼女に結婚の決断をせまった。

　揺れる乙女心…「でも、やっぱりいやだわ」。お雪はモルガンにあきらめてもらおうと、旦那との手切れ金などをふくめると四万円の落籍料が必要だと、口からでまかせを言った。現在の価値で二億円にも相当する額である。さすがのモルガンも即答しかねたが、来日する顧問弁護士のビゲロー(注3)に相談ののちに返答する、とその場であきらめることはなかった。

　ビゲローはモルガンの悩みをこころよく思わなかったが、友人の一途な思いに動かされ、二万円を現金、残りを結婚後に分割で支払うというアイデアを出した。これにおどろいたのは、お雪だった。動転した彼女は全額即現金を主張し、あきらめるよう迫った。

モルガンは、ピストル自殺をかんがえるまでに追い込まれていった。そんな姿に、心を動かされないはずはない。先の川上との関係が疎遠になりかけていたこともあり、お雪はついにモルガンの思いを受けいれるのである。

　そんなお雪を世間は、「四万円の落籍料に目がくらんだ(注4)」とあざ笑い、「降るあめりかに袖は濡らさじ」と言い放った遊女喜遊《きゆう》(注5)と対比した。

　一九〇四年一月二〇日、ふたりは横浜で結婚式を挙げ(注6)、二九日には「エルネクン号」で横浜からニューヨークに向かった。結婚を報告するためだった。一等特別室のお雪は不安ながら、それでいて、おもいっきり幸せだった。苦難の日々が待ちかまえていようなどと知る由もない、優美なひとときだった。

　東洋からやってきた身の丈一四七センチメートルの仏教徒を、大富豪モルガン家の人々が歓迎するはずもなかった。「How do you do?」のつもりで「ハウ・ドウ、ハウ・ドウ」とくりかえし、用意される食事になじまないお雪をなにかと疎ましがった。温かく接してくれるのは、義理の妹、キャロラインだけだった。

いたたまれなくなったのか、翌年の三月、ふたりは日本に〝里帰り〟した。しかし、ふたりにとって、日本も決して暮らしやすい場所ではなかった。考えあぐねたモルガン夫妻は日米から逃れ、心の安寧をパリに求めた。花の都パリは、お雪を〝日本のシンデレラ〟として迎えた。

お雪の〝パリ化〟が始まった。英語は不得手な彼女もフランス語はなかなかに上達し、パリ、マルセイユなどの街を闊歩し、ニースの別荘で楽しい日々を送った。

しかし、夫の優しさにつつまれた安息の日々は、そう長くは続かなかった。プレイボーイのモルガンとの間に溝が生じたのである。さりとて、誰を頼ったものか…お雪には夫しかいなかった。それなのに…。一九一五年七月五日、夫の突然の死。死因は心臓麻痺、享年四四という若さだった。

さびしさの淵にあったお雪だが、一八七七年生まれのフランス陸軍士官、タンダール男爵と恋仲になり、別荘でいっしょに暮らすようになった。モルガンへの愛が父親に対するそれに近かったとすれば、歳の近いタンダールへの愛は本当の愛だった。かつての恋人、川上俊介の面影を重ねていたのかもしれない。

タンダールとの同棲は、一九三一年六月の彼の死で幕をおろす。またしてもひとり残されたお雪。そんななか、一九三七年四月七日、朝日新聞社の神風機が世界一周の途中パリに立ち寄った。このニュースに、彼女は望郷の念にかられた。京都に住む姉の病状も心配であり、お雪は帰国を考えはじめる。しかし、それには大きな問題があった。彼女は無国籍となっていたのである。夫モルガンが亡くなって二年以内に米国に住めば米国籍を取得できたのだが、お雪はそうしなかった。しかたなく米国領事館に相談すると、有名なモルガン未亡人ということもあり、米国経由を条件に仮旅券を発行してくれた。

結局は、マルセイユの日本領事館から許しが出たため、一九三八年三月二八日、日本郵船の「靖国丸」（一万二〇〇〇総トン）に乗船することができた。

船内では船医はじめ多くの人と食卓を囲み、日に二度の日本食を堪能した。しかし、日本語での会話が思いどおりにならず、自室にこもることが多かった。上海から長崎へは日本郵船「長崎丸」(五二〇〇総トン)で向かい、長崎からは列車で故郷に向かった。道々には、お雪を〝ドル箱〟、〝資金源〟と期待する日本人投資家らが群れていたという。

晩年はナミ江という女性と養子縁組をなし、カトリック信者として静かに暮らした。加藤姓にもどり日本国籍を取得することもできたであろうが、そうすれば自分の人生を否定することになると考えたのか、終生、無国籍の「ユキ・モルガン」を通し、一九六三年、明治の女としてはじつに数奇な生涯を閉じている。

今日、お雪が結婚した一月二〇日は〝玉の輿《こし》の日〟とされているが、お雪がこのことを知ったら果たして何というであろうか。

京都金閣寺。モルガン夫妻もこの景色を目にしたであろうか。　筆者撮影

【注】

1 モルガンは親戚に刀鍛冶の娘と紹介したが、これは少しでもお雪の出自をよく見せようとしたためと考えられる。

2 当時米一升が一〇銭。ちなみに、ポチ袋のポチは関西地方で祝儀のことで、「少ない（これっぽち）ですが」の意味。

3 兄のウィリアム・S・ビゲローは、エドワード・モース、アーネスト・フェノロサとならぶ日本美術研究者。金子賢太郎をルーズベルト大統領に紹介したことでも知られる。

4 小坂井澄氏は自著で「落籍料は一銭ももらっていない」というお雪の兄の証言を紹介している。正式に結婚したこともあり、実際には払われていないのかもしれない。

5 横浜遊郭「岩亀楼」の遊女、喜遊（亀遊）が米国人（フランス人という説も）に詰め寄られ、このせりふを残し自刃した。

6 国籍喪失届は次のようになっている。

京都市（中略）　加藤音次郎妹　加藤ゆき　明治一四年一二月七日生
右は明治三七年一月二〇日北米合衆国人民同国紐育市ジョージ・デニソン・モルガンと結婚を為し随って同国籍を取得し日本国籍を喪失仕候間此段及御届候也
右　加藤ゆき㊞　（後略）

【参考文献】

板谷英世『続 女人人国記―関西・東北北海道・中国・北信・四国篇』内外社（一九三一）
小坂井澄『モルガンお雪―愛に生き信に死す』講談社（一九七五）
三好徹『妖婦の伝説』実業之日本社（二〇〇〇）
関露香「実話 モルガンお雪」（『編年体 大正文学全集 第五巻〈大正五年〉』ゆまに書房、二〇〇〇）

第25話　江戸最後の粋人、成島柳北

夢をもって海を渡り、志をまっとうした人物の話はじつに痛快だが、多少なりとも艶っぽい話がからむといささかちがった趣が出てくる。今回登場いただく成島柳北《なるしまりゅうほく》（一八三七～八四）はそうした薫りを感じさせる、魅力的な人物である。

「江戸最後の粋人」といわれる柳北。ここでいう「粋」（〝すい〟、あるいは〝いき〟）とは、「垢抜《あかぬけ》して（＝諦）、張りのある（＝意気地）、色っぽさ（＝媚態《びたい》）」（『「いき」の構造』（九鬼周造、岩波書店、一九三〇）より）であり、粋人とは風雅を好み、花柳界や芸人社会に通じた人物（『広辞苑 第五版』（新村出編、岩波書店、一九九八）より）とかんがえていい。

現在の台東区蔵前に生まれた柳北は、代々将軍に侍講《じこう》する奥儒者の家に養子に出され、成島稼堂を父とした。一三代将軍家定《いえさだ》に講じるかたわら、祖父司直《もとなお》がかかわった編年体実録『徳川実記《とくがわじっき》』の編纂に従事し、一八歳で家督を相続したのちは一四代将軍家茂《いえもち》に近侍した。

学者として過ごす日々。しかしどうしたわけか、進講を続けながらも遊里柳橋で放蕩三昧の日々を送るようになり（注1）、さらには、幕府を風刺した廉《かど》で閉門となった。しかし、これが定めというものか、小栗忠順《ただまさ》や栗本鋤雲《じょうん》といった親仏派幕僚が台頭すると、一転して歩兵頭並《ほへいのかみなみ》に登用される。シャノワーヌ軍事教官団長のもとで騎兵、砲兵、歩兵の指導にあたり、これがのちにフランス贔屓《ひいき》となるきっかけというから、じつにおもしろい。

そののち、外国奉行、会計副総裁の要職に就いたが、幕府が瓦解《がかい》すると家督を養子に譲り、自分はさっさと向島須崎村に隠棲してしまった。幕臣の多くが明治新政府に仕えるなか、自分を「無用の人」としたのである。ちなみに、隠宅は「松菊荘」といった。

この時期、東本願寺の現如上人（大谷光瑩《こうえい》）が浅草本願寺内に設けた学舎で漢学を教授するようになり、新たな運命の歯車が動き出す。当の上人が一年間の世界視察旅行を思い立ち、洋学の知識と会計副総裁の経験が評価された柳北は、通訳兼会計係としての随行を打診されるのである。柳北は「余の喜び知る可《べ》きなり」と大いに興奮した。

海外渡航の件は、いかなる故か、洋学の師、箕《み》作秋坪《つくりしゅうへい》以外は妻にも伝えていない。一八七二年一〇月一四日、諸準備のため横浜に赴いた。ちなみに、この日は鉄道が新橋横浜間で全通している(注2)が、柳北らは馬車で向かったようだ。

翌々日、一行を乗せたフランス郵船「ゴダベリー号」(注3)は横浜を解纜《かいらん》した。一八六九年開設の香港―横浜航路に配されていた「ゴダベリー号」のその日の一等客室には、上人に随行する石川舜台《しゅんたい》、松本白《はっ》華《か》、関信三のほか、河野敏鎌《こうのとがま》、川路利良ら司法省の役人も乗船していた。上人に随行する三人はいずれも真宗大谷派の僧侶で、石川と松本のふたりは上人に洋行を献言した人物である。(注4)一方の河野ら役人一行は、司法卿、江藤新平に随行する予定のところ、江藤が公務で出張をとりやめたため(注5)彼らだけで出発していた。

出帆するや風が強くなった。食堂に出る者はまれで、出てもりんごを食べるのがやっとの状態だったが、その味は「極めて美」だったようだ。

柳北はいかにも粋人らしく、航海の様子を筆でしたため、折りにふれては漢詩を詠んだ。日向、薩摩の近海を往く際には、「海門（開聞）岳を望み、富岳（富士山）を髣髴させる」と記し、「此山を失へば全く本邦の地を離るるを以て、衆皆悵然《ちょうぜん》として回顧する久し」と書いた。悵然とは失意や絶望に嘆き悲しむさまであるが、そうこうするうち中継地、香港に到着した。

香港からは、「比すれば其の壮大殆ど倍」の大型船「メコン号」に乗り換え、相変わらず漢詩で無《ぶ》聊《りょう》を慰めながらサイゴン、シンガポール、セイロン、アデンを通り、一八六九年に開通したスエズ運河を抜け、一〇月二八日にマルセイユに着き、そこからは夜行列車に揺られ、一一月一日の早朝、パリにその歩を印した。

　柳北は何にでも興味を持ち、精力的に動き回った。そして何よりも凄いのは、疲れた体躯に鞭打ち、一日も欠かさず日誌を書く強靭な精神力である。しかし、これだけであれば「好奇心旺盛なすごい人」で終わりそうだが、そこは粋人柳北のこと、「酔いに乗じて安暮阿須《アンボアス》街の娼楼に遊ぶ。亦是れ鴻爪泥《こうそうでい》のみ」という風に、彼はパリ滞在八日目にして早くも娼館に出掛けているのである。〝鴻爪泥〟とは、旅の恥は掻き捨て、といったところであろう。

　趣味の古銭を収集する傍ら、オペラを鑑賞し、劇場やミュージックホールを視察し、娼館へも数回は通った（と思われる）。このスーパー粋人、齢三五歳の粋人はいよいよ血気盛んで、パリ以外、たとえばイタリアでも、新しい都市に着くたびに「表敬訪問、ないしは民情査察を行うかのごとくに登楼」したというから脱帽する。

　洋行中の一八七三年、ナポレオン三世の死を知る。鼠のプロシアが猫のフランスを破り（普仏戦争。一八七〇〜七一）、自国の権威が失墜するなかでのことだった。柳北は悲嘆にくれた。幕府を助けようと軍事顧問団を派遣し、オスマン男爵に命じてパリの街を改造し、一八六七年には万博を開催した巨人を、柳北は心から敬愛していた。

　西洋の先進文明に触れた粋人は、一八七三年八月に帰国した後もじつに冴えている。ジャーナリズムの立場から日本を近代化しようとした。「公文通誌」の社長に請われて就任するや「朝野《ちょうや》新聞（注6）」と改名し、健筆を揮った。一八七五年、司法官、井上毅《こわし》が讒謗《ざんぼう》律（注7）を制定するとそれを痛烈に批判し、四カ月の禁錮と罰金百円の刑に処せられ、鍛冶橋監獄に収監された。井上は「ゴダベリー号」で航海を共にした人物であり、さらには、柳北を逮捕したのが、同乗の警視庁大警視（のちの警視総監）、川路利良であった。「吉凶はあざなへる縄のごとし」と、改めて思う。また、時代がそんな時代だった。

一八七七年に「花月新誌」を創刊し、一八八一年から同誌に、パリ見聞録「航西日乗」を連載した。そしてこの連載は、一人の熱心な読者を得ることになる。作家、永井荷風《かふう》（一八七九～一九五九）である。

　柳北の文章にパリへの憧憬を膨らませた永井は、米国で約四年過ごしたのちの一九〇七年、恋焦がれるフランスへと渡った。ニューヨークを出港してちょうど一週間、「（前略）晩餐《ばんさん》後は八時半頃から甲板に出て、次第に暮れかける水平線の彼方《かなた》はるかに星かと見ゆる燈火をば、あれがル・アーヴルの港だと云って打眺《うちなが》めていた(注8)」。耽美主義作家の、一年弱のフランス début（デビュー）であった。

【注】

1　このときの風俗描写を『柳橋《りゅうきょう》新誌』としてまとめ、一八七四年に刊行している。

2　一〇輌連結のお召し列車が午前一〇時に新橋を出発し、一一時に横浜に着いている。

3　Godavery 号。一八六三年建造の鉄製スクリュー蒸気船。一四二三総トン、速力一二・五ノット、一八九八年解体（『幕末の蒸気船物語』（元綱数道、成山堂書店、二〇〇四）より）。

4　洋行自体は、京都府大参事（後の知事）、槇村正直が石川に勧めた。目的は、宗派の近代化と国の宗教政策への関与であった。石川と槇村のふたりは、神道一辺倒から転換しつつあった明治政府の宗教政策の一翼を担っていた。また、松本は門主厳如、後継現如が各々大教正、権教正になるに際し、岩倉使節団留守政権の中心的人物、江藤新平に引き合わせるなど、真宗大谷派の発展に寄与している。彼らは一様に、長州閥に近い西本願寺派に対抗しようとしていたのである。

5　司法制度の整備を急ぐ必要もさることながら、ひとつには、一八七二年七月に起きた「マリア・ルス号」事件の対応もあった。結局、わが国初の国際裁判に発展（江藤は反対派。最後はロシア皇帝による仲裁）するが、この裁判の副産物として同年一〇月に「芸娼妓解放令」を制定することになり、江藤が担当することになった。ちなみに、江藤は佐賀の乱を起こし梟首《きょうしゅ》の刑となるのだが、その刑を言い渡した佐賀裁判所裁判長は、かつての部下、河野敏鎌であった。

6　社説欄をいち早く設けた。藩閥政府を批判し、自由民権運動を後押しすることで販売部数を伸ばした政論新聞。

7　名誉毀損に対する処罰を規定した法律。官吏を誹謗する者は牢に放り込むとするなど、言論、出版を取り締まる内容となっていた。

8　永井荷風『ふらんす物語』（新潮社）の中の「船と車」から引用。

【参考文献】

松田清ほか校注『海外見聞集（新日本古典文学大系　明治編』岩波書店（二〇〇九）
井田進也校注『幕末維新パリ見聞記―成島柳北「航西日乗」・栗本鋤雲「暁窓追録」』岩波書店（二〇〇九）
鹿島茂『パリの日本人』新潮社（二〇〇九）
永井荷風『ふらんす物語』岩波書店（二〇〇二）

第26話

小笠原島ものがたり

外交の舞台となった無人の島

小笠原諸島（Ogasawara Islands）（二〇一一年六月、世界遺産登録）は東京都区部の南南東約一〇〇〇キロメートルに位置し、小笠原群島（Bonin Islands）（父島、母島など）、火山列島（硫黄島など）、南鳥島、沖ノ鳥島などから成っている。小笠原の地名は、一六世紀末に小笠原貞頼がこの島を発見したことに由来するとされるが確証はない。ちなみに、小笠原群島の英語名にあるBoninは、無人島のことを〝ブニンシマ〟と発音していたのが訛ったようだ。

一六七〇年、阿波国のミカン船が遠州灘で遭難し、当時無人島だった父島に漂着した。（注1）幕府は島谷市左衛門を同地に派遣することを決め、一六七五年、「富《ふ》国寿《こくじゅ》丸」（五〇〇石積、長さ二九・五メートル、幅六・八五メートル）で向かわせた。八丈島から父島まで二〇日間を要した。順調なら六～七日の行程であり、探しあぐねながらの航海だったことがうかがえる。しかし、苦労の甲斐はあった。緯度を測定し、詳細な地図を作成したことで、後世、わが国が小笠原諸島の領有を主張する礎となったのである。

一六、一七世紀に金銀を求めて世界中に漕ぎ出た列強諸国は、一八世紀になると啓蒙思想の影響を受け、科学的探検（注2）へと軸足を移していった。英国、ロシアなどの探検船が日本近海に度々姿を現すなか、一八二〇年ごろ、中国・広東からハワイに向かう米国商船がマッコウクジラの大群を発見する。このニュースはすぐさま世界に伝わった。欧米の捕鯨船（注3）がこぞって日本近海を目指し、波静かな湾のある小笠原諸島父島が格好の停泊地となっていった。（注4）

一八二七年六月八日、英国海軍の探検調査船「ブロッサム号」が父島に到着した。さっそく探検に出掛けたビーチー艦長は、前年に遭難した同国捕鯨船の乗組員と遭遇し、さらには、一八二五年九月に同国船「サプライ号」が父島に来航したことを知った。これが島への正式な訪問と確信したビーチーは、国王ジョージ四世の名において父島をはじめとする島々の領有を宣言した。

一八三〇年六月二六日には、サンドウィッチ(ハワイ)諸島から五人の欧米人と二〇人のハワイ人が父島に移住してきた。小笠原は、ハワイ捕鯨船団の拠点となっていたのである。島の首長的人物は、一七九四年、マサチューセッツ州生まれのセボリーという男だった。彼らは、甘藷、トウモロコシ、玉葱などの栽培のほか、豚などの家禽類を飼育し、来航する捕鯨船の乗組員と物々交換することで生計をたてたようだ。

島谷の探検以降、小笠原島へ渡った日本人はいなかった。ところが、一八四〇年二月六日、陸奥国気仙郡の「中吉丸《なかよし》」が海産物を積んで常陸那珂湊に向から途中の鹿島灘で遭難し、父島に漂着した。六人の乗組員はセボリーらに助けられ、全員銚子湊に生還した。

彼らからの報告で、幕府は日本領土である小笠原島に外国人が定住していることを知った。しかし、具体的な対策を何ら講じなかった。長崎奉行に対するオランダ商館長の忠告も無視されている。

捕鯨船の遭難事故が頻発した。米国のフィルモア大統領は、一八五一年五月、遣日を決定し東インド艦隊司令長官のオーリックを特使に指名した。ところが、航海途上で解任され、後任にマシュー・C・ペリー(一七九四〜一八五八)が任命された。ペリーは日本との戦闘をも想定し、その際の拠点として琉球と小笠原島をかんがえた。

一八五二年一一月二四日、軍艦「ミシシッピー号」で出港。喜望峰、コロンボ、シンガポール、香港を経て、一八五三年(嘉永六)五月二六日に琉球の那覇に到着し、六月一四日に父島の二見湾に入った。太平洋横断航路の中継地としての将来性を確信したペリーは、英国による父島領有を否認し、貯炭用地を買収するとともにセボリーの父島植民政府を認め、彼に母島を領有するよう指示した。

その後琉球に戻ったペリーは、七月二日に軍艦四隻を率いて那覇を発ち、七月八日に浦賀沖に投錨した。同月一四日に幕府の指定した久里浜に上陸し、国書を手渡すと再び琉球に戻った。

「太平の眠りを覚ます上喜撰《じょうきせん》たった四はいで夜もねむれず」…幕末の日本は大いに慌てた。そこに、ロシアが拍車をかける。アメリカの動きを察知し、プチャーチン提督を特使として軍艦「パルラダ号」を父島に向かわせたのである。（注5）すでに湾内にはロシア船船三隻が到着しており、合流するや一路長崎に向かい、水野筑後守忠徳と会見した。

小笠原近海がにわかに騒がしくなった。一八五六年刊行の『ペリー提督日本遠征記』が翻訳され、幕府の小笠原島に対する関心が否応なく高まった。また、ちょうどこの頃（一八六一年）、英国で発行された万国地図で、小笠原島が英国領となっていることを幕府が知るところとなった。幕府は外国奉行の水野筑後守忠徳を小笠原諸島に遣わすことを決め、「咸臨丸」が、その移送にあたった。一八六〇年五月六日にサンフランシスコから帰国した「咸臨丸」は、浦賀のドライドックで荒海の疲れを癒やし、次なる任務、神奈川警衛にあたっていた。

品川沖を出た「咸臨丸」は黒潮の急流と北西からの季節風で激しく揺れ、一行は眩暈《めまい》、嘔吐の連続だった。食べられるのはミカンだけという状態で、さらには、便所の下から潮が沸き出たとも…。散々な船旅としかいいようがない。

外国の干渉を避けようと、一八六一年一二月、幕府は「小笠原領有問題は国内問題」と列国公使に通告した。これに対し英国公使のオールコックは、「日本人が第一発見者であってもその後の管理を怠っており、領有権は消滅している」と主張する傍ら、「外国船の自由な停泊、保護を確約するのであれば干渉しない」と応えた。また、米国公使のハリスは領有権を主張せず、住民の既得権のみを要求した。米国にとって、英国の領地にならなければそれで良かったのかもしれない。結果的に、こうした米英両国の微妙な政治力学が、わが国の小笠原領有に

東京海洋大学に保存されている「明治丸」　筆者撮影

大きくプラスに働いた。

その後、生麦事件などで日英関係がギクシャクするなか、幕府は小笠原在住の日本人が英国軍に襲撃されることを憂慮し、住民全員を避難させた。

そして、明治の御世。最初は小笠原領有に二の足を踏んでいた新政府が、ついに動いた。小笠原の再回収に向け、一八七五年一一月二一日、「明治丸」(注6)を父島に派遣したのである。このとき、一一月二三日に横浜を出た英国軍艦より二日早く着いたことで、小笠原領有の基礎が固まった。

一八六七年三月、政府は各国に対して小笠原島の日本統治を通告し、一八七六年一二月、内務省小笠原出張所の仮庁舎が父島に完成した。

【注】

1　一五四三年にはスペイン人探検家が火山列島付近を、一六三九年にはオランダ人探検家が父島を発見している。

2　キャプテン・クックの石炭運搬船「エンデバー号」による一七六八年の航海が最初とされる。英国王立協会がタヒチでの金星日面通過観測に派遣したものだった。

3　一九世紀の後半、石油ランプが普及するまでの間、欧米では鯨油がランプ用あるいはロウソクの原料として重宝された。とりわけ、マッコウクジラのそれは輝度が高く、価格が他の二倍もするほど需要があったようだ。船上で皮下脂肪を煮立て液状化したものを樽に詰め、そのまま本国に運搬した。

4 小笠原諸島に寄港した捕鯨船で記録に残る最も古い例は、一八二三年九月の英国捕鯨船「トランジット号」。このときは父島ではなく、母島に停泊している。

5 「快適な航海」とするペリー提督に対し、「パルラダ号」に乗船した作家ゴンチャローフは、「風が吼《ほ》え、海上はあたかも〝野獣の群れ〟だ」と表現している。

6 一八六八年、明治政府は洋式灯台建設を開始し、①灯台の位置測定、②資材運搬、③保守管理のための灯台視察船が必要となった。そのため、グラスゴーのネピア（Napier）造船所に「明治丸」の建造を発注した。一八七四年に竣工し、横浜に回航されたのは一八七五年二月。一〇二七・五七総トン、長さ六八・六メートル、幅九・一メートル、速力一一・五ノットのスクリュー船。ちなみに、明治天皇が函館から同船に乗船され、横浜に着かれた一八七六年七月二〇日は「海の日」の所以となっている。

【参考文献】

田中弘之『幕末の小笠原―欧米の捕鯨船で栄えた緑の島』中央公論社（一九九七）
橋本進『咸臨丸、大海をゆく―サンフランシスコ航海の真相』海文堂出版（二〇一〇）
ロバート・D・エルドリッヂ『硫黄島と小笠原をめぐる日米関係』南方新社（二〇〇八）
ペリー著、金井圓訳『ペリー日本遠征日記』雄松堂出版（一九八五）
イワン・A・ゴンチャローフ著、高野明・島田陽訳『ゴンチャローフ日本渡航記』講談社（二〇〇八）

第27話 海を渡った武士の娘

武士の娘、杉本鉞子《えつ》（一八七二〜一九五〇）。「鉞」とはまさかりのことで、いかにも武士の娘らしい名である。長岡藩城代家老、稲垣家の六女として生まれ、『武士の娘(注)』を著したことでも知られる。幼い頃から菩提寺の僧侶を師とし、『大学』『中庸』『論語』『孟子』を一心に読み、書道を精神修養の術とした。

『武士の娘』のなかに、武家の女とはいかなるものかを語る逸話がある。戊辰戦争下のことである。ある若い侍が鉞子の母を訪ね、江戸に送られる囚われの夫に会わせると言う。謀《はかりごと》かもしれぬ…。そんなとき、母は「御身《おんみ》は武士か？」とだけ質し、侍が「仰せのとおり武士でござる」と応えると、死を覚悟のうえで白装束に懐剣を忍ばせ、その侍に従った。

果たして、漆黒の闇に、夫を乗せた駕籠が止まった。夫は駕籠の近くにたたずむ妻に、「奥か、刀は預けるぞ」と短く声を掛ける。自分への情愛、そして幼い息子を頼むという遺志に、母はただただ深くお辞儀をした。

ついでといってはなんだが、武家の女にまつわる話をもうひとつ紹介しておこう。ときは、戊辰戦争末期。会津人、柴五郎の祖母、母、姉妹は病躯の息子まで白虎隊に送り出し、入隊年齢に満たない五郎のみを残し懐剣で自害した。兵糧を浪費することを心良しとせず、敵に辱めを受けまいと、わずか七歳の妹までもがみずから命を絶ったのである。武家の女の覚悟とはこれほどであった。

さてさて、鉞子のことである。家の取り決めで結婚することになった。満一一か一二という幼さだった。相手は兄の友人で、貿易商を営む杉本松之助。結納が済むと、彼女は「飯事《ままごと》のような」花嫁修業に明け暮れた。

米国での生活に備え、東京のミッションスクールに通うことになった。兄に伴われ、人力車を八日間乗り継いで高崎に着き、同地からは陸蒸気《おかじょうき》で東京に向かった。ほほえましい話として、列車に乗るときに下駄を脱いで兄に叱られている。

先生と気楽に語り合い、友人と愛について語らった。この自由な、そして、じつに新鮮な空気に最初こそとまどったが、自然と受け入れていった。

キリスト教徒の洗礼まで受けた学園生活を終え、いよいよアメリカへと旅立つ日がやってきた。一八九八年、鉞子は二五歳になっていた。

彼女を乗せた「大きな汽船」に、日本人婦女は鉞子ただ一人だった。横浜を出て暫くは悪天候だったが、二、三日すると波は静かになった。鉞子はデッキチェアに腰掛け、英語の本を読んだりして過ごした。そんな彼女を、英語がわからない「だんまりの小さい日本娘」とほかの婦人たちは噂した。

ダンスパーティーの会場で、「わざわざ人に見せようとて、肌を出している女の人」に驚き、両頬が燃えるような思いをした。もちろん、「女中が片肌脱いでいるのや、乳をふくませている女…、湯殿で裸体の女を見た」ことはあったようだが、控えめな美を旨とする鉞子にはいささか刺激が強かったのであろう。

彼女の書いた『武士の娘』[注]は、ドイツ、フランスなど七カ国で翻訳され、世界の多くの人に読まれた。おそらくそこに、新渡戸稲造が紹介した〝武士道〟のエキスがあり、古き良き日本の姿が盛られていたからであろう。

数年間コロンビア大学で日本文化史を講義した鉞子は、一九二八年、三〇年間の米国生活を切り上げて帰国した。

【注】

一九二五年の出版。原題は『A Daughter of the Samurai』。不定冠詞"A"としているのは、同書が自伝ではなく、当時の共通項を書いたからとされる（大岩美代氏の解説より）。

【参考文献】
杉本鉞子著、大岩美代訳『武士の娘』筑摩書房（一九九四）
櫻井よしこ『明治人の姿』小学館（二〇〇九）
石光真人編著『ある明治人の記録—会津人柴五郎の遺書』
　中央公論新社（二〇一〇）

第28話

地図に残る近代化
明治の街を文明開化させた辰野金吾

一八五四年に着工し一八六一年に計画全体が完成した長崎製鉄所（のちの造船所）は、わが国最初の洋風建築として対岸の外国人居留地より早い時期に誕生している。

当時の洋風建築、いわゆる〝洋館〟には、欧州から地球東回りルートで伝来したヴェランダ・コロニアル、西回りルートで伝来した下見板《したみいた》コロニアルと木骨石造、それに、ヴェランダと下見板が結合した下見板ヴェランダ・コロニアルの四つの建築群があり、とりわけ、ヴェランダ・コロニアルと下見板コロニアルが代表的なものであった。

ヴェランダ・コロニアルは、インドで暑さ対策として普及するヴェランダが一八六〇年ごろ、開国間もない長崎に上陸したものと考えられ、これにはスコットランド生まれの若い英国商人、トーマス・グラバーが関係しているようだ。米国南北戦争の終結で溢れた武器を買い集め、幕府・反幕府両陣営に売りさばくことで莫大な利益を得たグラバーは、ヴェランダ・コロニアルの花を保養地、長崎に咲かせたのである。

一方の下見板コロニアルは、英国から大西洋をわたり、米国開拓地に多く見られた様式である。一九世紀半ばのゴールドラッシュに沸くカリフォルニアに広がり、その後、太平洋を越えて同じくゴールドラッシュ喧《かまびす》しい豪州に至り、明治期の日本に辿り着いた。建設の質・量ともに札幌が他を圧倒したが、その背景には、北海道開拓を計画する新政府が最高顧問として米国の現役農務局長を招いたことがある。一八七六年にW・S・クラーク博士が新設の札幌農学校教頭として来日し、彼に同行したウィリアム・

ホイラーがこの様式をリードした。

西洋からみて最果ての地に開花したこれらのコロニアル様式は、好奇心いっぱいのわが国の棟梁たちを魅了した。そして誕生するのが、〝擬洋風〟と呼ばれる建築様式である。清水建設を創業した清水喜《き》助《すけ》（初代）の婿養子で、二代目を継いだ清水喜助が手掛けた築地ホテル館や第一国立銀行などは、そのさきがけだった。

擬洋風は、棟梁たちの手によって全国に広がっていった。しかし、猿真似ともいえる建物の化けの皮が剥がされるのに、そう時間はかからなかった。洋行帰りの人が増えるにつれ、どうも本場の様子と違っていると気付き始めたのだ。来日した外交官などから失笑されもしたであろう。

是非とも本物の洋館を…という思いが強くなっていった。そこで〝お雇い外国人〟の登場となるのだが、その一方で、一八七〇年設立の工部省が主導して一八七三年に工学寮を創立（一八七七年に工部大学校と改称）し、土木、機械、鉱山、化学、冶金、造家の学科を設けるなど、新政府も抜け目がなかった。

お雇い外国人の中に、英国人、ジョサイア・コンドル（Josiah Conder）（一八五二〜一九二〇）がいた。一八七七年に来日したコンドルは日本文化を愛し、日本人生徒に敬意を込めて接した。有為な人材二一人を送り出し、日本の地でその生涯を閉じた〝日本建築界の父〟は、鹿鳴館、三菱一号館、ニコライ堂などの作品を残した。鹿鳴館は欧化政策に華を添え、三菱一号館はわが国初のオフィスビルとして街の新しい顔となり、そして、ニコライ堂は東京のランドマークとして親しまれた。

銀座煉瓦街計画を始動し、鹿鳴館の成功に自信を深めた井上馨《かおる》は、あらたな官庁集中計画に着手した。まずは、コンドルに打診した。しかし、あまりにも地味な図面に失望し、新興国のドイツ政府と交渉することにした。そしてやってきたのが、エンデとベックマンであった。

ふたりの来訪に伴ってドイツから技術者一二人を受け入れ、さらには、ドイツ建築を習得させるため、建築家、大工、左官、石工、屋根職人、煉瓦工、ペンキ職人、錺《かざり》職人、彫師、ステンドグラス職人、セメント技師の、総勢二〇人をベルリンに送り出した。これほど多数の国際交流は、当時では例がなかった。この計画自体がはかなくも無に帰してしまったのがいかにも残念、としかいいようがない。

エンデとベックマンが引き上げたのを最後に、お雇い外国人がリードする時代は終わりを告げる。そしていよいよ、日本人建築家の出現となる。国家的プロジェクトである日本銀行の設計者に辰野金吾《たつのきんご》（一八五四〜一九一九）が選ばれたのを皮切りに、コンドルが育てた二一人の工部大学校卒業生や欧米の大学に学んだ四人の留学生がリードするときを迎えるのである。

当時の日本人建築家には、コンドルの教え子を中心とするイギリス派のほか、フランス派、ドイツ派があった。なかでも、辰野金吾、曽禰《そね》達蔵、佐立七次郎らが支えるイギリス派が大きな勢力であった。また、辰野金吾・妻木頼黄《よりなか》・片山東熊《とうくま》は明治建築界の三雄とされ、とりわけ、金吾の働きには目を見張るものがあった。

金吾は、唐津藩の足軽同然の家に生まれた。膳焚《まかない》という食事係の家系だったようだ。一八六八年に、父の実弟にあたる辰野家の養子となった。一八七〇年、藩が新設した英語学校「耐恒寮」に入学し、たまたま東京から来ていた高橋是清《これきよ》に英語を学んだ。（注1）

その後、高橋が新政府に呼び戻されると曽禰共々後を追った。外人宅でボーイをしながら英語を学び、工部寮に再試験で入学。三〇人中三〇位だったという。最初は造船を専攻しようとも考えたが、結局は造家学科に進み、そこでコンドルというベネファクター（恩人）と巡り会った。

一八七九年、金吾は、猛勉強の甲斐あって首席で卒業する。コンドルの後任に推され、さらには、工部省派遣留学生としてロンドンに留学することになった。

一八八〇年、フランス郵船「ボルガ号」の二等船室の船客となった。工部大学校卒業の高峰譲吉（化学）や三好晋六郎（機械、造船）も乗船していた。

金吾の洋行日誌によれば、風雨激しく、船は大きく揺れ、船酔いが大変だったようだ。出港後二日目には鹿児島佐多岬沖を過ぎ、船は「矢のように走り、九州の風光は次第にかすんで視界から消えた」。

六日目に香港着。日誌に横浜から一五九〇マイル（約二五〇〇キロメートル）と記し、「家屋の多くはモルタル目地の煉瓦造だが、御影石を使った石造建築もわずかだがある」、「土台石はすべて御影石、高層で五、六階、三階以下はない。造作は実用一点張りで、武骨な間に合わせ仕事で、美しいとは言えない」といかにも建築家らしい。

香港でフランス郵船「シンド号」に乗り換えた。同船は、三本マストで二本煙突、全長一〇八メートル余りで二五〇〇馬力、三〇〇〇総トン級。

サイゴンで女衒《ぜげん》にからゆきさんをすすめられ、シンガポール、セイロン、アデンと進み、「入口の両側とも石で築かれた」スエズ運河を渡り、ようやく横浜から九七二〇マイル離れたマルセイユに着いた。マルセイユは人造港で、石積み防波堤は大砲を備え、土木技術は高く、市街には石積み、あるいは石張りの高層建物が聳えていた。

マルセイユから汽車でパリに向かった。パリは、「ヨーロッパ一美しい街、建物といい、道路といい、その美しさはたとえようがな」かった。その美しいパリを後にドーバー海峡を渡り、「大英帝国に落日なし」の思いを抱きつつ英都におり立った。じつに、四三日を要する行程だった。

ロンドン大学で学びながら、地元のウィリアム・バージェス事務所で実務を身につけた。バージェスは一八六二年のロンドン万博に展示された浮世絵に感動し、金吾に建築における〝文化〟の重要性を教え込んだ。建築は、「政治、経済、社会、文化など何でも呑み込むバケツのような表現領域」（藤森照信『日本の近代建築（上）〈幕末・明治編〉』より）というわけだ。

一年ほどフランス、イタリアに滞在したのち、一八八三年に帰国した。コンドルが退官した一八八四年には、工部大学校造家学科教授となった。後進の育成に努め、送り出した建築家の卵は五六人に及んだ。一八八七年、日本建築学会を結成したのも金吾だった。

一九〇三年に大学を辞め、わが国初ともいえる本格的な設計事務所を開いた。金吾の動きはまわりに大きな影響を与え、たとえば、コンドルと丸の内オフィス街の建設に携わった三菱の曽禰達蔵は、一九〇八年、金吾の弟子、中條精一郎（注2）と曽禰中條建築事務所を開設した。

　東大仏文科教授だった隆《ゆたか》（注3）は父金吾に、「おまえは頭が悪いから、人が一倍なら二倍、二倍なら三倍努力しなければいけない」と常々諭されたという。隆が記す父金吾の最期の姿は、凛として感動的ですらある。

　一九一九年、金吾は当時はやっていたスペイン風邪がもとで亡くなった。享年六五だった。まさに息を引き取ろうとするなか、半身を起こして妻に告別の辞をなし、その場に居合わす一人ひとりに好誼を謝し、最後は両手で万歳を叫んだという。バージェスの教えにならい、純粋に和の文化のなかで生き続けたのかもしれない。

　日本銀行本店、中央停車場（東京駅）、帝国議会議事堂をぜひ建ててみたい、常々そう言っていたという。議事堂は間に合わなかったが、日銀本店は

2012年10月、東京駅は復元された。　筆者撮影

今もその威容を誇り、東京駅は米軍機の空襲で炎上したものの三階建を二階建にして生まれ変わり、二〇一二年一〇月、優麗な元の姿に戻った。

【注】

1　借金取りの目をくらます目的で唐津にきていた。そのため、東太郎という偽名を使っていた。ちなみに、姓の東《あずま》は、馴染みにしていた芸者、東家桝吉（本名お君）からとっている。

2　中條の娘百合子は、日本共産党書記長を務めた宮本顕治の妻。ちなみに、曽禰の妻は高橋是清の実妹で、民社党初代書記長となる益《えき》は三男。

3　三好達治、小林秀雄、太宰治らも学んだフランス文学者。

【参考文献】

藤森照信『日本の近代建築（上）〈幕末・明治編〉』岩波書店（一九九三）

吉川盛一・水野信太郎編『東京駅と辰野金吾—駅舎の成り立ちと東京駅のできるまで』東日本旅客鉄道株式会社（一九九〇）

東秀紀『東京駅の建築家 辰野金吾伝』講談社（二〇〇二）

出口裕弘『辰野隆 日仏の円形広場』新潮社（一九九九）

第29話

博物館の誕生

サツマ・スチューデントを率いた町田久成の夢

東京上野にある東京国立博物館。正門を入ると正面に本館が威風堂々と構えているが、この本館は一九二三年の関東大震災後に再建されたもので、罹災する前の本館は、第28話で紹介したコンドルによって設計されている。

視線を本館から左に向けると、瀟洒な洋館が目に入ってくる。博物館内で唯一の明治期建造物、「表慶館」である。大正天皇（当時、皇太子嘉仁《よしひと》親王）のご成婚を祝し、千家尊福《たかとみ》東京府知事、松田秀雄東京市長、渋沢栄一東京商業会議所会頭の三人が音頭を取り、一般からの募金で建造されたもので、一九〇九年に開館している。ちなみに、このネオ・バロック様式の建物を設計したのは、宮内省技師、片山東熊《とうくま》である。

さて、この東京国立博物館を創設した人物は、第9話に登場した、町田久成《ひさなり》（一八三八～九七）である。

久成は島津一門三名家のひとつである町田家に、久長の長子として生まれた。当時、町田家は藩の執政の家系ながら、家老職に就く者がなかなか

片山東熊設計の「表慶館」（東京国立博物館）　筆者撮影

出ていなかった。ぜひとも家老に…。母のそうした思いから、久成は九歳で江戸・昌平坂学問所（昌平黌）に学ぶことになった。

一八五八年に島津斉彬《なりあきら》が死去すると、藩の実権を握った久光《ひさみつ》に帰藩を命じられ、二六歳という若さで大目付に就いた。ちなみに、このとき家老となったのは小松帯刀《たてわき》であった。

一八六三年の薩英戦争が終わると、藩内の大勢は強硬な攘夷から開国へと向かった。そしてこの機を逃すまいと仕組まれたのが、五代才助（のちの友厚）が主張した、技術者養成のための開成所創設と英国への留学生派遣だった。久光は親善使節団と留学生の派遣を決め（サツマ・スチューデント。第9話参照）、大目付久成はその副使となった。

ロンドン大学ユニバーシティ・カレッジの聴講生となり、〝上野（Wooyéno）良太郎〟という変名で学籍に名を残した久成は、一八六七年のパリ万博に赴いたのちに鹿児島に戻り、明治政府に参与として出仕した。新政府は、総裁、議定、参与の三職制を布いたが、薩摩藩は藩主を議定に、小松帯刀、岩下方平《みちひろ》、西郷隆盛、大久保利通、寺島宗則、五代友厚（注1）、そして久成を参与として送り込んだのである。

外務大丞《たいじょう》（注2）となるが、一八六九年の英国第二王子過剰接待を理由に、あるいは、尊攘派公家だった外務卿《きょう》、澤宣嘉《のぶよし》に嫌われたからか、いずれにしても謹慎処分となった。一八七〇年、閑職に等しい大学（のちの文部省）への異動を命じられ、嫌々ながらも博物館の創設を条件に承諾した。

ちょうどその頃、オーストリア・ハンガリー帝国政府から、一八七三年のウィーン万博への出品要請があった。大久保と外務大輔、寺島宗則は、わが国の近代化ぶりを諸外国に示すいい機会とかんがえ、パリ万博を知る久成に白羽の矢をたてた。幸いなるかな、久成はウィーン万博の準備を進めながら、念願の博物館の創設をぐっと手繰り寄せたのである。

殖産興業、富国強兵を推し進める政策は、一八六八年の神仏分離令に端を発する廃仏毀釈運動など、わが国古来の文化を蔑ろにする風潮を生み、貴重な文化遺産が海外へと流出していった。こうした動きを懸念した久成は、古器旧物（歴史的文化財）を調査し、「古器旧物保存方」、今で言うところの文化財保護法の制定と、保護した文化財を展示するための「集古館」の建設を太政官《だいじょうかん》（注3）に請願した。

この国家的文化遺産の収集、保護は、当時にあっては画期的な取り組みだった。岩倉使節団に随行し、先進国における博物館の重要性を知る大久保も協力を惜しまなかった。久成の母にたいそう世話になった恩義だったのかもしれない。

古器旧物保存方が一八七一年五月に公布され、同年九月には文部省内に博物局が置かれ、湯島聖堂大成殿を博物館（文部省博物館）とした。翌年の三月に最初の博覧会が催され、これを以って恒久的な展示施設としての博物館の誕生とされている。このときの目玉は、漢委奴国王印《かんのわのなのこくおういん》、名古屋城の金鯱《しゃち》であった。

当初、博物館は芸術や史伝のほか、有用植物、動物飼育、書籍収集閲覧など、総合博物館として構想された。そのためもっと広い土地が必要となり、一八七三年、湯島から山下門内に移転した。今では帝国ホテルやみずほ銀行（旧第一勧業銀行本店）などが立ち並ぶが、元々は薩摩藩上屋敷があったところで、同博物館が移った後の一八八三年には鹿鳴館が建設されている。博物館の門は薩摩藩邸さながらで、久成が書いたという「博物館」の表札がかかっていた。

その後も、より広い土地が必要と考える久成は「大博物館建設の必要」を太政官に建議し、上野山内を博物館と書籍館の候補地として提案した。上野には、彰義隊との戦いで焼け野原となった広大な上野寛永寺跡地があったのである。

この上野では、一八七七年に第一回内国勧業博覧会が開かれ、内務卿、大久保自らが総裁に就いている。殖産興業を標榜する卿は、是が非でも産業技術を発展させたかったのであろう。

勧業博覧会を終え、太政官は寛永寺跡地に博物館を建設することを正式に許可したが、ここでも大久保の力が大きく作用した。西南戦争での戦費支出という厳しい国家財政のなか、総工費一〇万円の予算が認められ、コンドルに設計を依頼した。一八七八年に着工し、順調に進めば翌年には大英博物館をも凌ぐ大博物館が誕生するはずだった。しかし、同年五月一四日、紀尾井坂で大久保が刺殺され、工事の前途に暗雲が漂い始めた。

久成は必死に粘った。鹿鳴館用地を探していた旧知の井上馨に会い、山下門内博物館跡地が最適との話を持ちかけ協力を求めたのである。政治的かけひきであった。

一八八一年一月、コンドルが設計した博物館は本館だけではあったが竣工し、同年三月、第二回内国勧業博覧会の美術館としてオープンすることになった。

勧業博覧会が終われば博物館を正式にオープンできると考えていたところ、博物館の管轄が新設の農商務省に移管されることになり、これに合わせて久成は博物局長にスライドし、農務局長に田中芳男（一八三八～一九一六）が就任した。

久成と同い年の田中は、信濃の医師の家に生まれた。名古屋に出て伊藤圭介に本草学を学び、一八六七年パリ万博に出品取扱掛として出向いた。

田中の考えは、植物園と動物園を併設するというものだった。親しい品川弥二郎の決裁を得たのち、上野公園内に動物園を建設することを久成に要求した。最初は拒んでいた久成だったが、簡単な施設にするという条件でやむなく承諾し、かくして、田中は上野動物園の創設者となった。

一八八二年三月二〇日、上野の「博物館」が開館し、久成は初代館長に就任した。しかし、就任間もない一〇月一九日、久成は館長（博物局長）職を解任される。博物館が宮内省の管理となったのである。ちなみに、そののち博物館は大日本帝国憲法公布（一八八九年二月一一日）を受けて名称を「帝国博物館」と改められ、さらには一九〇〇年、皇室財産の充実を目的として「東京帝室博物館」と改称された。国民からは遠い存在になってしまい、現在のように一般に開放されるのは太平洋戦争後のことである。

さて、館長を解任された久成だが、一八九〇年に天台宗寺門派（注4）から大僧都《だいそうず》を受けて光浄院住職となり、一八九七年九月、上野公園内で没した。享年六〇。

わが国古来の文化を後世に残した町田久成は、

〝上野〟を変名とし、〝上野〟の森をこよなく愛し、最後は〝上野〟で生涯を終えた。

【注】

1　岩下方平を除けば、説明するまでもない有名な面々。岩下は西郷や大久保らとともに倒幕に貢献した人物で、一八六七年のパリ万博では幕府の向こうを張り、使節団長として薩摩藩を率いている（第2、第3話参照）。

2　明治初期の官職名。卿（大臣）、大輔《たいふ》、少輔《しょうふ》に次ぐ省内第四の地位。

3　一八六八年に設置された最高官庁。現在の内閣にあたり、一八八五年の内閣制度の設置と同時に廃止となった。

4　日本天台宗から分かれた宗派で、総本山は滋賀県の長等《ながら》山園城寺《さんおんじょうじ》（別称三井寺《みいでら》）

【参考文献】

関秀夫『博物館の誕生―町田久成と東京帝室博物館』岩波書店（二〇〇五）

新潮社編・東京国立博物館協力『こんなに面白い東京国立博物館』新潮社（一九九一）

第30話

開拓使のお雇い外国人

開拓史に秘められた、ある愛の物語

第28話で、明治政府が北海道開拓の最高顧問に米国の現役農務局長を招いた話をした。この人物、名をホーレス・ケプロン（Horace Capron）（一八〇四〜八五）といい、開拓使の大物お雇い外国人である。明治政府は北海道開拓の役所として開拓使を設置し、初代長官に元佐賀藩主の鍋島直正、二代目長官に東久世《ひがしくぜ》通禧《みちとみ》、一八七四年には、一八七〇年から次官を務めていた黒田清隆が三代目長官に就任した。

一八七一年、七人の留学生を伴い米国に渡った黒田は森有礼《ありのり》を介してグラント大統領と会い、ケプロンの招聘に成功した。米国は向英的な明治政府を向米的に変えようと、ケプロンを第二のペリーとして遣わしたのかもしれない。ケプロン、当時六七歳。イリノイ州で農場、牧場を経営し、五九歳で南北戦争に従事した大物政治家、そんな男が来日することになったのである。年俸一万ドル（注1）という破格の待遇、しかも、天皇陛下が直々に開拓を懇嘱するという力の入れようだった。

ケプロンは、パシフィック・メール（太平洋郵船）社の「アメリカ号」（注2）の貴賓船客となった。サンフランシスコ港で地元の名士らに盛大に見送られ、「我々も士気は高まり、故国からこのように賑やかで心打つ旅立ちは航海の平穏はもとより、使命感の前兆」と日誌に記した。彼には、測量技師、地質鉱山技師、秘書兼医師が随行していた。

ケプロンは米国流の開拓を構想し、開拓使のお雇い外国人では米国人が他を圧して多くなった（注3）。東京青山に大規模試験場（＝官園）を設置し、海外から持ち込んだ農具、種苗、家畜などの実験施設とした。成果が期待されるものを北海道に移そうというので

ある。

官園は三つに分かれ、第一は青山南町の一二万平方メートルの農園、第二は青山北町の三〇万平方メートルの果樹園と麻布の一六万平方メートルの農園、そして第三は広尾の牧畜酪農場であった。そして、この第三官園の運営を任された男、エドウィン・ダン（Edwin Dun）（一八四八〜一九三一）が今回の主人公である。

スコットランドのエジンバラ大学を卒業した祖父が米国政府の測量士となり、オハイオ州に二万エーカーの土地を取得したのが米国におけるダン家のルーツである。この地はダン・プレーンと呼ばれ、農場や牧場となっていた。

エドウィンは、マイアミ大学で法律学を学んでいた。ところが、兄がサンタフェ鉄道の技師となったことで中途退学を余儀なくされ、そののち父の経営を手伝うことになった。しかし、どうしても片田舎の牧場生活になじめなかった。

いとこに失恋した一八七三年のある日、エドウィンはシカゴにあるホテルのロビーにいた。シカゴは前年、未曾有の火災に見舞われた。死者二五〇人、九万八五〇〇人が焼け出され、一万七四五〇の建物が全半壊するという壊滅的な状態から再興の途にあった街にエドウィンを呼び出したのは、ホーレス・ケプロンの息子で家畜商の、アルバート・ケプロンだった。父親の依頼で、開拓用の牛をエドウィンの牧場から購入するという。

カナダからの乳牛二〇頭と一〇〇頭の羊を加え、エドウィンは二〇〇頭の家畜を一四台の貨車に乗せ、サンフランシスコへと向かった。砂漠、峻厳なロッキー、シエラネバタの山々を越える一九日間の過酷な旅だったが、家畜は何ごともなく日本領事館に引き渡された。ようやく終わった…エドウィンは安堵した。しかし、彼の任務はここで終わらなかった。アルバートに頼まれ、家畜を日本まで運ぶ契約にサインをするのである。

一八七三年六月、エドウィンと忠僕トムは、パシフィック・メール社の「グレート・リパブリック号」（注4）に乗り込んだ。三等船室は牛と羊で満杯だった。初めての外洋の旅は天候に恵まれ、航海はまるで鏡の上を滑るように進んだ。仕事は船員に家畜の世話を指示するだけでよかった。気になることといえば、家畜の臭いぐらいだった。しかしそれも、子牛が生まれたことで微妙な空気は一変した。航海の安全を願う者にとって、新たな生命の誕生は幸福の証であり、信仰だったのである。

　二二日間の航海を終え、直径四〇フィート（一二・一九メートル）もある外輪はその回転を止めた。横浜の船着場では、はしけの人夫たちが牛や羊にすっかり怯えたという。

　元薩摩藩士の国持《くにもち》清之助《せいのすけ》が通訳を務めた。上等客室で横浜から新橋に移動し、そこからは馬車で開拓使仮出張所のある芝増上寺まで案内された。玄関先で黒田が丁重に出迎えた。

　エドウィンの肩書きは農事方（農業教師）、年俸は初年度一五〇〇円、以降二一〇〇円、二四〇〇円となっていた。破格のケプロンを別にすれば、なかなかの待遇といっていい。

　一八七五年五月、函館から北に一七キロメートルほどのところにある、七重《ななえ》農業試験場への出張を命じられた。この五ヵ月の出張がエドウィンの人生を大きく変えることになった。のちに妻となる、増子イワと出会うのである。イワの父は元会津藩士で、斗南《となみ》藩の帰農武士だった。

　武士道の精神に共感するエドウィンにとって、イワは心が癒される女性だった。丹頂鶴を見てそのあまりの美しさに感動し、イワに、「ツルと呼んでいいか？」と声をかけた。結婚したい、心からそう思ってのことだった。

　しかし、思わぬ障害が待っていた。イワの父が、「妾《めかけ》ならよいが結婚はまかりならぬ」と言うのだ。そんな理不尽な…。エドウィンは悩んだ。一八七三年の太政官布告で国際結婚が認められていると知ると、その悩みはさらに深いものになっていった。何故だ…。じつは、イワの父が彼女を除籍していたのである。異国の血と混ざることを憂い、幼い息子たちの将来を案じてのことだった。

　一八七七年四月、ふたりの間に女の子が生まれ、ヘレンと名づけた。

　同年一〇月、真駒内《まこまない》牧場の整備を完了した。さらには翌年、ストリキニーネでエゾオオカミを絶滅させたと非難されながらも、新冠《にいかっぷ》牧馬場の整備をほぼ終えることができた。

こうした傍ら、開拓使育種場に本格的な楕円形半マイル馬場《コース》の築造を手掛け、一八七八年に完成させている。これはわが国初の円形馬場とされ、(注5)エドウィンは競馬がある度にスターターを務めたという。「競馬のダン」と呼ばれるほどの競走馬の育成家で、ケンタッキーダービーの創設者のひとりでもあった祖父の血がそうさせたのであろう。

一八八二年二月、開拓使が廃止された。エドウィンは農商務省との契約を一ヵ月前倒しで打ち切り、ツルとヘレンを連れて札幌の地を後にした。

日本政府より勲五等旭日賞を授かったのちの一八八三年五月、ヘレンを伴い故国へと向かった。体調のすぐれないツルをひとり残しての、寂しい帰省だった。

故国の地を踏んだとはいえ、心は日本にあった。そんなある日、米国公使館第二書記官の仕事を依頼される。まったくの畑違いだったが、再び日本で暮らせる喜びにためらいはなかった。

一八八四年一〇月、ついにツルと正式に結婚した。しかし、鹿鳴館付き合いを健気にこなす彼女の余命は、そう長くはなかった。一八八八年一〇月、最愛の妻ツル逝く。米国人医師が記した彼女の死亡診断書には、「エドウィン・ダン妻ツル二八歳」とあった。

意気消沈するエドウィンだったが、何とか気持ちを奮い立たせ、一八九三年、米国公使となった。一八九七年に更迭されると、直江津にスタンダード石油系列のインターナショナルオイルカンパニーを設立した。開拓使お雇い外国人のひとり、ライマンが発見した石油鉱脈に目をつけてのことだった。なお、その後、その会社は日本石油に破格の安値で譲渡された。その他にも、三菱長崎造船所でサルベージ事業に関与し、同社の発展に寄与した。

日本を、そして日本人妻をこよなく愛したエドウィン。晩年は洋画を楽しみ、心ならずも後添いに迎えた女性（中平やま）との間にできた次男、ジェームスの妻ミチ（道子）と会うのを心待ちにする日々を送った。

東京には珍しい大雪が降ったある日のこと、ソファに座って外を眺めていたエドウィンが、「おツルさん、どこいますか？」と声をあげた。ミチが「ここにいますよ」と返すと、ダンは安心して居眠りをはじめたという。命の灯は、ゆっくりと消えようとしていた。

【注】

1 換算一万円。ちなみに、太政大臣、三条実美が九六〇〇円、「Boys, be amb tious!」で有名なクラーク博士は七二〇〇円であった。

2 一八六九年建造の木鉄交造外輪蒸気船。四四五四総トン、速力約九・五ノット（『幕末の蒸気船物語』（元綱数道、成山堂書店、二〇〇四）より）。

3 開拓使が雇った外国人は七八人。うち、米国人四八人、ロシア人五人、英国人、ドイツ人各四人、オランダ人三人、フランス人一人、中国人一三人。中国人の大方は農民だった。

4 一八六七年建造。「アメリカ号」の姉妹船（『幕末の蒸気船物語』（既出）より）。

5 一八六〇年九月、横浜元町あたりで外国人による日本初の競馬が開催された。また一八六二年五月には、本格的な競馬会が行われている。ちなみに、一八六六年九月に根岸にできた競馬場がわが国近代競馬場の嚆矢とされている（『横浜もののはじめ考―第3版』（横浜開港資料館編、二〇一〇）より）。

【参考文献】

赤木駿介『日本競馬を創った男―エドウィン・ダンの生涯』集英社（一九九八）
関秀志・桑原真人・大庭幸生・高橋昭夫『新版 北海道の歴史（下）―近代・現代編』北海道新聞社（二〇〇六）
ヘレン・ダン・スミス著、佐藤貢・高倉新一郎編訳『あるお雇い外国人の生涯』日本経済新聞社（一九七九）
阿部三恵『エドウィン・ダンの妻ツルとその時代』北海道新聞社（一九九五）

第31話

建築関係初の留学？
旧中込学校を設計した謎多き棟梁、市川代治郎

夏休みを利用して、長野県佐久市にある重要文化財・国史跡「旧中込学校」（注1）を見学した。正面から見ると縦長の建物で、前面にヴェランダを備えている。ステンドグラスが多用されていることから「ギアマン学校」、校舎上部の八角形の塔の天井から吊るされた太鼓が時を告げたので「太鼓楼」とも呼ばれたという。

一八七五年に建築され、わが国に現存する擬洋風学校では最も古いものの一つとされるこの建物を設計したのは、地元出身の棟梁、市川代治郎《だいじろう》（一八二六〜九六）である。隣接する資料館に収められている信濃毎日新聞に、代治郎が描いたと思われる図面が発見されたという趣旨の記事があり、その横に展示された図面を見ると確かに校舎のイメージが上手く描かれている。

そもそも擬洋風とは、第28話でも触れたように、明治初期のヴェランダ・コロニアル様式や下見板コロニアル様式などの洋館に刺激されたわが国の棟梁らによって表現された建築様式であり、一八七四年を境に木骨石造系から漆喰系

市川代治郎設計の「旧中込学校」 筆者撮影

へとその形態を変え、全国に普及していった。

　とりわけ、漆喰系擬洋風が盛り上がったのが、長野、山梨、静岡の中部三県であった。静岡では、学校建設費を捻出しようと市民に断髪を求める布告を発した。丁髷《ちょんまげ》を結うのが高くついたからだが、こうなると隣県の山梨も黙ってはおられず、県令藤村紫朗も同様の布告を発した。断髪しない者には特別税を課すという徹底振りが奏功し、その後は山梨が群を抜いて増えていった。ちなみに、こうした一連の建築物は、〝土木〟県令の異名をもつ藤村の名をとり「藤村式」と呼ばれている。

　こうした動きは長野でも同じで、冒頭の旧中込学校のほか、一八七六年には松本に「開智学校」が誕生している。開智学校は漆喰系擬洋風のピークとされる建物で、〝教育〟県令とあだなされるほどに教育熱心だった永山盛輝の考えに基づき、宮大工の立石清重《せいじゅう》が設計したものであった。

　さてさて、旧中込学校を設計した棟梁、市川代治郎だが、藤森照信氏がその著書のなかで、「建築関係者としては初の〝留学〟」をした人物として紹介している。興味をそそられさらに調べようとしたが、虚しいことに適当な資料が見つからない。それではとばかりに佐久市教育委員会に問い合わせると、文化財課のご担当から、「氏の生涯については不明な部分が多く、詳しい資料等がありません」との回答を頂戴した。…う～ん、残念…。しかし、ありがたいことに、数点の資料が同封されていた。十分でないのは重々承知のうえで、限られた資料に拠って謎の多い氏の生涯を紹介したい。

　代治郎は南佐久郡の名主、市川八郎衛門の次男として生まれ、幼名を林蔵といった。二二～三歳の頃に宮大工を志し、当時、名工の呼び声高かった小林源蔵の弟子となり、宮大工としての腕を磨いていった。

　ときは、安政年間（一八五四～五九）。東京築地の西本願寺が修復されることになり、源蔵がその棟梁に就いたのが代治郎にとっての一大転機となった。脇棟梁として多くの工匠を束ねることになったのである。しかも、工事半ばで師匠が急死し、代治郎は工事を全うしなければならない責を負った。

無事完工させ、安堵したのであろう。代治郎は妻を迎え、江戸に定住することにした。ところで、代治郎が腕を揮う築地の地は、開港以来外人居留地となり、洋館が立ち並ぶ文明開化の最先端の地として栄えていた。擬洋風の銀行、（注2）ホテル、教会や学校などが鎮座する土地で仕事をするうち、代治郎はケルモルトなる外国人にその腕を見込まれ、一緒に米国に渡ることになった。だが、じつはこれが最大の謎とされているのである。本当に米国に行ったのか…。本当だとすれば、まさしく、建築関係者で初の〝留学〟をした男ということになる。

一八六九年に渡米し、カリフォルニア州サクラメントで欧米の建築技術を学び、一八七三年に帰国したとされている。密航だったこともあり確証に欠けるが、建築史の専門家である藤森氏は、渡米を事実であろうと推論する。東京府と埼玉県を結ぶ戸田渡船場に架橋する話が出た一八七三年一二月、代治郎は東京府知事、大久保一翁に宛てて米国の先進的工法を用いた釣橋の採用を説く「上申書」を提出したのだが、その文書のなかで、「許されるならばサクラメントに再度出向いて釣橋のことを調べてきたい」という趣旨のことを書いていることから、（注3）同地に住んでいたらしいと推測する。さらには、戸田釣橋の図をみて、斜張材の張り方など細かいところまで本格的であり、米国西部開拓地でよく見られる工法として実地に学んだと考えられること、中込学校の縦長、ヴェランダ付きという構図が国内では珍しく、当時の米国の学校の特徴だったこともその根拠にしている。

代治郎の渡米は、はたして本当だったのだろうか。真相は依然不明のままだが、「山師とか企業家とか発明家」（藤森氏の著書より）のような棟梁が、異国に学び、一時代を築いたと考える方が愉快ではないか。

釣橋案は埼玉県側が主張した木橋案に敗れ、意気消沈する代治郎だったが、郷里で学校建設の話が持ち上がるやヤル気が烈火のごとくに燃え盛った。擬洋風校舎の建設を、〝故郷に錦を飾る〟またとない機会と考えたのであろう。そのためか、安い人件費のみの請負契約を結び、代治郎は一切の報酬を受け取っていない。

一八七五年四月に着工され、同年一二月、米国の田舎の学校と見紛わんばかりの校舎が佐久の地にお目見えとなった。建築に要した費用は六〇九八円五一銭八厘。そのほとんどを村内有志からの募金などで賄ったというが、建築費のあまりの超過が原因で、代治郎は故郷を追われている。

その後の人生は数奇そのものであった。名古屋に出て石鹸工場を軌道に乗せるが、一八九一年の濃尾地震で全財産を失った。和歌山に移ってからは、花崗岩の加工をしたり、蜜柑《みかん》酒の製造を手掛けたりした。しかし、大きな成果を残すことなく、その謎めいた生涯を閉じた。享年七一だった。

【注】

1 建物の大きさは、間口一二・八メートル、奥行二〇メートル、高さ一七・六メートル、一階八一坪、二階七七坪。

2 第28話ですでに紹介したが、擬洋風で知られる二代目清水喜助が手掛けた第一国立銀行。一八七二年布告の「国立銀行条例」に基づき、一八七三年八月一日に開業したわが国初の民間銀行である。〝民間〟銀行でありながら〝国立〟とはやや違和感があるが、国立とは「国法に基づくもの」を意味する。三井組と小野組が大株主として経営にあたり、渋沢栄一が総監役に就いた。同行はそののち第一銀行が引き継ぎ、第一勧業銀行、そして現在のみずほ銀行となっている。

3 上申書には、「（前略）私儀元木匠職ニ而、去巳年（明治二）三月中外国人ニ被雇アメリカ国江渡り五ヵ年目、当六月中帰国仕…此段奉願上候、以上　…明治六酉年十二月　市川代治郎　東京府知事大久保一翁殿（以下略）」「（前略）愈以御用被仰付候ニ於テ者再度亜国江渡海仕、サッコラメント与申都会之地ニ有之分廻橋全図致模写早速帰国仕奉入（以下略）」（下線筆者）とある。

【参考文献】

藤森照信『日本の近代建築（上）〈幕末・明治編〉』岩波書店（一九九三）
佐久市志編纂委員会編『佐久市志―美術・建築編』佐久市志刊行会（一九九五）
佐久市教育委員会「重要文化財 国史跡旧中込学校」
小林濱治郎「佐久の先人検討事業における原稿―市川代治郎」

第32話

日米貿易の礎石を築いた男
起立《きりつ》工商会社を設立した松尾儀助の生涯

大浦慶《おおうらけい》は幕末期に茶の商いで財をなし、坂本竜馬らを支えた人物である。そんな女豪商に、最後まで恩義を感じていた夫婦がいた。松尾儀助《ぎすけ》とその妻、リヤである。松尾夫婦にとって、慶は縁結びの神様だった。

松尾儀助（一八三七～一九〇二）は、佐賀鍋島藩の足軽の家に生まれた。足軽ではあったが、豆などの雑穀を商ってもいたようだ。しかしその父は、儀助が数えで七歳のときに他界した。このままだと路頭に迷ってしまう…。

そんな折、不老不死と若返りの妙薬、烏犀圓《うさいえん》（注1）の製造、販売に携わる野中元右衛門《もとえもん》が救いの手を差し伸べる。長崎での貿易を画策する野中が儀助の利発さに目をつけ、自分のところに奉公に出すよう母を口説いたのである。儀助は母に見捨てられたと落ち込んだが、そんな彼に野中は、「母ちゃんに恨み言を言うではないぞ」と諭し、儀助はすべての事情を理解した。

野中の客分として迎えられた儀助だったが、足軽という身分からは逃れられなかった。一八五三年、儀助は長崎御番に遣わされることになった。

この年の七月八日、ペリー率いる黒船が浦賀に入港し、さらには八月二一日、プチャーチン率いるロシア艦隊が長崎の野母崎沖にその姿を現した。長崎の町は慌てふためき、儀助の身にも災難が降りかかった。ロシアの兵にとり囲まれ、刀を放って逃げ出すという失態をやらかすのである。いきり立つ佐賀藩士のなかには儀助らを斬首すべしと主張する者もあったが、野中が仲を取りなし、何とかことなきを得た。

儀助にとって、野中は生涯にわたる恩人であった。投資話にまんまとしてやられたときも、「油断しまいて。世間にはごろがわんさとおるぞ。人を見る目を持つんじゃな」と、その温情に救われている。

ときは幕末。長崎には巨富を積む新興勢力が現れた。さきの慶もそのひとりだった。ある日、野中は儀助に、「お前、唐茶をやれ。唐茶をえげれす人に売り込めば、お慶の鼻をあかせるぞ」と切り出した。唐茶とは紅茶のことである。儀助が唐茶を知るはずもなく、結局この話は流れた。しかし、そののちも、ふたりの間に話のネタは尽きなかった。

野中「次はいかにする?」

儀助「釜炒りの慶に対し、蒸製で競うてみたら面白いかと」

野中「…。ところで、お前、丸山でいくら散財したのかの?」

儀助「…(絶句)」

丸山とは長崎の遊郭、丸山町のことである。

野中「丸山もよいが、何事もほどほどが肝心ぞ」

しかし、儀助は懲りない。茶と悪戦苦闘する一方で、郭《くるわ》通いを止めようとはしなかった。そんなある日、儀助は野中の別邸でひとりの大男と出会った。大隈八太郎、のちの重信である。大男といっても儀助も一八〇センチメートル以上あり、見上げることはなかった。されど、身分だけは見上げざるを得なかった。

ある夜、儀助は夜道で物盗りにあい、たまたま通りかかった大隈に助けられた。ところが、運命のいたずらか、担ぎ込まれた屋敷は慶の屋敷であった。儀助の人生が鼓動を打ち始める。その屋敷で、生涯の伴侶となる女性に出会うのである。女性はなんとフランス人で、名をリア(Lia)といった。軍人の父に連れられ、マニラ、厦門《アモイ》、上海と渡り歩くうちに母が亡くなり、父はオランダ人船長に彼女をパリまで送り届けるよう依頼した。しかし、船が長崎に着くやリアが熱を出し、船長が商館長《カピタン》に相談したところ慶を紹介された。

一八七一年に戸籍法が制定されると、儀助はドサクサに紛れてリアを日本人に仕立て上げ、ついでに日本風のリヤに改名した。そして、当然のように、ふたりは結ばれた。〝日本人〟同士の、じつに風変わりな国際結婚といっていい。

さてさて、ときはやや遡る一八六七年のパリ万博。幕府とは別に、薩摩、佐賀の両藩が参加することになり、佐賀藩からは佐野常民《つねたみ》のほか、野中も同行した。しかし、そのために、野中はかの地で客死する。儀助は心機一転、商道に邁進することを亡き恩人に誓った。

明治の世になると貿易の中心が横浜に移り、長崎の地位は低下していった。一八六九年、儀助は東京に出た。東京では大隈と近しく接し、実業家で易学家としても知られた高島嘉右衛門の知遇を得た。しばらくして少しは落ち着いたのか、神田錦町に店を構えると妻子を呼び寄せ、築地西本願寺脇の大隈邸で碁を打ちつつ商機を待った。

ある日、いつもと同じように碁を打っていた儀助に、参議に出世していた大隈が、「儀助、弔い合戦じゃ」と声を掛けてきた。一八七三年のウィーン万博に行って、無念のうちに亡くなった師の仇をとってこい、という。同万博は皇帝フランツ・ヨーゼフ一世の治世二五周年を記念するイベントで、帝国としての最後の華であった(注2)。

儀助の役目は単なる売り子であった。一八七三年一月三〇日、儀助らを乗せたフランス郵船「ファーズ号」(注3)は横浜港をあとにした。

一行は総勢七〇人余りで、一級、二級、三級の書記官には上等な船室、儀助ら商人、職人には汚くて狭い船室があてがわれた。しかし、そんなことは委細構わず、儀助は往く先々の様子を熱心に目に焼きつけた。

トリエステ港に着いたのは三月二一日、約五〇日の行程であった。同港は横浜と違って直接接岸でき、埠頭に線路が伸びていた。「欧州に追いつくのは容易なことではないぞ」、儀助はそう実感した。

ウィーン万博は、五月一日から一一月二日までの約半年にわたって開催された。日本庭園が造営され、鳥居や神社などが日本から同行した職人たちの手によって設営された。この様子を皇后エリザベートは興味深く見入り、開幕後も皇帝とともに日本庭園を観賞している。愛息(皇太子)が自殺し、自身も旅先でイタリア人無政府主義者に暗殺されることなど、そのときは知る由もなかった。

この万博がジャポニスムを加速させたことは既に紹介した。緻密かつ壮麗な美術工芸品は、中国の属国ぐらいにしか思っていなかった欧州人の日本観を一変させた。日本庭園内の売店では、とりわけ扇子が瞬く間に売り切れたという。

肝心の儀助はというと、英語力に自信がなく、「Russian Only（ロシア語はできるのだが…）」などと逃げまくり、本物のロシア人がわざわざやってきたときには、「三十六計逃げるに如かず」だったというから愉快痛快というほかない。

娼婦とのデートを地元新聞にスクープされ、ふさぎ込むこともあった。そんなとき、儀助は万博会場近くの日本茶店に出かけた。そこでは、和服姿の日本娘、つね（二〇歳）、しま（一八歳）、ろく（一七歳）の三人が茶などを振る舞っていた。一八六七年パリ万博でも柳橋芸者が同じようなことをやっているが、儀助はそんな彼女たちに癒され、そっと金貨を握らせている。

ウィーン万博も閉幕という頃、遅れて現地入りした佐野が儀助を、田中芳男、塩田真、若井兼三郎の各氏に引き合わせた。そしておもむろに、「英国のアレクサンダー・パーク商会から日本庭園一式を買い取りたいとの申し出があるが、そのためには個人ではなく〝会社〟でなければならず、しかもことの性格から、官吏の田中や塩田ではなく、儀助と若井がその会社設立を段取るのが好ましい」と切り出した。パートナーとされた若井は東京の道具商、骨董商、漆器商で、万博では自費で購入した漆器などを展示、販売していた。一八八六年、浮世絵などの日本美術品を扱う店を林忠正と開く人物（注4）だが、その生涯については不明なことが多いようだ（注5）。

一八七四年一月、儀助はパリに野中の墓地を訪ね、朽ちた墓石を再建し、同年三月に帰国した。ちなみに、同月の二〇日、フランス郵船「ニール号」が南伊豆沖で沈没するという事故があり、乗組員など九〇余人が犠牲になっている。ウィーン万博から帰る途中の、正倉院御物や源頼朝の太刀などの国宝級の品も海の藻屑と消えた。

儀助は、なんとか会社の設立に漕ぎつけた。正式な設立日は一八七四年一一月三日の天長節、社名は奮起するという意味で「起立《きりつ》工商会社」とした。単純に品物を右から左に動かすだけでなく、美術工芸品の製作にも力を注いだ。

一八九一年に解散するまで、〝会社〟の嚆矢として名をなした同社だが、国からの資本の提供はなく、自己資金と三井組大番頭、三野村利左衛門からの借り入れで賄った。ただし、借り入れには博覧会事務局の保証が供されており、間接的ながら国が提供した格好にはなっている。

一八七六年には米国独立百周年を祝うフィラデルフィア万博、（注6）一八七八年にはパリ万博が予定されていた。こうした万博は、儀助の眼に起立工商会社が欧米に進出する絶好の機会と映った。そして、彼はフィラデルフィア万博が閉幕するやニューヨークに支店を開設し、さらには一八七八年、同社破綻の原因とされるパリ支店を開くのである。

「始まりはウィナ（ウィーン）だったな。あれがなければ、わたしは茶商のままだった。それから、ニューヨーク、パリと飛び回り、苦労もしたが、おもしろかった…」。一九〇二年、儀助は家族が見守るなか、東京赤十字病院にてその生涯を閉じた。享年六五であった。

【注】

1 野中烏犀圓は一六二六年の創業で、現在は一三代目社長が継いでいる。一八六七年に開催されたパリ万博にも、佐賀藩の名産品とともに出品された。
(http://ww21.tiki.ne.jp/~yamauti/usaien.html)

2 帝位後継者、フランツ・フェルディナント夫妻がサラエボで暗殺され、それを契機に勃発した第一次世界大戦の最中にヨーゼフ一世は崩御し、皇帝カール一世が国外逃亡したことで、一九一八年、ハプスブルグ家支配は終焉を迎えた。

3 一八五七年建造の鉄製三本マストのスクリュー蒸気船。一〇四三総トン、長さ八〇メートル、幅一一メートル、速力一一ノット。老朽化による大改装のため、マルセイユまで空船のまま回航することになっていた。

4 第11話参照。

5 『幕末維新懐古談』（高村光雲、岩波書店、一九九五）に、「鶏の製作を引き受けたはなし」と題して、若井の人となりを窺わせる話が出てくる。

6　第22話で紹介したが、旧上田藩主の弟、松平忠厚がこの万博でアルバイトをしている。

【参考文献】

田川永吉『政商松尾儀助伝―海を渡った幕末・明治の男達』文芸社（二〇〇九）

第33話

幕末期のある通詞（通訳）の話

同い年の立石斧次郎、新島襄

幕末期、多くの似非《えせ》あるいは偽通詞《にせつうじ》（通訳）が横行したようである。たとえば、国後島に上陸し幽閉されたロシア艦長ゴロヴニンは自身の虜囚記のなかで、ロシア語に詳しいという人足が通詞として起用され、「お前は人間だ。俺は人間だ。ほかのも人間だ。どんな人間か話せ」と、じつに不可解な問いかけをしてきたと記している。父親をロシア語で何というかも知らなかったらしい。

この時期の通詞は、①父祖代々の通詞、②独学者、③漂流者に大別される。①はさておき、②は国内で師について学ぶか、海外に渡る必要があった。もちろん、海外渡航が解禁される一八六六年までは海外へ行くなど容易なことではなく、留学生として派遣されない限り密航するほかなかった。そして③だが、本書でも紹介した音吉のほか、ジョン万次郎こと中浜万次郎、アメリカ彦蔵あるいはジョセフ・ヒコこと浜田彦蔵がよく知られている。

③についての興味は尽きないが、②もまた魅力的だ。通詞になることを一途に夢見て海を渡る者もいれば、主目的を果たさんとして海外を目指し、たまたま通詞の職を担った者もいたであろう。いずれにしても、そこに波濤を越えるドラマがあったとすれば、魅力はいささかも萎えることはない。

今回はこの②にスポットをあてることにし、通詞に憧れた人物として立石斧次郎《おのじろう》を、主目的達成の過程で通詞を務めた人物として新島襄《じょう》を、それぞれ取り上げていきたい。

まずは、立石斧次郎（一八四三〜一九一七）である。一八六〇（万延元）年、外国奉行、新見《しんみ》豊前守正興《まさおき》を代表とする遣米使節の通詞見習として海を渡った人物だ。旗本で昌平黌《しょうへいこう》教授をしていた小花《おばな》和《わ》度正《なりまさ》の子として生まれ、病弱だったこともあり里子に出されたのち、母方の実家（米田《こめだ》家）の養子となり、叔父でオランダ通詞をしていた立石得十郎のもとでオランダ語、英語を学んだ。

一八五四年冬、長崎通詞の堀達之助に手ほどきをうける。堀は米国人のラナルド・マクドナルドから英語を習い、一八五三年、ペリー総督の黒船が江戸湾に姿を見せたときに「I talk Dutch.」と叫んだ人物のひとりで、世界に向けて初めて英語で呼びかけたサムライである。

その後、米国公使ハリスの通詞、ヘンリー・ヒュースケンに英語を学んだ斧次郎は、一八五八年七月、長崎英語伝習所が開設されるやすぐに入所し、さらには、現在の税関にあたる横浜運上所で外国人と接しながら英語を実地に学んでいった。

雌伏の時を過ごすうちに、先の遣米使節の話を耳にする。是が非でも異国に行きたい…。そんな一途な思いから新見正興に直談判し、得十郎の養子となることを条件についにその夢を叶えるのである。外国奉行所には「阿蘭《オランダ》通詞得十郎倅《せがれ》立石斧次郎」として届けられ、身分は通詞見習であった。

一八六〇年二月一三日、使節一行を乗せた米艦「ポーハタン号」は横浜を解纜した。このとき、斧次郎一六歳。青雲の志を抱いての旅立ちだった。

少年通詞の斧次郎は、とにかくもてたようだ。ブキャナン第一五代米国大統領主催のガーデンパーティーに参加した折などは、米国貴婦人たちのサイン攻めにあい、「I like American lady very much. I want marry and live here with pletty lady.」と書き返すほどだった（注1）。さらには、米国人婦人と、出会い頭とはいえキスをする〝事件〟まで起こしている。しかし、こうしたことで英語力はグングン向上し、一行が訪問した先々での斧次郎の人気はますます高まっていった。

愛称（トミー（Tommy））で呼ばれ、「トミー・ポルカ」なる曲まで作られた。なぜトミーかというと、斧次郎の里子時代の名が為八で、同僚が彼のことを「タメ！」と呼んでいるのが「Tommy!」に聞こえたからのようだ。ちなみに「トミー・ポルカ」の歌詞には、「人妻も娘も夢中でとりまくかわいい男、小さい男、その名は Tommy、かしこい Tommy、日本から来た黄色い Tommy♪」とある。（注2）これっておもしろがられているだけじゃないの？…そんな思いもしないではないが、歌までできたとなればその人気は認めるほかない。少なくとも軽快なメロディーは、米国婦人たちの弾む気持ちそのものだった。（注3）

帰国した斧次郎は幕臣として活躍するとともに、米国公使ハリスの指名で同国大使館の通詞となった。またその一方で、「海外事情を伝えたい。それが米国へ行った者の義務だ」という信念から英語塾を開き、益田徳之進（三井財閥の大番頭、益田孝）、三宅復一《またいち》（日本最初の医学博士、三宅秀《しゅう》）らを輩出した。

斧次郎にはおもしろい逸話が残されている。母の旧姓、米田（名を桂次郎とした）に復姓のうえ戊辰戦争に参加した斧次郎は、維新後に長野桂次郎と改名し、新政府に請われて一八七一年の岩倉使節団に二等書記官として同行した。そしてその船上、乗り合わせていた女子留学生に戯れたというのだ。酔いが手伝ってのことだったろうが、このことを彼女らが副使の大久保利通に訴えたことで、話が大きくなってしまった。裁きはこうした問題の処理が大好きな伊藤博文に一任され、〝模擬〟裁判が開催されることになった。〝ペット・オブ・レディ〟もこうなると形無しである。西伊豆にて好々爺として生涯を終えたプレイボーイのほほえましい一齣、といえなくもない。

次に、もう一方の主人公、新島襄（一八四三〜九〇）をみていこう。彼のことを知る方は多いと思う。斧次郎と同い年で、幼名を七五三太《しめた》といった。譜代安中藩藩士の家系で、女の子が四人続いた後の待望の男子誕生に、父が思わず「しめた！」と叫び、それが正月松の内だったことからその名がついたようである。

蘭学を修め、海軍伝習所一期生として航海術を学んだ七五三太は、英語を学ぶ目的で幕吏の監視が緩い箱館（函館）行きを決意する。

一八六四年四月、二二歳の七五三太は備中松山藩

主、板倉周防守勝静《すおうのかみかつきよ》の持船「快風丸」で品川を出帆し、箱館へと向かった。

同地では、七五三太がロシア正教のニコライに日本語を教え、その見返りに英語を教えてもらった。七五三太は、ニコライに密航の夢を語った。密航は、当時にあっては国禁に触れる大罪である。

英国ポーター商会に勤める福士宇之吉が米国商船船長のセイボリーと折衝し、長崎ウォルシュ商会所有の二〇七総トンのスクーナー「ベルリン号」に乗りこむことができた。だが、このためにセイボリーは船長を解雇された。

同年七月、船長室脇の狭い貨物室に隠れ忍び、一七日を要して上海に着いた。同地で一一〇〇総トンの米国帆船「ワイルド・ローバー号」に乗り換え、翌年四月一〇日にボストンに向かった。丁髷《ちょんまげ》をおろし、ジョーと名を改めた七五三太を乗せた船は、喜望峰を回り、ボストンに到着したのは七月二一日のことであった。

当時のボストンは人口約一八万人で、北米東岸第一の都市だった。しかし、南北戦争の爪あとは大きく、市民は疲弊しきっていた。そんな街にあって、実力者アルフェース・ハーディのもと、ジョーは地元の高校、大学を卒業し、神学校でキリスト教研究に没頭した。

そうしたジョーの奮闘は、初代駐米公使となっていた森有礼の耳にはいり、正式に日本国留学生として認められた。それはまさに、国禁を犯した男が国に正式に許された瞬間であった。

ジョーは、岩倉使節団の通訳を務めることになった。しかし、彼の青雲は単に通訳になることではなく、キリスト教とともにあった。ジョーにとってのキリスト教は、幕末という時代の心の渇きを潤すものであり、西洋文明を実感できる術だった。ジョーの「キリスト教を日本に根付かせる」と訴える演説は米国民を魅了し、五〇〇〇ドルという多額の寄付金が集まった。そのなかには、ひとりの農民が寄付した二ドルも含まれていた。まさに貧者の一灯である。

一八七四年一一月、寄付金を手に帰国したジョーは新島襄と改名し、旧薩摩藩京都藩邸七〇〇〇坪を買い取り、若い有志を育成すべく同志社英学校（現在の同志社大学）を設立した。

【注】

1 当時にあって斧次郎の英語力は第一級とされたが、おわかりのとおり、本文は正確ではない。正しくは、「I like American Ladies very much. I want to marry and live with a pretty lady.」である、と松永義弘氏は指摘する。

2 wives and maids by scores are flocking round that charming, little man, known as Tommy, witty Tommy, yellow Tommy, from Japan.

3 在ニューヨーク日本国総領事館ウェブサイトに同曲が紹介されている。（http://www.ny.us.emb-japan.go.jp/150JapanNY/jp/tommy.html）

【参考文献】

田中彰『岩倉使節団「米欧回覧実記」』岩波書店（二〇〇二）
渡辺京二『逝きし世の面影』平凡社（二〇〇九）
松永義弘『少年通訳アメリカへいく—幕末の遣米使節団に通訳として参加した立石斧次郎』ＰＨＰ研究所（一九八八）
赤塚行雄『君はトミー・ポルカを聴いたか—小栗上野介と立石斧次郎の「幕末」』風媒社（一九九九）
桑原暁一「新島襄」（『新輯 日本思想の系譜—文献資料集（下）』（小田村寅二郎編、時事通信社、一九七一）
熊田忠雄『すごいぞ日本人！—続・海を渡ったご先祖様たち』新潮社（二〇〇九）
司馬遼太郎「新島襄とザビエル」（『司馬遼太郎全講演 1990—1995 第3巻』朝日新聞社、二〇〇〇）

第34話　高橋是清のダルマ人生

小島直記氏は著書『志に生きた先師たち』のなかで、「（幕末から明治期にかけて横浜にきていた外国人は）有名会社の人間は別として、ほとんどは食いつめもの、動乱期の日本で武器や船で一発あてようとした連中だった」と書き、優良・不良の両タイプの外国人と関わりをもった人物として高橋是清《これきよ》（一八五四〜一九三六）を挙げている。

第20話、第28話にも登場いただいた是清だが、彼は江戸幕府お抱えの絵師の家に生まれ、すぐに仙台藩足軽の高橋家に里子に出された。菓子屋の養子にという話もあったが、高橋家が拒んだためそのまま同家の実子として届けられた。

仙台藩から洋学修業を命じられ、一八六四年、横浜のヘボン夫人が運営する私塾（注1）に学び、一八六六年には英国人で銀行の支配人を務めるA・A・シャンド（Alexander Allan Shand）（一八四四〜一九三〇）のボーイとなった。ボーイ時代は、ネズミとりで捕まえたネズミをステーキ焼で焼いて食べるのをシャンドから注意されたとか、街行くラシャメン（注2）に悪戯をするなど、かなりのワルだったようである。

そうこうするうちに、同じく藩命で洋学を学ぶ同僚の米国留学が決まるが、是清はその選から漏れそうだという。それほどに評判が良くなかったのであろうが、当の本人は「これでは可愛がってくれる祖母に申し訳がない」…。そこで、ボーイを探しているという英国捕鯨船の船長を訪ね、「英語を勉強したい」と外国行きを懇願し、承諾を得た。帆船、しかも半年か下手すれば一年に及ぶであろう船上生活。それでも、是清は心から喜んだ。

しかし、その企ては実現しなかった。ことの仔細を知った星恂太郎《じゅんたろう》の計らいで、一八六七年、米国留学の藩命を受けるのである。ちなみに同時期、英国領事館付英国聖公会牧師のベイリーによって創刊された「万国新聞紙」に、「米国へ学問修業、交易または見物、遊歴したい方は十分お世話します」という広告が載せられた。広告主は、ユージン・M・ヴァン・リード（Eugene Miller Van Reed）という米国人で、金のためなら何でもするひどい男だった。（注3）

さて、米国行きのことだが、一緒に行く勝海舟の息子子鹿《ころく》、庄内藩の高木三郎、それに仙台藩の富田鉄之助は各々の藩が面倒をみるが、まだ幼い是清は渡航先で誰かに面倒を頼まなければならない。どうしたものか困り果てていたところ、ヴァン・リードが相談にのってきた。「サンフランシスコに住む老親に面倒をみさせよう」という彼の提案に藩は渡りに船とばかりに飛びつき、旅費や学費を渡し一件落着となった。

出港が迫ったある日、祖母は是清に一振りの短刀を手渡した。「これは祖母が心からの餞別です。（中略）決して人を害《そこ》ねるためのものではありません。男は名を惜しむことが第一。義のためや、恥を掻いたら、死なねばならぬことがあるかも知れぬ。その万一のために授けるのです」と諭し、切腹の作法まで教授した。

一八六七年七月二五日、是清らを乗せたパシフィック・メール（太平洋郵船）社の「コロラド号」（注4）はサンフランシスコをめざし、横浜をあとにした。同船には、第5話で紹介した大阪の独楽廻し、早竹虎吉一座も乗船していた。船室は上等と下等に分けられ、（注5）下等室の者は上等室に自由に出入りできなかった。下等室の是清は、広い部屋に設置された上下三段のハンモックに寝た。

朝は八時に掃除が始まり、唐辛子で燻された部屋で朝食をとる。大小便は、三、四つ並べられた桶のうえに渡された板に跨って用を足した。ただし、食事に関してだけは、富田の好意で上等室に上がることを許され、不自由はしなかったようである。

船内では下等室仲間の伊東四郎（祐亨《すけゆき》、薩摩出身でのちの元帥・海軍大将）と痛飲し、小遣い銭を使い果たしてしまった。是清の酒好きは殊に有名で、のちに議員に転じてからも本会議場で堂々と茶碗酒をやるほどであった。

さてさて、サンフランシスコに着いてみると、何やら様子がおかしい。富田に助けを求めるも船中での愚挙を咎められ、逆に「君はこの船で帰れ！」と大いに叱責された。仕方なく何度も詫びを入れ、なんとか約束のヴァン・リードの家に向かうことができた。

ヴァン・リードの母親は温かく出迎えた。しかし、優しかったのは最初だけで、じきにこき使うようになった。約束と違う…。是清は反抗した。そんな彼を彼女は次第に疎ましくなり、ついには、彼をオークランドに追いやった。それは「悪夢のクライマックス」とでもいうべきものだった。まるで奴隷のような日々。「ヴァン・リードに騙された！」、そう気付いたときはもう後の祭りだった。

艱難辛苦の是清だったが、明治維新のことを知り、一八六八年末に帰国する。一九七三年、サンフランシスコで知り合った森有礼の勧めで文部省に入り、大学予備門の教壇に立った。そういえば、NHKドラマ『坂の上の雲』（司馬遼太郎原作）のなかで、西田敏行演じる是清が、大学予備門に学ぶ正岡子規や秋山真之《さねゆき》に英語を教えていた。奴隷として売られた経験を笑い話にするシーンもあった（かな?）。

一八九八年、横浜正金銀行副頭取となっていた是清は、かつてボーイとして仕えたシャンドにロンドンで再会した。シャンドは日本政府の要請で『銀行簿記精法』を編述し、第一国立銀行の行員や大蔵省の役人に教えたり、銀行経営のアドバイスをしたりしたのちに帰国していた（注6）。是清と再会したときは、パース銀行ロンドン支店副支配人であった。

銀行業務について質す是清にシャンドは、①大きいことにも小さいことにも始終注意が必要であること、②人から騙されてはいけないこと、③人に対しては常に親切であること、④相手の非を諄々《じゅんじゅん》と説明すること、⑤銀行の貸金にキズがつかないようにすることが重要と述べ、「あの銀行は無理はきかぬが、いかにも親切であると印象付けることが第一である」と諭したという。

懐かしさのあまり是清がボーイ時代の話をしようとすると、どうしてもその話題を避けようとした。のちに、是清の娘、和喜子（注7）がロンドンでシャンドと面会し父が世話になった話をしようとしたときも、その話題を拒んだという。いまは要人となった是清に対する、シャンドなりの礼節であったろう。

その容貌から「ダルマ蔵相」などと呼ばれた是清。その転んでは立ち上がる彼の人生は、まさに〝ダルマ〟そのものであった。しかし、さすがに最後の最後は起き上がることはなかった。一九三六年二月二六日、青年将校らに襲われ、赤坂の自宅二階で絶命。世にいう「二・二六事件」である。

【注】

1　一八六二年、ヘボン式ローマ字の創始者としても知られる米国人医師ヘボンが幕府からの委託生九名を受け入れたのが最初とされ、そのなかには大村益次郎（村田蔵六）の名もあった。その後、同夫人による英語教授が行われ、築地大学校に合流するなど発展し、現在の明治学院となる（『横浜もののはじめ考―第3版』（横浜開港資料館編、二〇一〇）より）。ちなみに、ヘボンの綴りはHepburnで、いま風に読めばヘップバーンとなろう。

2　幕末から明治初期、西洋人の愛人となった日本人女性の蔑称。

3　ヴァン・リードを「正体不明の男」などと悪く評するのは単なる無知に過ぎない、との見方もある（『横浜もののはじめ考―第3版』（既出）より）。そののち、彼はハワイ移民事業で重要な役割を果たすのだが、彼と日本との接点が漂流民ジョセフ・ヒコから日本語を習ったことだったというのもおもしろい。

4　「僅かに六、七百トン足らずの外輪船」（『高橋是清自伝』より）。ちなみに、『幕末の蒸気船物語』（元綱数道、成山堂書店、二〇〇四）によれば、一八六七年に一八四八年設立のパシフィック・メール社によって日米間定期航路が開設され、この太平洋定期航路の第一号が「コロラド号」（一八六七年一月一日にサンフランシスコを出港）であった。三三五七総トン、長さ九五・七メートル、幅一三・七二メートル、速力一〇ノット、三本マストの木鉄交造外輪蒸気船。

5　『幕末の蒸気船物語』（既出）によれば、上等室定員二五〇人、下等室（＝Steerage）定員一二〇〇人となっている。

6　一八七七年、西南戦争にかかる経費削減のため解雇され、翌年に帰国の途についた（寺井順一「アラン・シャンドと大蔵省の銀行実務教習（財務省今昔物語 第7回）」

（「ファイナンス」（財務省、二〇〇四年七月号）より）。

7　大久保利通の八男、利賢に嫁いだ。和喜子の息子が、ロッキード事件で有罪判決をうけた元丸紅専務、大久保利春である。

【参考文献】

小島直記『志に生きた先師たち』新潮社（一九八九）
高橋是清著、上塚司編『高橋是清自伝』中央公論新社（一九七九）
高橋是清口述・上塚司筆録・矢島裕紀彦現代語訳『高橋是清伝』小学館（一九九七）

第35話

野口英世を支えた男たち

たとえば、遠山椿吉と星一

医学に一生を捧げ、西アフリカの地で黄熱病に屈した偉人、野口英世《ひでよ》（一八七六〜一九二八）。福島県翁島村（現在の猪苗代町）の貧農に生まれ、幼名を清作《せいさく》といった。

二歳にもならないある日、囲炉裏で左手に大きな火傷を負うが不幸にも経済的な理由で治療は叶わず、四本の指が癒着してしまった。

「手《て》ん棒《ぼう》」と呼ばれ、いじめを受ける日々。しかし、高等小学校卒業の前年（一八九二年）のこと、苦悩を赤裸々に綴った作文が多くの同情をかい、寄せられた資金で手術を受けることになった。

清作は会津若松の会陽医院に、米国帰りのドクトル渡部（渡部 鼎《かなえ》）を訪ねた。手術はみごと成功した。骨の発育が停止していたため、左手は生涯萎縮したままだった。しかし、この手術の成功がきっかけで清作は医者への道を志すのだから、運命とはじつにおもしろい。

さっそく会陽医院の書生となり、医学界への大いなる一歩を踏み出した。苦学の末に医師免許を取得した清作は名を英世と改め、北里柴三郎（一八五三〜一九三一）が所長を務める伝染病研究所での研究生活にはいった。

二四歳のときに、単身米国をめざした。東京帝国大学卒業後にドイツに留学し、ロベルト・コッホ博士に師事した北里との出会いが、英世に大いなる野望を抱かせたのは想像に難くない。しかし、直接の誘因は、一八九九年四月に北里の研究所を訪れた米国医師団のサイモン・フレクスナー教授との出会いだった。英世が教授に米国留学という将来の夢を語ると、教授は温かい励ましの言葉をかけた。それは、一種の社交辞令だったかもしれない。しかし、純朴な青年医学徒は、そこに一縷の希望を見出したのである。

ひたすら教授からの連絡を待った。そうしたなか、中国でペストが流行し、英世は北里の薦めもあって中国行きを決心する。米国に渡る費用を捻出する目論みもあったであろう。しかし、豈図《あにはか》らんや生来の浪費癖が災いし、いささかも資金を蓄えることができなかった。友人で、歯科医師の血脇守之助(注1)が持ち込んだ婚約話を渡航費欲しさから承諾し、その結納金まで使い込んでしまったくらいだから、英世の悪癖はよほど酷かったのであろう(この婚約話は破談となり、後々まで禍根を残すことになる)。結局、渡航費は血脇が工面した。彼は生涯を通じて英世のパトロンだった。

一九〇〇年一二月五日、英世は横浜港を後にした。血脇は使い込みを心配したのか、英世が乗船するまで切符を渡さなかった。さらには、同乗する外交官、小松緑に彼の面倒を依頼している。

一二日、船はサンフランシスコ港に投錨した。細菌学者への扉を開いた英世は、二四時間不眠で研究に没頭した。そのさまは、「人間発電機」というあだ名がつくほどだった。

奮励努力から生まれた治療法で挑んだ黄熱病に自らも罹患し、「私にはわからない」という言葉を残し五一年の生涯を閉じた英世。その熱い思いは、ロックフェラー医学研究所図書館に胸像として今なお生き続けている(注2)。

さて、彼を支えた人物に目を転じると、いささかおもしろい人間ドラマが垣間見えてくる。先の血脇のほか、ここでは遠山椿吉《ちんきち》(一八五七〜一九二八)、星一《はじめ》(一八七三〜一九五一)のふたりについてみていく。

遠山椿吉。明治のはじめ、東京には四台の(旧式)顕微鏡しかなかった。こうした事態を憂慮した椿吉は、一八九一年に東京顕微鏡検査所(現在の一般財団法人東京顕微鏡院)を京橋に開設し、顕微鏡による検査技術の普及に努めるとともに、水道の水質向上にも尽力した。

一八九六年師走、椿吉は東京神田の一室で、会津なまりの強い青年と顕微鏡を挟んでいた。「どうだ、見えるか?」「はい、美しい像が見えます」「だが、それはコレラ菌だぞ」…。英世が世界的な細菌学者になれたのは、顕微鏡を駆使する技術があったからとされる。そう考えると、椿吉は英世の師と言えなくもない。この椿吉に英世を紹介したのは、先の血脇だった。

一九一五年一〇月、この東京顕微鏡院に英世が突然姿を現した。恩賜賞贈呈式に出席するため、一五年ぶりに帰国していたのである。椿吉が無理を承知で講演を依頼すると、英世は快く応じたという。椿吉は、「十月二十九日顕微鏡学会総会ニ野口英世氏ヲ請フテ講演セシム。盛大ヲ極ム」と喜んだ。

次は星一。星製薬の創業者にして、ショートショートの鬼才、星新一の父でもある。一(紛らわしいので、以下、星と表記する)の単身渡米の話はじつに興味深い。現在は福島県いわき市の一部となっている旧磐城国《いわきのくに》菊多郡江栗村に生まれた星は、幼名を佐吉といった。地元の取りまとめ役を務める父から、「これからは学問が大事だ」と諭され、片道三キロメートルほど離れた塾に通学した。米国という国の存在や、黒船がやってきて開国したことを知ったのもその塾のおかげだった。

そののち、一二歳で地元の小学校の教師となるが、東京へ出てもっと勉強したいとの思いから、ある夏の日、友人を誘って富士登山を企画する。

歩き続けて東京に辿り着いた。初めて見る東京に、少年の心は弾んだ。富士登山のため、新橋から横浜に鉄道で向かった。運賃三〇銭。それは紛れもなく、一三歳の少年が体で感じた文明だった。後年、この小旅行に刺激された星はしぶる父を説得し、涙する母に別れを告げ、一〇〇円の貯金を懐に上京した。

東京では夜学の東京商業学校に入学し、同校の校長で、海商法を受け持つ恩師、高橋健三と巡り会う。ところが、その高橋は大阪朝日新聞の主筆兼編集顧問となり、校長職も辞めることになった。星が挨拶のため自宅を訪ねると、「(君は)経済関係の学科は優秀だが、あまり要領がよくない」と断じられ、『西国立志編』(注3)を手渡された。

この書に、星は感銘した。偉人たちの息遣いに接するうちに、外国、異国への夢が芽生えていった。外国へ行って勉強したい…。星、一九歳。そんな息子の切なる思いに、父はもはや異を唱えることはなかった。

行くとなると、働きながら学べる米国しかなかった。さっそく、英語の習得に励み、働ける強靭な体になろうと講道館で柔道を習った。さらには、日本特有の技芸を身に付けておいたほうが良かろうと、生花《いけばな》の教室にも通ったというからおもしろい。星の考えは、「(私は)あくまでも日本人で、米国の知識を持ち帰る」というものだった。

東京商業学校を卒業すると、日本のことをもっと知ろうと、古い自転車で古本の行商をしながら日本中を回ることにした。途中の大阪では、高橋の世話になった。また、同じく東京商業学校の恩師で、大阪商工会議所事務局長の浜田健次郎からは大阪商船重役宛の紹介状を受け取り、大阪から九州東岸沖を鹿児島に向けて下った。一五〇総トンの小さな船ではあったが、初めての船旅に心は浮き立った。

日清戦争が日本に有利にすすむなか、星はサンフランシスコ行きの切符を買った。船賃五〇円、めざすは太平洋の彼方。一八九四年一〇月、神田で八円で買った洋服に身を包んだ星を乗せ、パシフィック・メール社の「チャイナ号」(注4)は、静かに横浜港をあとにした。

サンフランシスコにおり立った星は、一般家庭に住み込みで雇われた。仕事の合間に学校に通う、いわゆるスクールボーイである。

月日を幾ばくか過ごした一八九六年五月、米国東部のコロンビア大学に入学することになり、汽車で東部のニューヨークに向かった。ニューヨークではレースの行商や、英訳した日本紹介の記事を地元新聞社に売るなどしながら学問を続けた。ボストンで知り合った新渡戸稲造《にとべいなぞう》と再会したほか、ニューヨークに視察に来ていた大岡育造に一九〇〇年開催のパリ万博に誘われ、一度は拒んだものの結局は大西洋を渡り、欧州の文化に触れている。

一九〇一年、統計学と経済学を修め、コロンビア大学を無事卒業した。まもなくして、「ジャパン・アンド・アメリカ」という雑誌を創刊した。そんなある日、取材で首都ワシントンに出掛ける途中のフィラデルフィアで、三歳年下の日本人青年に出会った。ペンシルバニア大学に学ぶ野口英世だった。

帰国した星は、一九一一年、製薬会社を設立した。会社の社訓は、「親切第一」。ちなみに、長男（作家、星新一のこと）の名前、親一はそこからとったという。

一九一五年、恩賜賞贈呈式に出席することになった英世が帰国費用を無心すると、星は五〇〇〇円という大金を快く送金した（そして、遠山椿吉は英世との再会を果たすのである）。

一九二二年、星は星製薬商業学校を創設した。その入学資格は、「貧乏」と「親孝行」だったという。

【注】

1　慶応義塾を出た後、新聞記者、英語教員を経て歯科医の資格を得た異色の人物。一九〇〇年に東京歯科医学院（現在の東京歯科大学）開校。

2　今日の米国における野口英世評のなかには、研究結果に間違いが多く、研究者というよりむしろへビードリンカーでプレイボーイ、ロックフェラーの歴史においてはメインチャプターというより脚注とする評価もあるという（『生物と無生物のあいだ』（福岡伸一、講談社、二〇〇七）より）。

3　幕府が一八六六年に英国に派遣した一四人の留学生のひとり、中村正直が編集したもの。原著は、サミュエル・スマイル『Self-Help』（自助論）。

4　一八六七年建造の木鉄交造外輪蒸気船。三八三六総トン、速力約九・五ノット。

【参考文献】

飯沼信子『野口英世とメリー・ダージス―明治・大正偉人たちの国際結婚』水曜社（二〇〇七）
山崎光夫『健康の天才たち』新潮社（二〇〇七）
星新一『明治・父・アメリカ』新潮社（二〇〇七）

第36話 日本の近代化における"SHANGHAI"
高杉晋作の上海視察

アヘン戦争の敗戦を受けて一八四二年に調印された南京条約で、中国（清国）は香港割譲の再確認と多額の賠償金のほか、広州、廈門《アモイ》、福州、寧波《ニンポー》とともに上海の開港を余儀なくされた。

アヘン戦争（一八四〇～四二）は、茶の輸入増大による貿易赤字を快く思わない英国がインド産のアヘンを中国に輸出したことに端を発する。アヘンの輸入が中国の銀流出を招き、清朝財政を圧迫するようになった。事態を重くみた清朝政府は国内世論の盛り上がりを背景に林則徐《りんそくじょ》にアヘン密輸の根絶を任せ、そのことが原因で英国との間の全面戦争となったのである。

一八四五年、英国との間の「土地章程」に基づき、上海に「租界」なる空間が出現した。租界の出現によって上海は、旧県城を中心とする顔と、租界を中心とする新しい"西洋"の顔を併せ持つ混沌とした街、のちに"魔都"と呼ばれる国際都市になっていった。「shanghai」という英単語がある。暴力・麻薬などの手段で船に連れ込み水夫にする、誘拐するという意味のようだが、上海のそうした魔性に由来するのかもしれない。

幕末期のわが国にあって、魔都上海は西洋に関する情報源だった。半ば西洋の植民地となった租界が、東アジアにおける資本主義を表象した。西洋の文化が漢訳洋書などの形でわが国にもたらされ、多くの知識人や志士に影響を与えた。幕府は江戸時代を通してオランダと中国に対し、それぞれ「和蘭《オランダ》風説書《ふうせつがき》」「唐風説書《とうふうせつがき》」と呼ばれる報告書の提出を義務付け、限られた範囲ではあったが海外情報はそれなりに入手していた。それが、上海などが開港されると宣教師たちによる漢訳洋書が隆盛を極め、多くの知識人に読まれるようになったのである。

上海は、欧米に赴く玄関口でもあった。安政の開国（一八五八年）から明治維新（一八六八年）までの間、幕府は七回にわたって欧米諸国に使節を派遣したほか、一八六二年のオランダから一八六七年のフランスまで、計四回の留学生を派遣した。さらには、長州、薩摩といった藩までもが英国に留学生を密航させている（長州ファイブとサツマ・スチューデント）。そして、その多くは上海の地に足を踏み入れ、当時のわが国では決してできなかったこと、たとえば、フルコースのディナーを堪能し、洋琴（ピアノ）の演奏や朝食後のコーヒーに癒され、そして写真に魅せられた。まさに上海は、彼らにとって西洋そのものだった。

さてさて、幕府や一部の藩が上海に有為の人材を派遣したことはあまり知られていない。一八五九年、箱館奉行らが、従来の貿易のほかに先方に出向いて商売すべきとの上申書を提出した。候補地として、ニコラエフスク（ロシア）、香港、そして上海の名が挙がった。最初は慎重だった幕府もようよう重い腰を上げ、一八六一年に官船「亀田丸」をニコラエフスクに派遣し、上海にも船を遣ることを決した。都合四回にわたって上海派遣がなされた。

一回目は一八六二年。中国との〝出〟貿易の実現に向け、幕府が長崎奉行に命じて企画させたものである。

二回目は一八六三年。箱館奉行が企画し、官船「健順丸」で渡航している。

三回目は一八六五年、三人による小規模なものだった。長州藩が幕府の許可なしに上海で藩船を売却し、その代金で大量の武器を購入したことが発覚したことから、実情調査のため幕府が派遣したのである。

そして、最後の派遣は一八六七年。P&O社の蒸気船「ガンジス号」による渡航であった。(注) 浜松、佐倉の両藩が独自に派遣したもので、のちに明治洋画界を先導する高橋作之助（のちの由一《ゆいち》）もそのメンバーに加わっていた。海外視察を目的としたこともあり、上海のみならず南京にまで足を伸ばしている。

幕末にかくも多くの邦人が上海の地を踏んだのかと訝りつつ、地図を開いてみると確かに上海は近く、「さもありなん」とうなづけなくもない。日本海を〝内海〟と考える向きもあるくらいだ。しかし、それは現代の感覚というものかもしれない。自由な海外渡航が許されない当時にあっては、精神的にも、肉体的にも相当きつかったはずである。そうした心持を日記に残した幕末の偉人、尊皇攘夷・討幕運動の指導者がいる。一回目の上海使節団に幕臣の従者として加わった、高杉晋作《しんさく》（一八三九～六七）である。幕臣の従者となったのは、一大名の家臣では海外渡航の資格がなかったからであろう。

長州藩士、高杉小忠太《こちゅうた》の長男として萩城下に生まれた晋作は、ほかの多くの志士とは異なり、生まれついて藩政に近い地位にあった。藩校明倫館に学ぶ一方で吉田松陰《しょういん》の松下村塾に顔を出し、久坂玄《くさかげん》瑞《ずい》とともに松門の「双璧」「竜虎」と称されるまでになった。

あるとき、幕府が外国奉行、竹内保徳を代表とする使節を遣欧するという話が舞い込み、その候補に晋作の名が挙がった。だが、結局は選にもれてしまう。晋作は落ち込んだ。そんなとき、桂小五郎（のちの木戸孝允《たかよし》）の周旋もあり、晋作は上海渡航を命じられる。作家、司馬遼太郎氏はこのあたりの経緯を、晋作と久坂が「航海遠略策」で有名な政務役、長井雅楽《うた》の暗殺を企て、それを耳にした桂が政務役の周布《すふ》政之助に知らせ、あわてた周布が晋作を上海へと出向かせることにしたと書いている（『世に棲む日日』（司馬遼太郎、文藝春秋、二〇〇三）より）。

晋作は、上海渡航の様子を「遊清五録」なる旅日記に残した。晋作らが乗り込んだのは、英国商人、ヘンリー・リチャードソンから銀三万四〇〇〇枚で購入した「アーミスティス号」（「千歳《せんざい》丸」と改名）だった。一八五五年に建造された、長さ三六メートル、幅八・五メートル、三五八総トンの三本マスト蒸気船である。日本側五一人、前船主のリチャードソン船長ほか外国人一六人の、総勢六七人が乗り込んだ。昆布・寒天・漆器など六〇〇トンの貨物と石炭一五〇トンを積み、一八六二年（文久二）四月二九日に長崎を出港し、約一週間後の五月六日に上海港に入った。

晋作は上海に旅立つにあたり、父に、ひとり息子としての孝養を全うできそうにないと打ち明けた。これに対し父は、「お前は暗愚だが、大命を得たからには死をもって君命に奉じなさい」と諭したという。それほどに、幕末期の海外渡航は覚悟を要したのであろう。

風邪（はしか、ともいわれている）を患いながらも、青雲の志が膨らんだことは想像するに余りある。晋作は、同乗した佐賀藩士の中牟田倉之助、薩摩藩士の五代才助（のちの友厚）と頻繁に交流した。中牟田は数学、理科を得意とし、英語を解した。また、五代は第9話でも紹介したように、のちに薩摩藩英国留学生を率いる人物で、半年ほど前にグラバーと上海に渡り、蒸気船一隻を購入していた。晋作はこの話に触発され、「長州藩も蒸気船を持たねばならない」と強く意識するようになったという。ちなみに五代のことだが、幕臣の従者になりそびれ、今航海では水夫として乗船したというから何気にほほえましい。


晋作らが渡った頃の中国は、太平天国軍と政府軍が激しい戦闘を繰り広げていた。実戦を見られるのではないか、と「心私《ひそか》に悦《よろこ》ふ」一方で、漢訳洋書を買い求めるなど、晋作は西洋事情の収集に余念がなかった。余談ながら、この上海で中牟田は、デント商会に勤めていた（にっぽん）音吉を訪ねている。あの漂流水主の音吉である（第6話参照）。面会は叶わなかったが、本書の登場人物が次々に繋がっていくのが嬉しい。

晋作らは、上海における〝西洋〟を肌で感じとった。しかしその一方で、強大な「租界」が「県城」を圧迫する様を目の当たりにし、「上海は英国やフランスの属地であり、わが国といえども油断してはならない」との印象を強く抱くようになった。精神を根底から揺さぶられた、と言った方がいいかもしれない。そして、その向かうところは、近代国家を標榜する〝ナショナリズム〟の高揚であった。

晋作は帰国するや奇兵隊を組織し、強大な西洋に立ち向かおうとした。攘夷を唱える一方で、開国へと持論を展開していった。そして、そのためには倒幕しかない、そのためには藩の消滅もやむを得ない、と考えた。国家という存在が、まだ霧のなかにあった時代のことである。

【注】

P&O社は一八五九年九月三日、蒸気船「アゾフ号」（七〇〇総トン）を上海から長崎に入港させた。その後、一八六三年、上海、長崎、横浜航路は定期航路となった（『幕末の蒸気船物語』（元綱数道、成山堂書店、二〇〇四）より）。

【参考文献】

東海大学外国語教育センター編『若き日本と世界―支倉使節と榎本移民団まで』東海大学出版会（一九九八）
劉建輝『魔都上海―日本知識人の「近代」体験』筑摩書房（二〇一〇）
一坂太郎『高杉晋作の「革命日記」』朝日新聞出版（二〇一〇）

第37話

われ川とともに生き、川とともに死す

パナマ運河開削に挑んだ日本人土木技師

大西洋、カリブ海と太平洋をつなぐパナマ運河は、人類の英知と巨費、そして三万人を超える尊い犠牲のうえに、一九一四年八月一五日に正式開通した。三組の閘門《こうもん》と三つの人造湖を結ぶ、全長約八〇キロメートル。その運河を、汽船「アンコン号」が九時間四〇分の時間をかけて初航海した。

この工事に最初に挑んだのは、フランスの外交官、フェルディナン・ド・レセップス（一八〇五～八四）である。スエズ運河を拓いた自信がそうさせたのかもしれない。しかし、一八八〇年に始まった工事は困難を極め、途中でギュスターヴ・エッフェル設計の閘門式に変更したものの計画断念を余儀なくされた。

この開削工事を引き継いだのは、米国工兵隊であった。米国にとってパナマ運河は、通商、さらには軍事の上でも極めて重要だった。そのため、一九〇三年一一月にパナマがコロンビアから分離独立すると、セオドア・ルーズベルト大統領は独立を承認し、間を置かずに同国と運河条約を締結した。しかし、この工事が難工事であることに変わりはなかった。

この想像を絶する難工事に、はるばる日本から敢然と立ち向かった土木技師がいた。名を青山士《あきら》（一八七八～一九六三）といい、静岡県豊田郡中泉村（現在の磐田市中泉）の資産家の三男に生まれている。〝士〟には事物を明らかにできる逸材、という意味があるらしい。そうした名を与えたところをみると、青山家はよほど漢字に明るい家系だったに違いない。余談ながら、士自身が明治一一年の生まれで、のちに米国に渡るために船に乗ったのが八月

一一日、シアトルに着いたのが九月一一日という具合に、（こじつけかもしれないが、）十一、つまり士の〝十〟と〝一〟が関係する不思議な縁を指摘する向きもある。

士は祖父の宙平《ちゅうへい》にかわいがられ、次兄の紀元二《きげんじ》からは科学の初歩の手ほどきを受けた。

一八九二年四月、小学校高等科を卒業すると同時に上京した。一八八九年に新橋・神戸間の鉄道が全線で開通しており、士は自宅の敷地内に置かれた中泉駅（現在の磐田駅）から新橋をめざしたという。

一九〇〇年に一高工科から東京帝国大学土木工学科に進み、一九〇三年に卒業した。この間、札幌農学校で内村鑑三と同窓だった廣《ひろ》井《い》勇《いさみ》教授（一八六二～一九二八）に学ぶ機会に恵まれた。

廣井は土佐藩の下級武士の子として生まれ、農学校の成績は内村に遠く及ばなかったものの、新渡戸稲造を凌ぐほどの優秀さだった。工部省鉄道局に勤めていた一八八三年一二月、上司の伝手で単身米国に渡ることになった。土木工学の知識を深めるための自費留学だったが、札幌農学校の同期では初めてのことであり、当の本人はさぞや意気揚々であったろう。

ミシシッピー川の治水プロジェクトに関与したほか、鉄道敷設や橋梁設計にも携わり、そのときの成果を英文の専門書として刊行した。大学の教科書にもなったというから、相当に高度な内容だったのであろう。

そののちドイツに渡り、一八八九年に帰国してからは農学校の教授となった。道庁技師を兼ねる一方で小樽港の防波堤工事を完遂し、工学博士号を授与されるや東京帝国大学工科大学教授として迎えられる。その人となりは誠実そのもので、のちに内村が追悼文のなかで、「明治・大正の〝清き〟エンジニア」と、紹介するほどであった。内村は、士が師とあおいだ人物である。廣井といい、内村といい、士は良き師に恵まれたといっていい。

就職難ということもあったが、一九〇三年の「東京経済雑誌」に掲載された峰岸繁太郎の「パナマ運河視察」という記事を読み、士はパナマ運河に興味をそそられた。同運河については、廣井から友人の話として聞いて知ってはいたが、実際の体験談に魅せられたのであろう。もちろん、内村や廣井の渡米歴も、士の目を海外に向けさせたことは容易に想像がつく。

コロンビア大学教授で、廣井の米国時代の恩師でもあるウィリアム・バァが運河開削計画の米国政府顧問を務めており、廣井は彼に宛てて士の紹介状を認《したた》めた。

一九〇三年八月一一日、日本郵船「旅順丸」（四八〇五総トン）(注)の三等船客となり、横浜港を後にした。船室は船底に近いせいか、暗く感じられた。今の価値でいえば一〇万円強の片道運賃は、身内からの借金で賄った。〝出稼ぎ〟にでも出かけるような、はたまた、「パナマ運河が未だ海の物ともわからなかった時から、私が幻を逐《お》って遂に身体の強からざりし私をして七年有余硝煙蛮雨の熱帯不健康地に働くことを得せしめたる恩師（廣井勇のこと）及び友達の奨励並びに御親切」を感じながらの船出であった。

シアトルに着くとすぐに、バァ教授に連絡をとった。しかし、パナマ運河の計画がなかなか進まず、しばし待つよう指示される。待つしかない…。手元不如意な士はアルバイトをしながら、そして、内村の著書（たとえば、『余は如何にして基督信徒となりし乎』）を心の支えとしながら、事態が好転するのを待った。米国人女学生に仄かな恋心を抱くという〝事件〟もあった。そうしたなか、事態はにわかに動き出す。バァ教授から、「すぐ現地に向かうように」との嬉しい知らせが届いたのである。

日本人でただひとりのパナマ運河の土木工学技師（Civil Engineer）になれる。しかし、その一方で揺れる恋心…。悩んだ挙句、女学生への思いを断ち切り、宣誓書を読み上げ契約にサインした。

一九〇四年六月一日、ニューヨークからパナマに向かう客船「ユカタン号」に乗り込み、同月七日、カリブ海側のコロン港を視界におさめた。

夢の地は、想像以上に過酷を極めるものだった。ワニ、蛇、毒蜘蛛などに加え、マラリア、チフス、黄熱病などに苦しめられる惨状を目の当たりにする。士が滞在した七年半の間だけでも、約四〇〇〇人が工事中に亡くなった。大方は黒人の出稼ぎ労働者だった。士自身も、激しい下痢に二回ほど七転八倒した。しかし、彼は、ルーズベルト大統領発案のインセンティブ制度で高く評価されるまでに奮闘した。「汗ト涙トヲ以テ獲タル」…、士は副賞の金貨の包み袋にこう記した。

測量技師補に昇格し、米国人技師と遜色ないまでに遇されたが、強まる日本人排斥の機運のなかで辞表を出さざるを得なくなった。工事が八割ほど進んだ段階での離脱は本意ではなかった。一九一二年一月九日、辞表は正式に受理された。

同年一月二七日、士は横浜におり立った。廣井の紹介で内務省技術官僚（内務技師）の職に就くと、荒川の放水路工事、鬼怒川改修工事、信濃川大河津分水路工事を完工し、一九三四年には内務省の技術者最高位の（第五代目）技監になった。

太平洋戦争中、敵国の兵站線を断とうとしてパナマ運河の爆破作戦が練られた。山本五十六《いそろく》の発案とされているが、そのためには、同運河に関する細かい情報が必要だった。そこで目を付けたのが士だった。軍当局は、彼がパナマ運河開削に土木技師として加わっていたことを知っていたのだ。しかし、武士ならぬ技師の一分《いちぶん》であったろう。軍部担当者が同運河の破壊方法を尋ねると、士は、「造る方法は知っているが、壊す方法は知らない」と応えたという。

「われ川とともに生き、川とともに死す。無能無芸にして、この一義につながる」と漏らし、「晴れもあり、雨の日もあり、八十年、御国にいたる、さすらいの旅」と詠んだ。一番思い出に残っていることを聞かれ、「やはりパナマ運河。今でもふたりの同労者（co worker）と音信を交わしているよ」と嬉しく返す士だったが、一九六三年三月二一日、富士山のみえる磐田市の自宅で老衰のため永眠についた。享年八四であった。

【注】

英国ニュー・カッスルの造船所で建造され、日本郵船が購入したのちは、一八九六年に開設された香港・上海・門司・神戸・横浜・ヴィクトリア（カナダ）・シアトル間の航路に投入されていた。

【参考文献】

高崎哲郎『技師 青山士―その精神の軌跡』鹿島出版会(二〇〇八)

高崎哲郎『技師・青山士の生涯―われ川と共に生き、川と共に死す』講談社(一九九四)

青山士写真集編集委員会編『写真集 青山士 後世への遺産―パナマ運河・荒川放水路・信濃川大河津分水路』山海堂(一九九四)

第38話 公に生きた敗軍の将

榎本武揚の二つの日記

一八七二年四月一五日（明治五年三月八日）、榎本武揚《たけあき》（一八三六〜一九〇八）は開拓使「四等出仕被仰付事」という辞令を受けとった。四等出仕といえば県令（知事）に相当し、送り迎えに馬車が付く地位である。

榎本円兵衛の次男として江戸下谷《したや》に生まれ、幼名を釜次郎といった。父の円兵衛は越後の郷士の出で、榎本家に養子にはいった人物である。伊能忠敬《いのうただたか》の内弟子として西日本を共に回るなど、数学、天文学や測地技術を修めた技術者で、武揚の合理的で実学志向という性向は、そうした父親のDNAを引き継いだのかもしれない。

一五歳で昌平黌《しょうへいこう》に学び、一九歳のときに堀利熙《としひろ》の供をして蝦夷地や北蝦夷（樺太。現在のサハリン）の調査に出かけ、二二歳にして長崎海軍伝習所の第二期生となった。海軍の拡充を図らんとする幕府が蒸気軍艦の発注と留学生の海外派遣を決めると、わが国における海軍留学生のさきがけとしてその一員に選ばれた。

当初の派遣予定先は米国だったが、南北戦争の勃発により急遽オランダへと変更された。しかし、幸いなるかな、時のオランダ海軍大臣は、長崎海軍伝習所で教授職にあったカッテンディーケであった。また、ライデン大学で日本語学を独習したホフマン博士が、一行の世話役を務めるという。

留学先では、船舶運用術、砲術、蒸気機関学、物理、化学、通信技術といった科学・技術の修得はもちろんのこと、海上国際法にまで関心の先を広げていった。ちなみに、そのときの教科書が、フランスの国際法学者、オルトランが著した『万国海律全書』である。海洋に関する平時および戦時の国際法規解説書で、武揚自らが書き込んだ脚注がびっちり挿入されていた。のちの五稜郭落城寸前、武揚が官軍参謀の黒田清隆に手渡し、幸いにも湮滅を免れている。

一八六六年、オランダ政府に発注した蒸気軍艦がヒップス・エン・ゾーネン造船所で竣工し、留学生一同が列席するなか「開陽丸」と命名され、翌年、一行を乗せ横浜に回航した。

帰朝するや、武揚は幕府の軍艦頭並に任命され、「開陽丸」船将を仰せつかった。そののち、海軍副総裁にまで英進する（当時の総裁は勝海舟）が、時代そのものが大きな波に呑みこまれようとしていた。

一八六八年一〇月、武揚は、「男子の一生を賭けた大覇業」（講談社編『榎本武揚シベリア日記』の廣瀬彦太氏の解説より）ともいえる蝦夷行きを決行する。決して私利私欲からではなく、旧幕臣の困窮を救わんがためであり、妨害するならば一戦を辞さず、という構えだった。

しかし、蝦夷地での夢はあえなく潰《つい》え、自害も叶わず、武揚は囚われの身となった。長州出身の大村益次郎らは斬首を主張したが、頭を丸めてまで延命を懇請したのは黒田であった。わが国の近代化に欠かせない有為な人材と考えたのである。かくして、武揚の監獄生活は二年半に及び、冒頭の開拓使四等出仕となったという次第。

その後、海軍卿、逓信大臣、農商務大臣、文部大臣、外務大臣、枢密顧問官などを歴任し、最後は子爵として華族に列せられた。この間、一八七四年一月に海軍中将兼駐露特命全権公使を拝命すると、一八七五年八月、千島樺太交換条約に調印し、また、一八七二年七月に起きた「マリア・ルス号」事件をめぐり、ロシア皇帝による仲裁で勝訴を得た。同事件は、わが国が初めて経験する国際裁判だった（日本とペルーの政府間で争われた）。まさに、国際法に明るい武揚ならではの、八面六臂の活躍としかいいようがない。もちろん、国内での活躍も、徳川育英会による育英黌農業科（東京農業大学の前身）の設立、メキシコへの移殖民事業など、じつにめざましかった。

武揚を〝二君〟に仕えた裏切り者のように評する向きもあるが、箱館戦争時の配下の生活を晩年まで気にかけていたことなどをみれば、少なくとも私利私欲は垣間《かいま》見えない。むしろ、技術系のＤＮＡが息づく合理的で実学志向の行動こそが彼の真の姿であり、その働きの場が幕府であり、明治新政府であったに過ぎないと考えてよいのではないか。

何はともあれ、生涯べらんめえ口調の江戸っ子気質を貫いた武揚を、当時の人は江戸っ子の棟梁のように慕ったという。彼の葬儀はさながら江戸っ子葬の観を呈したというから、存外おもしろい。

さてさて、ここからは「波濤列伝」らしく、武揚の海外渡航の一幕を覗いてみようと思う。

彼は、「渡蘭日記」、「シベリア日記」なる日記を残した。前者はオランダに留学する時の、後者は千島樺太条約に調印し四年余りのペテルブルグ生活を終えて帰国する時の記録である。両日記とも、スリルに富んだ内容となっている。

まずは「渡蘭日記」から。講談社編『榎本武揚シベリア日記』のなかの廣瀬彦太氏の解説を参考に、武揚ら一行の航跡をみていこう。

文久二年（一八六二）六月、軍艦「咸臨丸」で品川沖から長崎に向かった留学生一行一五人は、途中、麻疹《はしか》に罹病する者が続出したために下田に長いこと停泊し、六五日目にようやく長崎港に入った。

同年九月、オランダ帆船「カリップス号」に乗船し、いよいよ本邦の山河に別れを告げる。軍艦奉行から「西洋風に泥《なず》まぬようきっと心得べし」との訓示があり、一行は、羽織、袴、大小帯刀、草履という出で立ちで、菅笠、頭巾、麻裃などを持参した。幕府拝領のメキシコ銀貨、二万六〇〇〇ドルも船中に積み込んだ。

「カリップス号」は二〇〇総トンの小型帆船で、一行は窮屈な生活を強いられた。しかし、そこは大いなる前途を信じる若人たちのこと、そうした些末なことなど気にも掛けなかった。

そんな彼らをとんでもない事態が襲う。船が怒涛のなかで難破するのである。しかも、船長と水夫はそそくさとボートで逃げてしまった。困り果てる一行…。するとそこへ、一隻の英国船が近づいてくるではないか。「助かった、われわれはここだ」、必死に叫んだ。しかし、彼らの声は空しく波間に消えた。武揚らが白人でないと分かり、英国船は早々に舵を切ってしまったのである。

翌日、小船が彼らに近づいてきた。一行は、非情な船長でないことを心から祈った。しかし、またしても思ってもみなかったことが起きてしまう。その船がマレーの海賊船だというのだ。すっかり気落ちしたことだろう…と思いきや、豈図《あにはか》らんや、武揚らは、「海賊とはおもしろい」とばかりに日本刀を抜いたのである。驚いたのは海賊たちだ。「こりゃ、こやつらは海賊だ」。何ともあべこべな話である。武揚らは憂さ晴らしでもするかのように暴れまわり、ついには海賊を脅し、ようよう近くの島に辿りついた。少々申し訳ないと思ったのか、謝礼として団扇を渡したというのもおもしろい。

さて、小島に上陸したまでは良かったが、寂莫たる無人島と分かり、一同愕然とする。否応なしに無人島生活が始まった。赤道直下の炎熱、南国特有の蚊の襲来など、その労苦たるや想像を絶するものがあった。しかし、天は、青雲の志を抱く若き選良たちを見捨てなかった。近くの島に住む酋長らに助けられ、非常な接待を受けるのである。

かくして、どうにかこうにか、一行は当面の目的地、バタビア（現在のジャカルタ）に辿りついた。当時、バタビアはオランダの統治下にあり、煉瓦造りの家屋など、堂々たる洋風文化の街だった。早くも西欧文化に接したとばかりに、武揚らは五感を研ぎすませた。しかし、気に入ったとはいえ、いつまでもバタビアに留まっているわけにはいかない。後ろ髪を引かれながら、一行はオランダの客船「テル

東京・向島の梅若公園に建つ
榎本武揚像　筆者撮影

ナーテ号」にて同地を解纜した。

喜望峰を廻る、長さ約三六メートル、幅約一一メートルの帆船による航海が始まった。「渡蘭日記」は、この抜錨の一日前から、セント・ヘレナ島までの航海日誌である。ちなみに、一行がロッテルダム港に入ったのは、品川沖を出てから数えて三二三日目のことだった。

次に、「シベリア日記」。既に触れたとおり、千島樺太条約の調印という大任を果たし、四年余りのペテルブルグ生活を終えて帰国した際の日記であり、「西比利亜《シベリア》日記」とも表記される。

シベリアを横断したのには理由があった。ロシアをあまりにも畏れるわが国民を、シベリアを実見することで啓蒙しようとしたのである。文献などで得た知識を実地に確かめようとする姿勢は、いかにも科学者、技術者の榎本武揚らしい。

武揚には、ふたりの留学生が随行した。当時の首都ペテルブルグからモスクワを経てウラジオストックに至る、約一万三〇〇〇キロメートルの旅である。しかも、そのうちの約一万キロメートルは凸凹《でこぼこ》の激しい田舎道で、そこを古馬車で走破するという苦行行脚であった。そんな状況にありながら、地質、地理、気象、植物、鉱物、産業、交易、政治、行政、軍事、民族、人種、言語、宗教などを精緻に調べていった。武揚がいかに豊富な知識を有し、いかに好奇心旺盛であったかがうかがい知れる。

おもしろいエピソードがある。敗軍の将として収監されていたとき、「福沢（諭吉）から化学の本を借りてきて欲しい」と願い出た。ところが、いざ差し入れられた化学書を手にするやその水準のあまりの低さに、「福沢はこの程度の学者か」と嘆いたというのだ。

一八七八年一〇月、黒田が派遣した「箱館丸」に乗船し、ウラジオストックから小樽に向かい、その後、懐かしの函館から横浜をめざした。

【参考文献】

講談社編『榎本武揚シベリア日記』講談社（二〇〇八）
佐々木譲『幕臣たちと技術立国―江川英龍・中島三郎助・榎本武揚が追った夢』集英社（二〇〇六）

臼井隆一郎『榎本武揚から世界史が見える』PHP研究所(二〇〇五)
松田藤四郎『榎本武揚と東京農大』東京農大出版会(二〇〇一)
天沼香『故国を忘れず新天地を拓く――移民から見る近代日本』新潮社(二〇〇八)
永岡慶之助「榎本武揚」(『教科書が教えない歴史有名人の晩年と死』(新人物往来社編・発行、二〇〇七))

第39話 日本人の溜飲を下げた「心技体」

柔道家嘉納治五郎、横綱常陸山谷右衛門の痛快談

一八七〇年四月、鉄道掛事務局が築地の尾張藩邸跡に置かれた。その後、一八七二年六月に品川—横浜間の鉄道が敷かれ、そして漸う、同年一〇月一四日、新橋—横浜間が正式に開通した。[注1] 一つの蒸気機関車（火輪車とも言った）が七、八両の客車を牽引し、新橋—横浜間の約九里（三六キロメートル）を四〇分で走った。運賃は三段階になっており、上等一円、中等六〇銭、下等三〇銭。朝の六時から夕方の六時まで六往復し、一回に約二〇〇名の乗客を運んだが、その約八割は商売人であったという。

　鉄道の開通は、画期的で華々しいことだった。そして、時代は近代化という軌道をひた走った。しかしその一方で、列強との不平等条約が重石《おもし》となり、経済のみならず文化的にも欧米への盲従感を払拭できなかったのも事実である。

　当時の日本人、とりわけ農村部の多くは貧しい生活を余儀なくされた。民俗学者の宮本常一は祖父市五郎について語るなかで、二一歳の長男（常一の伯父にあたる）が農業では梲《うだつ》が上がらないからと、フィジーに出稼ぎに出た話を紹介している。一八九五年ごろのことである。市五郎の妻は息子が家を離れているあいだ毎朝地元の氏神様にお参りし、何回かに一度はお膳にご飯を盛って供えた。カラスに捧げるのだという。カラスがいい声で鳴いて食べれば無事な知らせという伝習に拠っているのだが、これなどは、庶民が海を渡るしかないほどに追い詰められ、また、出るにしてもどれほど大変だったかを如実に物語っている。

　宮本はそのほかにも、日清戦争（一八九四〜九五）の勝利で手に入れた台湾で大工仕事に精を

出す世間師《せけんし》の話を書いている。世間師とは奔放な旅をする人のことだ。彼らは、門司からキールン(基隆)に向かった。その頃は芸人の船賃は無賃で、「芸は身を助ける」とばかりに、船中でいろいろな芸をする世間師も多かったという。

こうした時代にあって、日本人に大きな自信を与え、溜飲を大いに下げた事件もないではなかった。嘉納治五郎《かのうじごろう》(一八六〇～一九三八)が洋行途上の船中で外国人を投げ飛ばしたという逸話も、そうした例のひとつに数えてよかろう。

治五郎は、摂津国、今の兵庫県の造り酒屋の三男に生まれた。背が低く体が弱かったため、強くなろうと柔術を始めた。その熱は冷めるところを知らず、いつしか、柔術の打撃技をやめ、囲碁や将棋のような段位性を取り入れ、さらには、「心技体」を説いて「柔道」として体系化した。

一八八二年、柔道のための道場「講道館」を開いた。講道とは道を講ずるところ、ということのようだ。(注2)

東京帝国大学を卒業し、一八八五年に学習院の教授に就いた。そして、一八八九年、教育視察のため欧州に出向くことになった。晴れやかで、さぞ誇らしかったのであろうか、治五郎はその船上で多くの外国人を前に柔道の形や技を披露し、鮮烈な印象を与えている。さらにマルセイユでは、柔道の世界展開を視野に公開演技まで行った。

一八九一年、フランス、ドイツ、オーストリア、デンマーク、スウェーデン、オランダ、英国、エジプトなどの往訪を終え、帰国の途についた。

帰りの船上でのこと。二メートルは優に超えるロシア人が、治五郎を柔道の達人と知って近づいてきた。相手にする気などさらさらなかった治五郎だが、あまりにしつこかったのであろう、相手の隙をついて投げ飛ばしたから痛快極まりない。「柔よく剛を制す」。東洋の小男が欧州の巨漢を宙に浮かせた瞬間であった。

一九〇九年、東洋人初となる国際オリンピック委員会(IOC)の委員に就任し、わが国のオリンピック初参加に向け尽力する。そして、その努力は、一九一二年の第五回ストックホルム大会で実を結んだ。同大会では、治五郎は団長を務めた。一九三六年、念願の東京オリンピック誘致に成功した。残念ながら、戦禍で計画自体が霧消してしまったが、治五郎の功績が色褪せる理由はいささかもない。

一九三八年五月、IOC会議から帰国する日本郵船「氷川丸」の船内で、柔道の父、嘉納治五郎は肺炎のため七七年の生涯を閉じた。しかし、その遺志は後世に継がれた。そして、彼の生誕から約一世紀を経た一九六四年、東京で開催されるオリンピックの種目のなかに、五輪史上初めて「柔道」(JUDO)の文字が躍るのである。

日本人の溜飲を下げたという意味では、〝力〟でねじ伏せた力士たちの存在を忘れるわけにはいかない。

文明開化のなかで野蛮、卑俗なものとして扱われ、芝延遼館での天覧相撲が行われる一八八四年まではどん底期にあった相撲だが、幕末期には痛快な〝事件〟が起きている。ある相撲見物で、力士を小馬鹿にして勝負を挑んできた外国人を土俵の外に投げ飛ばし、そのことが瓦版などで報じられたのである。痛快このうえない、と言わずして何と言おう。

開国して以降、力士の海外渡航も散見されるようになった。漂流中に中国船に救助され、フランスで客死した大阪相撲の八陣《はちじん》和市のほか、一八八〇年、朝鮮国(注3)(現在の韓国)の釜山《プサン》で力士一〇〇余名が興行を行い、一八八三年三月には米国人興行師の「遊芸人渡米、うち力士二名」という募集広告に応じ、かの地でレスラーになった荒竹寅二郎と戸田庄吉(両名とも伊勢ケ浜部屋の序二段)など、力士が波濤を越えた例はままある。しかし、「角聖」と呼ばれた、第一九代横綱、常陸山谷右衛門《ひたちやまたにえもん》(一八七四〜一九二二)の海外漫遊ほど、「さすがは横綱」と唸らせるものはない。

債鬼から逃れる目的だったとも言われているが定かではない。一九〇七年八月、北里柴三郎らの支援を得て渡米(注4)した。第二六代米国大統領、セオドア・ルーズベルトと会見し、ホワイトハウスで土俵入りを披露した。

常陸山という人はいろいろ欠点もあったようだが、

明治人の気概、気骨を備え、気宇雄大で志高く、広い視野と行動力を兼ね備えていたとされる。先に挙げた治五郎もそうだが、相撲を「相撲道」にまで高め、国技として広く認識せしめたその功績は、まさに角聖という称号にふさわしい。

柔道も相撲も勝てばよい、強ければよいという単純なものではない。もっと深遠なものであり、だからこそ「道《どう》」とされるのであろう。なかにし礼の小説(注5)に印象的な一幕がある。時代は下った長崎の料亭でのこと。ワシントン海軍軍縮条約の決定によって沈没の定めにある戦艦「土佐」を送る宴で、しきりと嗚咽する海軍軍人を前に、芸妓の愛八姐さんが土俵入りを披露し一同を鼓舞するシーンである。

わたしも剣道に励んだ者のひとりとして、少しは道を理解しているつもりでいる。社会人となり遠のいてしまったが、偶然にも道に接する機会があった。城野《じょうの》宏氏（一九一三〜八五）が指導する「護身道」の教室に、短い期間ではあったが参加できたのである。氏は国際親善や経済発展に多大な貢献をされた方で、護身術を道にまで高めた人間学の泰斗だが、そのときは、氏のすごさをまったくわかっていなかった。それでも、その立位から放たれるオーラだけは感じることができた。氏からいただいた著書『護身道—能力開発の武道』（竹井出版、一九八三）を手にとる度に、その頃のことが懐かしく思い出される。

【注】

1 第25話でも紹介したが、一〇輛連結のお召し列車が午前一〇時に新橋を出発し、一一時に横浜に着いた。

2 講道館のウェブサイト（http://www.kodokan.org/）参照。

3 一八七五年九月の江華島事件を契機に、一八七六年、同国は鎖国を解いた。

4 水戸市にある「常陸山之碑」には、「其卓越進取ノ氣象ハ廣ク海外ノ事情ヲ究メント欲ス醫学博士北里柴三郎氏其志ヲ壯トシ深ク之ヲ慫慂ス明治四十年八月海ニ航シテ先ヅ米國ニ赴ク」とある。

5 『長崎ぶらぶら節』（なかにし礼、文藝春秋、二〇〇二）

【参考文献】

服部誠一原著、マール社編集部編『100年前の東京（一）—東京繁昌記 明治前期編』マール社（一九九六）

第39話　日本人の溜飲を下げた「心技体」

生方敏郎『明治大正見聞史』中央公論新社（二〇〇五）
宮本常一『忘れられた日本人』岩波書店（一九八四）
武者成一『史談土俵のうちそと』雲母書房（二〇〇二）

第40話 さまよう魂

ラフカディオ・ハーン（小泉八雲）とアインシュタインの意外な接点

　東京上野の国立国会図書館「国際こども図書館」は旧帝国図書館を転用したもので、ルネサンス様式を取り入れた明治期の建物だが、その前に鎮座する噴水に目をやると、群れる天使の下で左を向いている顔のレリーフに気付く。『怪談』などの本を著した小泉八雲《やくも》（一八五〇～一九〇四）の横顔である。

　左を向いているのは、一六歳のときに左目を失明し、生涯そのことに負い目を感じていたからだという。

　この「小泉八雲記念碑」を建てたのは、八雲が東京帝国大学時代に教えた詩人、土井《つちい(どい)》晩翠《ばんすい》（一八七一～一九五二）である。結核で二三歳という若さで亡くなった長男、英一の遺言だった（注1）。

　さて、この八雲だが、日本国籍を取得する前の名をラフカディオ・ハーン（Patrick Lafcadio Hearn）といった。ギリシャ人の母、ローザ・カシマチと英国人軍医、チャールズ・ハーンの次男としてギリシャに生まれ、二歳のときに父親の里であるアイルランドのダブリンに移った。暫くして、字も読めない母は宗教の違いもあってか次第に疎外感を抱くようになり、精神を病み、ラフカディオが四歳のとき、彼を残し故郷へと帰っていった。

　ラフカディオは、父の叔母で裕福な未亡人、ブレネーン夫人のもとで暮らすようになった。夫が信仰するローマ・カトリック教に改宗していた夫人が、孤独な母と子に同情したのである。

　母と離れたラフカディオをさらなる不幸が襲う。戦地から半死半生で帰った父が、婚姻無効宣告を得たのちに別の女性と再婚したのである。ラフカディオは母を裏切った父とその再婚相手を責め、自分の性格、才能、精神を決定づけているのはギリシャの血であり、「私のなかにある精神は彼（＝父）のものではありません」と、父親との血縁を生涯受け入れようとはしなかった。ただひとり、部屋の壁にかかるイコンのなかの聖母マリアに、母の面影を重ねた。生きて再び母に会うことのなかった彼の寂しさはいかばかりだったか。

その後、ラフカディオはフランスの神学校に入るが、ブレネーン夫人が破産したために授業料を払えなくなり、かつて夫人の小間使いをしていた一家を頼ってロンドンに移った。しかし、自分が歓迎されていないとわかるまでに、そう時間はかからなかった。救いを救貧院に求め、果てにはブレネーン夫人の夫の遠縁にあたる人物の計らいで、米国オハイオ州のシンシナティに渡ることになった。ラフカディオ一九歳のときである。

しかし、シンシナティも、彼には安息の地とならなかった。訪ねた先が無愛想なうえに、多くの扶養家族を抱えていたのである。わずかばかりの持ち合わせは瞬く間になくなり、仕方なく阿片にまで手を染めてしまう。野宿をしながら街をさまよい、英国人御者の好意で干し草小屋に眠り、残飯にありつくということもあった。

そんなある日、印刷屋を営んでいたヘンリー・ワトキンという人物と知り合った。生涯を通じて、彼の最大の理解者となる人物である。境遇が似ているという理由でエドガー・アラン・ポーを崇拝するラフカディオは、徐々にワトキンに心を開いていった。

一八七二年一〇月のある日、ラフカディオは新聞社「シンシナティ・アンクワイアラー」の編集長を訪ね、書き溜めていた原稿を手渡した。突然の来訪者に編集長はさすがに驚いたが、原稿を読み進めるうちに、その文章の魅力にさらに驚かされた。ラフカディオが新聞記者という〝天職〟を手に入れた瞬間だった。

しかし、またして不幸が彼を襲う。一八七五年八月、ラフカディオは突然の解雇通告を受けるのである。時をさかのぼる前年六月、彼は母が奴隷だったという女性（アリシア・フォーリー、愛称マティ）と結婚したのだが、そのことが白人社会で問題視されたようだ。それでも、結婚生活が楽しければ救いもあったが、実際はそれとは程遠いもので、夫婦関係は数ヵ月しか続かなかった。

他紙で記者を続けるが徐々に気持ちは仕事から離れ、フランスの作家の作品の翻訳に没頭するようになった。次第に大きくなっていく疎外感、寒過ぎる気候、さらには、アメリカのパリなどと言われて喜ぶ風潮に嫌気がさし始めたこともあり、ラフカディオはシンシナティを去ろうと決意する。

次なる住処は、南部のニューオリンズだった。そしてそこが、ラフカディオにとっての〝故郷〟となった。しかし、生活は困窮を極め、彼を絶望の淵へと追い込んでいく。デング熱やマラリアを患い、ミシシッピー川に身を投げることも考えた。あれほどまでに一目ぼれした街も、単なるいまいましい街にしか思えなくなった。しかしそれでも、ラフカディオには書き続けることしかなかった。こうして、南部での一〇年が過ぎていった。

一八八七年七月、ラフカディオは、二本マストと黄色い煙突の蒸気帆船「バラクーダ号」に乗り込んだ。めざすは、色彩が乱舞する常夏の西インド諸島・マルティニーク島だった。

燃えるような恋に落ちる一方で、理解者ワトキンに宛てた手紙に、「日本は研究する絶好の対象です」と書いた。一八八五年のニューオリンズ万博で目にした日本展に魅了されたのである。この目でもっと見てみたい…。真の東洋を発見したいという思いはますます強くなり、一八九〇年三月一七日、ラフカディオは汽船「アビシニア号」の船上の人となり、バンクーバーを後にする。

四月一二日、ラフカディオを乗せた船は横浜に投錨した。彼は極度の近視だった。そのため、宙に舞う桜の花びらを薄い靄《もや》と感じ、薄《すすき》の花の放つ輝きを霊的な霞《かすみ》と感じとった。

彼にとって、見るものすべてが新鮮だった。雪の残る霊峰富士の雄姿、どこまでも透明な空気、清潔な街並み…。人力車の上からは、さまざまな表意文字（漢字）が躍っている。日本は「お伽《とぎ》の国」であり、ラフカディオは「言葉では言い表せないほど日本が気に入った」。そして、「日本の芸術は、古代ギリシャの芸術が最も初期のヨーロッパのそれより優れているのと同じように、われわれの芸術のはるか先をいっていると確信」した。

松江にある旧居前に構える小泉八雲の胸像　筆者撮影

松江をこよなく愛するラフカディオは、一八九一年、松江藩士の娘、小泉節子（セツ）と結婚する。日本に帰化し、名を八雲と改めた。八雲という名は、松江の旧国名である出雲の枕詞に由来している。

八雲は旧制第五高等学校があった熊本を、「日本とは思えない。私はここが大嫌いだ」とし、英語と英文学の教授の椅子を提供された東京を、「日本のなかで最も嫌な土地」と評した。彼は一にも二にも文明開化の明治を厭《いと》い、江戸時代、さらには古墳時代にまで遡る〝日本〟を愛したのである。後になって、日本に来たばかりの頃の、いわば初恋にも似た印象が幻想であったという趣旨の話をしているのも、そうした思いからであろう。

一九〇四年九月、突然の心臓発作に襲われ、そのわずか一週間ののちに永遠の眠りについた。時節、日本は日露戦争に突入し、八雲がさまよい続けた西洋化の幻影のなかにあった。

彼の日本に関する著書は、欧米の人に〝日本〟という国の存在を知らしめた。たとえば、二〇世紀を代表する物理学者、アインシュタインは、一九二二年一一月に初来日した際のインタビューで、「私は、小泉八雲の著書によってはじめて日本を知り、その国民性にはふかく共鳴しています」と述べている。何とも意外な接点であり、何とも嬉しい限りである。

ちなみに、アインシュタイン夫妻はさかのぼる同年一〇月八日、マルセイユ発の日本郵船「北野丸」の船客となり（注2）、上海を経由し神戸に入港した。学問の神様「北野天満宮」のお導きだったかどうか、この船上でアインシュタインはノーベル賞受賞の吉報に接している。

【注】

1 記念碑の碑銘に「先生ヲ景仰セル土井英一ノ遺言ニ因リ父林吉松本喜一ト相謀リテ此記念碑ヲ帝国図書館ニ建ツ」とある。林吉《りんきち》は土井の本名、松本喜一は二代目帝国図書館長である。

2 アインシュタインは朝起きるとデッキをひとり静かに散策し、昼は読書と思索に耽る孤高の人だった。ヴァイオリンを弾くのが大好きだった氏らしく、ピアノもよく弾いたという。

【参考文献】

ジョナサン・コット著、真崎義博訳『さまよう魂―ラフカディオ・ハーンの遍歴』文藝春秋（一九九四）
矢野健太郎『アインシュタイン伝』新潮社（一九九七）
三輪祐児『海の墓標―戦時下に喪われた日本の商船』展望社（二〇〇七）

第41話

村岡伊平治という男
南洋で〝からゆきさん〟に尽くした女衒《ぜげん》？

第4話で〝からゆきさん〟の話をしたが、今回はそうした女性に尽くしたとされる男を紹介しよう。

長崎は島原生まれの村岡伊平治《いへいじ》（一八六七〜一九四三）である。父は島原藩の身分の低い武士で、幕末は官軍に与し、大政奉還後に二年ほど北海道開拓に従事した。そののち故郷に帰り、弁護士として地租改正に苦しむ農民を助けたりもしている。しかし、三五歳という若さで他界。父を亡くした伊平治は、生魚を売り、雑貨屋を営みながら母と四人の妹や弟を懸命に養った。

一七歳のときに村会議員に選ばれたが、せまい田舎から出て思い切り働きたいと思うようになり、村長に紹介された女性と、彼女との間にできた生後間もない長女を含む家族八人で長崎に出た。昼間は酒や野菜の行商、夜は人力車をひくなど、彼は必死に働いた。

鳴海屋という雑貨屋があった。年に一回、上海、香港、シンガポールなどに行商に出向き、かなり稼いでいたという。このことを知った伊平治は、なんとかして海外に出てみたいと考えるようになった。幸いなことに、香港で商売するのであれば出資しようという者が出てきた。こうなると実行あるのみ…彼は長崎を解纜し、香港へと向かった。一八八五年、齢一八のことである。

しかし、念願の香港に渡ってまず目にしたのは、街中に溢れるあまたの日本人女性だった。しかも、そのほとんどが春をひさぐ、いわゆる〝からゆきさん〟だった。一八六六年五月の海外渡航差許布告で、留学生や商人が海外に出られるようになったとは聞いていたが…伊平治は心の底から驚いた。驚いたといえば、金《かね》の価値の違いもそうだった。日本から持参した金は瞬く間に無くなり、宿賃にも事欠いた。

日本領事館に海員寄宿所を紹介され、なんとか宿だけは確保できた。しかし、またしても伊平治は驚いた。この宿にかつて結婚を約束していた福田しほ《しお》なる女性が訪ねてきたのである。なつかしかぁ…。からゆきさんとして自分より先に香港に来ていた彼女に、伊平治はふるさとの情景を重ねた。しかし、彼に甘い感傷に浸っている余裕はなかった。

まもなくして、彼は「ワイチバキ号」という三五〇総トンの帆船の水夫となった。だが、長くは続かなかった。船酔いにほとほと嫌気がさし、門司港で下船しようとするが果たせず、その挙句、天津を次のすみかと定めた。

天津には、日本人が経営する二軒の洗濯屋と一軒の理髪店があった。伊平治は長崎県人の経営する理髪屋でボーイのような仕事についた。仕事を誠実にこなすうち、彼はそこに出入りするからゆきさんにかわいがられるようになった。故郷への送金を頼まれたりもしている。しかし、天津もまた、伊平治には楽天地とはならなかった。一八八七年四月、天津を引き上げ上海へと移った。

上海でも船員寄宿所に身を寄せたが、そこの経営者がなんと殺人罪で日本へ送還されたという。伊平治は残された妻子を憐れみ、日本人から寄付を集めるとそのふたりを実家の佐賀に送り出した。また、あるときなどは、主人を亡くした妻子を実家の高知に帰してもいる。その亡夫は、ごろつきで勇名をはせた人物だったという。

上海に来て二ヵ月あまりが経ったある日、領事館からお呼びがあり、商業視察の下僕にならないかと誘われた。雇い主は、陸軍の上原勇作大尉だった。

ところで、今までのくだりを劇作家、秋元松代氏は、『「村岡伊平治」という男』という舞台台本にしている。そのなかでは、天津の理髪店を訪ねた福田しほに伊平治が同情し、いっしょに日本に帰る相談をする。すると、そこに上原中尉が散髪にくる…という設定になっている。

台本はさらに続く。後日、日本領事館の職員が伊平治を訪ね、上原中尉の下男として北満州視察に同行するよう言い渡す。伊平治は固辞するが、上原から臣民として拒むことなどできないと説き伏せられ、渋々了承する。そして、いざ奥地へ。馬賊が出ると聞き怖れおののくが、出てくるのはどこに行っても日本人女性。なかには、病に倒れ、路傍に捨て置かれている者もいる。そうした女性を不憫に思う伊平治に上原は、「彼女らは国辱だから近寄るな」と下知する。国辱？…伊平治はにわかに解せない。上原が国辱とする理由は、①密航の罪を犯していること、②子を産まないことは天皇陛下への不忠であること、③操《みさお》を金に換えるのは女の道に反すること、④嘘をついて男を騙していること、などであった。伊平治は、そういうものか、と納得するしかなかった。とにもかくにも、伊平治は下男としての任務を終えた。そんな彼に、上原が心を込めた褒美を渡すという。伊平治は喜んだ。（この金があれば）しほちゃんと日本に帰れる…。しかし、渡された包みを開けると、出てきたのは日の丸の旗。呆然とする伊平治…。ここで幕が下りる。

閑話休題。下僕としての務めを終えた伊平治は、そののち、上海、厦門《アモイ》を経てシンガポールに渡った。行った先々で出会うからゆきさんを不憫に思い、なんとか支援しようとするが、その数は増えるばかり。一方で、春を散らせて得た金を故国の父母があてにしているのか、あるいは、かりそめの恋を楽しもうとでもいうのか、彼女らは彼女らで日本に帰ろうとしない。自分の無力を感じながら、伊平治は天津での経験を活かし床屋を開業する。また、賭博場や遊廓を開業したともされている。

当時のシンガポールの日本人には、前科者や流れ者が多かった。伊平治はこのことを嘆き、日本が一流の国になるまでは一致団結してがんばろうと呼びかけた。日本人会を組織し、日本人墓地を建設した。また、一八九四に日清戦争がおこると、募金活動に奔走する。

伊平治の人生行路はまだまだ蛇行する。ジャワ島で行商し、さらにセレベス島に渡ると、なんと〝ひと食い人種〟の国王となるのである。日本人女性に会ってみたい、という現地の国王らの願いを叶えてあげたことがきっかけだった。

結局はマニラに逃げ出し、その後、フィリピン内を転々とした。一九二八年にいったんは帰国するが再びフィリピンに戻り、一九四三年ごろだと思われるが、当地でひとり寂しく息を引き取った。

以上の話は民俗学者、宮本常一氏の『南の島を開拓した人々』によっている。そのなかで宮本氏は、伊平治のことを「南洋で出稼ぎ女性に尽くした」と紹介している。しかし、異説、異論もあるようだ。たとえば、先の秋元氏は、「村岡伊平治は、女衒という反社会的、反人道的な裏街道を歩いた男であり、自分と同じ底辺に生まれた女たちを商品のように売買した悪人」と断じる。また、山崎朋子氏は、多くの海外売春婦研究者が重要資料とする『村岡伊平治自伝』が歴史資料としてあまり信用できないとし、明治期のシンガポールにおける日本人売春界の大ボスだった仁木多賀次郎の功績を自分に重ねて自伝を書いたのではないか、と推論する。東南アジア開発に関する文献に伊平治のことがまったく触れられていないことや、自伝の内容が客観的な史実と明らかに矛盾していることがその理由だという。

村岡伊平治、何やら摩訶不思議な人物である。

【参考文献】

宮本常一『南の島を開拓した人々』河出書房新社（二〇〇六）
秋元松代『秋元松代全集 第二巻』筑摩書房（二〇〇二）
秋元松代『秋元松代全集 第五巻』（既出）
山崎朋子『サンダカン八番娼館』文藝春秋（二〇〇八）

第42話

近代女医の誕生
楠本稲、荻野吟子らの挑戦

いまでこそ女医は珍しくないが、明治という時代にはめざすことすらままならぬ職業だった。今回は、そんな時代に医師になることに人生を賭けた女性たちを紹介しよう。

女性の西洋医といえば、まず楠本稲《くすもといね》（一八二七〜一九〇三）が頭に浮かぶ。オランダ政府から医官として日本に派遣され、日本地図などを持ち出そうとしてわが国を追われたフィリップ・フランツ・フォン・シーボルト（一七九六〜一八六六）と丸山町「引田屋《ひけたや》」の遊女其扇《そのぎ》（本名は瀧）との間に生まれた女性である。

母親と同じく「楠本」と名乗っているが、もともと名字があるような家柄ではなく、「矢伊勃児篤《シイボルト》」という漢字から「矢本《しもと》稲」としたのを、宇和島藩主、伊達宗城《むねなり》から「楠本」に改名するよう諭され、さらには、伊達の伊と矢伊勃児篤の篤を合わせて「伊《い》篤《とく》」とするよう勧められたという。切りがないので、ここでは楠本稲としておく。

再婚した母の連れ子として廻船業者、俵屋時次郎の世話になるが、成長するにつれて混血児として生きていく難しさを感じ始め、普通の女としての幸せを捨て、父のような医者になろうと決意する。

稲は母と別れ、伊予宇和島で開業していた父の門人、二宮敬作のもとに身を寄せた。二宮は彼女の英断を心から喜び、基礎医学から外科医学まで懇切に教え込んだ。さらに、これからは女性の産科医が求められると考え、同じシーボルト門下の石井宗謙《そうけん》を紹介した。

備前岡山に移った稲は、将来に大いなる希望を持った。しかし、そんな彼女にとんでもない厄災がふりかかる。師である石井に強姦され、妊娠してしまうのである。二五歳の稲は大いに悩み、そして師を避けた。「だれの力も借りずに一人で産む」…。一八五二年、稲は女の子を出産し、只《ただ》（のちにタカ、さらに、高子と改名）と名づけた。

稲は石井のもとを去り、長崎に帰った。只を母に預け、地元の開業医に師事しながら産婆の仕事を始めた。そんなある日、二宮が村田蔵六《ぞうろく》（のちの大村益《ます》次郎《じろう》）を伴い、訪ねてきた。伊達宗城の命で准藩医を務め、のちに、その天才的頭脳を活かして洋式兵制を確立する人物だが、このときは、造船技術の研究のために長崎に来ていた。

稲は村田の帰国にあわせて宇和島に移り、洋学塾で共に暮らし始めた。しかし、大村には国元（長州）に琴という名の妻がいた。狭い宇和島のこと、そうしたふたりが噂にならないはずがなかった。しかし、天がわずかな恵みをほどこした。一八五六年、参勤交代の藩主に従った村田の後を追った稲は、周りの目を気にすることなく開業するのである。

村田は宇和島藩の援助で麹町に蘭学塾「鳩居堂《きゅうきょどう》」を開き、身辺がにわかに慌しくなった。そんなとき、稲は父シーボルトの来日を耳にし、長崎に向かった。

一八五九年、六三歳のシーボルトは一三歳の長男（アレキサンダー）を伴い、ふたたび日本の地を踏んだ。父との再会に涙する稲。しかし、父と娘の溝が埋まることはなかった。

一八六二年、父が帰国していった。そして、一八六九年には母、瀧が永眠した。失意の稲は蘭方女医になろうと決し、東京へと向かった。

一八七三年、福沢諭吉の推薦で宮内省御用掛として宮中に出仕した。遊女とドイツ人の混血児が皇室の御用掛に抜擢されたのである。画期的な〝事件〟と言っていい。

楠本稲をもって近代女医の第一号としたいところだが、実はそうではない。一八八三年、明治新政府は医師免許規則及び医術開業試験規則を制定し、翌年初から運用を始めた。正式な（公許の）医師になるには国家試験に合格することが必要となったのである。

稲も、もっと若ければ国家試験をめざしたかもしれない。しかし、それは叶わず、長崎に帰り、産婆を続けるしかなかった。

一九〇三年八月、食あたりで生涯を閉じる。享年七六であった。

楠本稲は、公許第一号の女医にはなれなかった。では、

Q：公許第一号はいったい誰？

A：荻野吟子《ぎんこ》（一八五一～一九一三）！

埼玉の名字帯刀が許された名主の家に生まれ、その才媛ぶりは父をして「女には要らぬ利発」と言わしめるほどだったという。一五歳のときに近くの旧家に嫁ぐが、「本ばかり読んでいる」、「病弱で子どもが産めない」、「うつ病だ」などと蔑まれ、二年そこそこで離縁された。しかし、本当の理由は、夫から淋病をうつされたためだった。心身をさいなまれ、吟子は夫のすべてを拒否した。そんな彼女が、理不尽にも縁を切られたのである。

実家で静養しようにも、世間の目は厳しかった。一八七〇年、人目をしのぶように上京し、順天堂病院に入院した。しかし、図らずもここから死にたくなるような日々が始まるのである。確かに、院長の佐藤尚中《しょうちゅう》は著名な西洋医だった。しかし、医師全員が男性という環境にあって、吟子の恥辱感は想像を絶するものがあった。「自分で自分の病気を治したい」…。吟子は医術を勉強し、世の中の女性を助けたい、そう思うようになった。津田梅子ら、女子留学生の話に刺激を受けたともいわれている。

一八七五年に東京女子高等師範学校（現在のお茶の水女子大学）が開校すると、第一期生として入学した。四年後、卒業にあたっての進路を聞かれた吟子は、「医学を修めたいと存じます」と前例のない言を吐き、担当の永井久一郎教授を当惑させた。困り果てた永井が石黒忠悳《ただのり》子爵に相談し、ようやく、好寿院という私立の医学校に入学することができた。

吟子は、好寿院の三年間を死に物狂いで頑張りぬいた。しかし、その当時、女性に医師開業試験の受験資格はなかった。考え抜いた吟子は、医師免許規則に「外国の医学校を卒業した者は試験が免除される」とあることに着目し、海外に渡ることを思いつく。しかし、どうにも先立つものがない。考えあぐ

ねた吟子は、実業家の高島嘉右衛門《かえもん》に(注)相談した。高島は、日本にもかつて女医がいたという史実を当局にぶつけたらどうか、と知恵を授けた。

　こうした努力の甲斐あってか、彼女の熱意は伝わり、受験が認められた。一八八四の前期試験、一八八五年の後期試験にみごと合格し、東京の湯島に念願の「産婦人科荻野医院」を開業した。

　荻野医院は、吟子のやさしい心遣いも手伝い大変な評判となった。彼女の後を追う女性も現れた。一八八七年に生沢クノ（公許二号）、高橋瑞子《みずこ》（公許三号）が女医となり、そののちも、一八八九年に四人、一八九〇年に二人、一八九一年に一〇人、一八九二年に六人と続くのである。

　瑞子（一八五二～一九二七）は、私塾済生《せいせい》学舎に入塾しようとして「女は入れない」といったんは断られたものの三日間も門前に居座り、ようやく塾長の許しを得たという女傑である。しかし、極度の貧乏で、産婆や看護師をしながら学費を稼ぎ、無くなるとまた仕事をするという生活だった。つぎはぎだらけの着物に股引（ももひき）、本は風呂敷に包んで首に結わいつけ、いつも駆け足だった。そのため、警官に何度も呼び止められた。気性は至って激しく、悪口雑言をあびせる男をギロリと睨み付けたという。

　一八九〇年四月、ベルリンの日本大使館に「日本から女医を派遣する」との知らせが届いた。館員たちは、若くて美しい女医を期待した。しかし、彼らの前に現れたのは、散切《ざんぎ》り頭《あたま》に眼光鋭い中年女医だった。館員たちを愕然とさせたこの女医こそ、〝アラフォー〟の瑞子だった。

　この留学には裏話がある。当時のベルリン大学でも女子は入学できないといわれ、「大学の教室で自殺してやる」と騒ぎたて、大学側がしぶしぶ客員として学ぶことを認めたというのだ。その頃同大学に留学していた北里柴三郎が瑞子の勇気と執念に感嘆したというから、その女傑ぶりは疑いようがない。

　海外といえば、公許八号の女医である岡見京子（一八五九～一九四一）も興味深い。新渡戸稲造に付き従う夫とともに海を渡った。一八八五年にペンシルベニア女子医大に入学し、一八八九年に卒業。わが国で最初に海外の大学を卒業した女性でもある。

さてさて、女医の誕生について書いてきたが、最後にこのふたりを紹介しておこう。公許一二号の前田園子と公許二七号の吉岡弥生である。園子は一九〇二年に日本女医会を設立して女医の地位向上に努め、弥生は一九〇〇年に東京女子医学校を創設し、後進の育成に心血を注いだ。最初こそ、生徒は四名、教師は彼女とドイツ語を教える夫だけだったが、夫婦の努力で八年後には初めての医師開業試験合格者を出すまでになり、ほどなくして、文部省から女子医学専門学校（現在の東京女子医大）として認可され、女医養成の総本山となっていく。

【注】

一八三二～一九一四。建築請負、材木商を営み巨富を築く。旅館業、廻船業にも進出し、学校までつくっている。後年、『高島易断』を著す。吟子は高島家の家庭教師をしていた。

【参考文献】

吉村昭『ふぉん・しいほるとの娘（上・下）』新潮社（一九九三）

鈴木由紀子『女たちの明治維新』ＮＨＫ出版（二〇一〇）

瀬戸内晴美編『明治女性の知的情熱―人物近代女性史』講談社（一九八九）

伊藤隆監修『明治の群像 知れば知るほど―気骨ある日本人の原型ここにあり！』実業之日本社（一九九七）

第43話

加奈陀《カナダ》に夢を描いた男たち
鮭を追い続けた永野萬蔵と及川甚三郎

銀座においしい鮭料理を出してくれる店があった。「きょうはいい銀聖、鮭児があるよ!」。気のいい大将と話し好きな奥さんが温かく迎えてくれた。銀聖や鮭児は言わずと知れた鮭の横綱。そんな店を閉めるという連絡を受け取ったときは、仲のいいお二人のことを思い出し、何ともいえぬ寂しい思いで一杯だった。

いきなり鮭にまつわる話で始めたが、今回は、この鮭を追い求めて遠く加奈陀《カナダ》へと渡った人たちの話である。ところで、カナダに日本人で初めて足を踏み入れたのは、太平洋を漂流した水夫や漁師であった。一八〇五年に漂流中の漁師五人がオランダ船に救出されて太平洋岸の港町に辿り着いたほか、すでに紹介したように、一八三四年、尾張国知多郡小野浦の水夫、音吉ら三人がフラッタリー岬に漂着している。しかし、(鎖国下では考えること自体あり得ないのだが)彼らは、みずからの意思で海を渡ったわけではなかった。

自らの意思で当地に初めて足跡を印したのは、永野萬蔵《まんぞう》(一八五五〜一九二四)とされている。萬蔵は、長崎県口之津《くちのつ》(現在の南島原市)の漁師の四男坊として生まれた。口之津は昔から潮待ち、風待ちの港として知られ、明治に入ってからは、三井財閥が三池炭鉱で掘り出された石炭を積み出す港となっていた。第4話で触れたように、多くの「からゆきさん」が女衒《ぜげん》の口車に乗せられ海外へと送り出された地でもある。そうした海の空気を吸いながら育った萬蔵は、異国を身近に感じた。四男坊の彼は、海外へ雄飛した方が割がいいと考えるようになった。

そんなある日、英国東インド会社の船が釜焚きの助手を探していると耳にし、即座に応じた。一九歳になっていた萬蔵は、持ち前の勤勉さと頑張りで信頼を勝ち取った。そんな彼に新たな夢が広がる。船長に、北米行きを打診されたのである。陸に上がって自分の力で商売をしたい…そう願っていた萬蔵にとっては、千載一遇のチャンスだった。彼はふたつ返事で承知した。

一八七七年五月、一ヵ月の航海を経て、フレーザー川の河口から約五キロメートル上流に位置するニューウエストミンスターに辿りついた。密入国ではあったが、当時のカナダ当局は大陸横断鉄道敷設のために多くの安い労働力を求めており、萬蔵は〝中国人〟として入国を果たすことができた。

異国の地に頼れる同胞はなく、もちろん、在外公館などまだない（領事館がバンクーバーに置かれるのは、一八八九年のことである）。しかし、そこは大志を抱く人間の強さ。ブロークン英語ながら、どうにか仕事にありつけた。その仕事とは、フレーザー川を遡上する鮭を捕らえ、地元のホテルや缶詰工場に引き取ってもらうというものだった。実家を出たとはいえ、さすがは元漁師である。

しかし、萬蔵はそれで満足しなかった。より良い稼ぎを求め、リスクを承知で、木材を船積みする港湾労働にも手を染めた。そうこうするうち、鉄道建設に従事する中国人を大量募集するという話を知り合いの人材斡旋人から聞き、すわ、かつて立ち寄ったことのある中国へと向かった。

中国人労働者の確保はみごと成功し、彼は一目置かれるようになった。一八八七年、心機一転で米国シアトルに移った。煙草屋とレストランを開業し、これがまた大成功。一八八九年には日系移民の花嫁を迎え、カナダのヴィクトリアに舞い戻った翌年には長男が誕生した。しかし、妻は産後の肥立ちが悪く、わずか二十の齢で世を去ってしまう。悲痛に暮れる萬蔵…。彼は哀しみを忘れるため、新たな事業に乗り出した。一八九三年のことである。

彼の生涯で最大の事業。地元では最下等とされる種の鮭を塩鮭にして日本に輸出するのである。最初は失敗もあったその事業は大成功を収め、彼は「サーモンキング」などと呼ばれるまでになった。

当地に建てられた三階建の自社ビルは、誰が呼んだか「塩鮭御殿」。

一九〇七年、バンクーバー市内にあった日本人経営の商店が約五千人の白人群集に襲われる、いわゆる「バンクーバー暴動」が起きた。カナダにおける日本人の地位は米国におけるそれより酷かったという。肝心の塩鮭ビジネスにも陰りが見え始めた。さらには、一九二一年に思いもよらぬ悲劇が萬蔵を襲う。肺結核の宣告、いわば死の宣告である。不幸はそれだけではなかった。翌年、原因不明の出火で自社ビルが焼け落ちるのである。さすがに、古稀近い萬蔵の気力は萎えた。そんな彼の脳裏を掠めるのは、故郷、口之津のことだった。

一九二三年、萬蔵は帰国した。「元気になったらカナダに戻りたい」。しかし、彼の願いが叶うことはなかった。一九二四年永眠、享年六九であった。

萬蔵に少し遅れてカナダに渡った実業家がいる。及甚《おいじん》こと、及川甚三郎《おいかわじんざぶろう》（一八五四～一九二七）である。仙台藩領鱒淵村（現在の宮城県登米市）の旧家小野寺家に生まれ、幼名を良治といった。幼い頃から何処へでも行ってしまう性癖があったという。

一八七五年、二一歳のとき及川家の婿養子となり、及川甚三郎を名乗った。養父の石炭輸送を手伝う傍ら、一八七七年の夏に製氷業を始めると、仙台市内で名を知られるようになった。しかし、製氷業に固執することはなかった。単純な商売だけに、「いずれ競争相手が出てくる」と考えたのだ。

そんなある日、甚三郎は、「諏訪における驚嘆すべき製糸業の発展」と題された小文を目にする。思わず惹きつけられ、いろいろ調べて回った。そして一八八六年、宮城県では初となる製糸工場を建て、その後、ドイツ製ボイラーを入れるなど業容を拡大していった。そんな折、息子がカナダに住むという村民から、現地では鮭の筋子が食されることなく無造作に捨てられている、という話を小耳にはさんだ。そうなると、生来の事業家の血が騒いだ。製糸業で成功し、名を成しそれで十分のはずだが、甚三郎はそうではなかった。狭い日本に執着する必要性をいささかも感じなかった。そこには、幼い頃の何処へでも行ってしまう性がみてとれる。彼は、「鮭ノ胎卯ハ…現地ニテハコレヲコトゴトク廃棄シ居ルト聞ク。…ソノ真偽ヲ確カメントシテ」（自伝より）、渡航許可がおり次第カナダに行くことにした。

異を唱える声が殺到した。しかし、甚三郎は、「誰もやったことのない仕事をしたい」、「おれのしたいようにさせてくれ」と関係者に訴え、一八九六年八月三日、米国船「ペリカン号」上の人となった。

商用渡航であり、移民のような三等ではなく二等船室だった。ほとんどの人が船酔いに苦しむなか、彼と牧師の鏑木五郎だけは定刻どおりに食事をとった。鏑木はバンクーバーに滞在する日本人のためにメソジスト教会を創立しようとして、所用で故郷に帰っての帰路だった。航海は嵐に会うこともなく至って快適だった。

その船上で、甚三郎は鏑木からいろいろと手解きを受けた。その甲斐あってか、ローマ字でサインができるようになったほか、簡単な日常会話も習得した。鏑木から、「一番好きな文章は？」と聞かれ、甚三郎は「私は日本人です《I am a Japanese.》」と答えたという。このとき、カナダでは、萬蔵の塩鮭ビジネスが大ブレークしていた。

甚三郎はすぐに船を手に入れ、人を雇って鮭漁を始めた。また、フレーザー川に浮かぶ島を借り受け、そこに日本人移民を集め、塩鮭の製造のほか、味噌や醤油の醸造にも着手した。いずれも現地の日本人を相手にした商売であり、日本への輸出に乗り出すのは一九〇二年のことだった。塩鮭と筋子を輸出したが、始めた当初こそ良かったものの、日本人同業者との競争が激しくなっていった。そこで甚三郎はさらなる事業拡大を企図し、もっと多くの人材を集めようと考えた。

郷里に帰り、渡航者を募った。結局八二人が集まり、自ら率いて太平洋を渡ることにした。ところが、カナダ政府は日本人労働者の入国を制限するという。白人労働者の生活を守らんとする保護主義政策だった。甚三郎は腹をくくった。全員を密航させよう…。じつに大胆な企てだったが、彼の動きは早かった。極秘裡に密航用の船を手当てした。「水安丸」、二〇〇総トンにも満たない中古帆船であった。

一九〇六年八月三一日、三本マストの「水安丸」

は誰一人見送りのないまま、三々五々集結した〝同志〟を乗せ、石巻の入り江からその姿を消した。

小説の題材にもなった一大ドラマである。しかし、かくまで腐心した密航は失敗に終わり、甚三郎を除いた全員がカナダ官憲に身柄を拘束された。このときは、バンクーバーの日本領事館がカナダ当局と折衝し、幸いにも全員の受け入れが認められた。その背景には、日英同盟があったとか、密入国者を一年間鉄道工事に従事させるという密約があったとか、いろいろ言われている。

太平洋を股に掛けた実業家及甚も、さすがに老いは隠せなかった。手塩にかけた鮭ビジネスにも陰りが見え始めた。一九一七年、彼は帰国することにした。後事を息子の泰二郎に託しての、苦渋の決断だった。

帰国後は沼の干拓事業に関心を持ったりもしたが、カナダ時代の貯蓄を取り崩しながらの質素な生活をおくり、一九二七年四月、その波瀾に富んだ人生は終焉のときを迎えた。

一八六八年のハワイ移民、いわゆる「元年者」一五〇人余、一八九九年の「佐倉丸」によるペルー移民七九〇人、一九〇八年の「笠戸丸」によるブラジル移民七八一人、というように、移民の多くは大人数だった。しかし、カナダのそれは、たったひとりの移民からその歴史は始まった。永野萬蔵、やはり傑物としか言いようがない。


【参考文献】

熊田忠雄『すごいぞ日本人！―続・海を渡ったご先祖様たち』新潮社（二〇〇九）
天沼香『故国を忘れず新天地を拓く―移民から見る近代日本』新潮社（二〇〇八）
新田次郎『密航船水安丸』講談社（一九八二）

第44話

カナダ移民の夢を継いだ大躍進
「バンクーバー朝日軍」が残したもの

カナダにまつわる話をもうひとつ紹介する。時代が大正、昭和へとかなり下るが、「波濤列伝」の一話に加えることをご容赦いただきたい。

先日、テッド・Y・フルモト氏の講演「バンクーバー朝日軍」を拝聴し、久しぶりに感動した。「日本人としての誇りをもち、日本を良くするのだという愛国心を備え、さらに勇気をもって堂々とグローバルな地球人として世界に飛躍せよ」とのメッセージがビンビン耳朶《じだ》に響き、もっと知りたいとの思いから、同氏のサインが付された著書『バンクーバー朝日軍』をその場で買い求めた。そして、ものはついでとばかりに、『波濤列伝』の題材にしたいのですが…」とおそるおそるお願いすると、氏は快く承諾してくださった。

カナダ移民二世がくりひろげた、胸のすくいい話だ。カナダ移民については、第43話で移民第一号の永野萬蔵、及甚こと及川甚三郎らの鮭ビジネスにかけた人生ドラマを紹介しているが、彼らの他にも、一八八七年に同地に渡った大工の工野儀兵衛《くのぎへえ》(注1)、邦人結束のために設立された漁師団体の初代総理（代表）として辣腕を振るった千葉出身の本間留吉、鉱山経営を志した池田有親、バンクーバーの日本人街初の銀行を設立し帰国後貴族院議員になった田村新吉、榎本武揚の甥でメキシコからカナダに移り漁業に精を出した榎本龍吉、などなどの名が挙げられる。

膨れ上がる日本人移民。彼らに対する差別や排斥は日を追って激しくなり、世界のどの国とも比較にならないほど凄惨を極めた。一九〇七年には「バンクーバー暴動」が勃発し、日本人街が襲われた。それでも、彼らはプライドを捨てず、過酷な運命と向き合った。

領事館が設けられた一八八九年、カナダで初となる日系二世が生まれた。それは、カナダにおける日本人社会の黎明だった。日本人移民たちは明日に希望を見出し、躍々たる英雄の登場を願うようになった。そうしたなか呱呱《ここ》の声をあげたのが、今回の主人公「バンクーバー朝日軍」である。ときは一九一四年、一九歳のベーブ・ルースがマイナー・リーグとプロ契約した年でもあった。

日本人移民のなかには野球をやっていた人も多く、名監督とされる人物も現れた。良き指導者を得て、日系二世で構成される朝日軍は日増しにその腕をあげていった。そして、いよいよ一九一九年五月、同軍が参戦する「インターナショナル・リーグ」が開幕した。

日系人が待ち望む白人との試合はすぐに実現した。相手はバンクーバー港の港湾労働者チーム。その日、パウエル球場は黒山の人だかりとなった。「ピッチャ〜、テディ・フルモト。背番号〇〇！」…場内アナウンス（あったかどうかは定かではない）が流れる。先のテッド・Y・フルモト氏のご尊父である。試合は朝日軍の大勝利だった。日系人が狂喜乱舞したのは言うまでもない。

とにかく「白人に打ち勝つこと」、それだけが日系人の願いだった。期待を一身に背負った選手たちは、パウエル街(注2)にあるグランドで日々汗を流した。そして、ついに一九二〇年、カナダ最高リーグ「ターミナル・リーグ」に参戦するのである。

白人チームに体格面で劣る朝日軍は、高い技術力と強靭な精神力で闘い続けた。そのプレー振りは、日本人のみならず白人のなかにも一大旋風を巻き起こした。ファンの輪は広がり、そうした朝日軍の噂は万里波濤を越え、〝祖国〟日本にまで伝わった。そして、その日はやってきた…。

一九二一年九月九日、朝日軍一行を乗せた日本郵船「鹿島丸」が、横浜に投錨した。朝日軍の一カ月にもおよぶ日本遠征がスタートしたのである。

祖先の眠る地で必死に白球を追った。全国中等学校野球大会で優勝した旧制和歌山中学との試合では、大敗はしたものの〝スモール・ベースボール〟の真髄を学び取った。彼らはそれを、勝利への糧とした。

日本遠征を終えた朝日軍は、そののち、得意とする〝ツーラン・スクイズ〟などで勝利を重ね、ついに一九二六年、結成一二年目の年にリーグ制覇を果たした。

一九三五年には、読売ジャイアンツの前身、「大日本野球倶楽部」と対戦した。同倶楽部は前年に来日した米大リーグ選抜軍の対戦相手として結成された、わが国最初のプロ野球球団である。ベーブ・ルース、ルー・ゲーリッグ擁する強打の大リーグを一失点に抑えながら完投負けした沢村栄治投手、〝ロシアン・ロケット〟の異名を持つ剛腕スタルヒン投手、東京六大学のスターだった水原茂といった面々が名を連ねていた。その大日本野球倶楽部がメキシコ、北米大陸に遠征し、その際に朝日軍と対戦したのである。〝東京ジャイアンツ〟とも呼ばれたプロチームに、アマチュアの朝日軍は手も足も出なかった。しかし敗れたとはいえ、朝日軍の面々は夢心地に酔った。

朝日軍は、大和魂と武士道で試合に臨んだ。地元メディアに、「大和魂、武士道って何ですか？」と問われ、英語でどう返したらよいか考えあぐねたあげく、「フェアプレーとスポーツマンシップ」と答

1921年に来日したバンクーバー朝日軍
（テッド・Y・フルモト氏ご提供）

えたという。なかなかに、言い得て妙である。

真珠湾攻撃が世界を震撼し、世事が戦争色を濃くするなか、カナダの〝敵国人〟は住む場所や財産を奪われ、拠って立つところを失っていった。一九四二年一〇月三一日には強制移動を余儀なくされ、必然的に「リトル・トーキョー」は消滅した。そして、その煽りを受けるように、朝日軍は悲嘆のなかでの解散となった。

二〇〇二年五月、トロント・ブルージェイズがシアトル・マリナーズを迎えてのオープニングゲームが行われた。その始球式に、古武士然とした五人の老紳士が姿をみせた。バンクーバー朝日軍の存命メンバーだった。そのことが場内アナウンスで紹介されると、一斉にスタンディング・オーベーションが起こったという。そこに居合わせたイチロー（鈴木一朗）、大魔神、佐々木主浩《かづひろ》、長谷川滋利《しげとし》の各選手は、そんな〝先輩〟を誇りに思ったに違いない。

二〇〇三年二月二四日、バンクーバー朝日軍は、栄えあるカナダ野球殿堂入りを果たした。しかしどうしたことか、彼らの輝かしい歴史やその背後に潜む暗い影を、現代に生きる日本人はまったくと言っていいほど知らない。

【注】

1 夥しい数の鮭に新たな希望を見出したという儀兵衛の報告で、故郷、和歌山の三尾村（現在の美浜町）の村民が雲霞のようにフレーザー川河口に群れ集った。そのため、美浜町三尾にはモダンな洋風建築がみられ、「アメリカ村」の通称で呼ばれている。

2 かつて日本人街だったパウエル街では、一九七六年以来、毎夏に「パウエル祭」が盛大に行われているようだ。しかし、今のパウエル街は麻薬の針が散乱するなど風紀や治安が乱れ、バンクーバー在住のある日本人の方によれば、あまり足を踏み入れたくない場所だという。

【参考文献】

テッド・Y・フルモト『バンクーバー朝日軍』東峰書房（二〇〇九）
天沼香『故国を忘れず新天地を拓く―移民から見る近代日本』新潮社（二〇〇八）
山田廸生『船にみる日本人移民史―笠戸丸からクルーズ客船へ』中央公論社（一九九八）

第45話

波濤のかなたに散った会津魂
若松コロニーと日本人女性移民第一号

幕末から明治にかけての会津人の哀しい運命は、時として新たな筆を走らせてしまう。四囲を山に閉ざされた会津の人情気質は、いたって硬質であるという。さらにいえば、戊辰戦争を戦った薩摩・長州・土佐などと違い、海洋を領内に有しないために、先進性、機動性などで立ち遅れていたともいわれている。循環する季節とともにある山間の文化と、時々刻々と変容する海洋の文化とはまったく異質なのかもしれない。

三代将軍徳川家光の異母弟で藩祖でもある保科正之《ほしなまさゆき》は、好学、尚武の士風を培った。彼の残した家訓、なかんずく「大君の儀、一心大切に忠勤に存ずべし…」という厳しい定めに、代々の藩主はすべからく縛られた。大君とは将軍のことで、つまりは、将軍家への忠誠こそがもっとも大事ということだ。そしてこのゆえに、越前福井藩主、松平春嶽《しゅんがく》に京都守護職就任を口説かれた松平容保は、最初こそ逡巡したものの最期は、国家老、西郷頼母《たのも》の諫言を聞き入れず承諾するのである。政治総裁職（松平春嶽）や将軍後見職（一橋慶喜）の比ではない重責を担ったことで、会津のその後の運命が定まった。

幕末にあって会津藩の財政は困窮し、農民は重税に苦しんでいた。そしてあろうことか、彼らは薩長土の侵攻に歓声をあげた。しかし、〝官軍〟は家々の家財を奪い、婦女を暴行した。会津の民は彼らを〝官賊〟と呼び、意に反して〝朝敵〟となった恨みをその後長いこと引きずるのである。一説には、容保公の孫娘、勢津子《せつこ》（節子）が秩父宮妃となられたことで積年の怨念が晴れたとされるが、いまだ晴れたことはないとする向きもある。

一八六九年、会津藩主に対し、陸奥国および旧南部藩の一部を割いて三万石を賜る（のちに、斗南《となみ》藩と命名）という恩命があり、続いて、慶喜および容保の罪を免じるとの詔勅が下された。このとき、旧会津藩士には、①斗南藩に移る、②会津に残留する、③東京に新天地を求める、④その他、の選択肢があった。

たとえば、①を選択したのは、四〇〇〇戸のうち半分の二〇〇〇戸だった。彼らは陸路を徒歩で北上するか、越後に抜け船で向かった。陸路はまだしも、海を知らない山国の人間にとって、海路は死出の旅路であったかもしれない。それでも、夢と希望があれば救いはあったが、のちに藩ごと〝流刑〟に処されたと苦悶するのであるから、同情を禁じ得ない。

さて、会津藩士の選択として挙げた④のことだが、北海道に移ったほか、万里波濤の彼方をめざした一群もあった。武器商人で、会津藩の軍事顧問でもあったプロシア（現在のドイツ）人、ジョン・ヘンリー・シュネルが、容保の意を汲むかたちで会津藩士の家族約四〇人（一七人とも）からなる移民団を組成し、一八六九年五月、パシフィック・メール社所有の外輪船「チャイナ号」(注1)で米国に渡ったのである。藩士もいたが、彼らの多くは農夫や大工だった。

シュネルは正体のよく知れない人物のようだが、容保公によって士分に取り立てられ、「平松武兵衛」という名を与えられている。「松平」をひっくり返し、「武士のシュネル」ということからこの名にしたという。日本人女性と結婚し、次女が米国で生まれたとされているがよくはわからない。

さてさて、一行は一八六九年六月八日、カリフォルニア州サクラメントの郊外にあるゴールド・ヒルに着いた。一八四八年に始まるゴールドラッシュにまつわる地だが、彼らが足を踏み入れた頃は静かなものだった。現地の新聞「Daily Alta News」はその五月二七日付で、「ARRIVAL OF JAPANESE IMMIGRANTS…」ではじまる紹介記事を掲載した。これは、シュネルが事前に手配したものだった。低賃金で何でもやる中国人に「Pig Tail Ordinance」(注2)が出ていることを知り、彼が率いる移民団がそんな中国人とは違うことを知らしめたかったのだ。その甲斐あって、同新聞は「(彼らは) 農奴ではなく、自由民（後略）」と紹介し、「Japan No Home for Them since The Civil War」と書いた。The Civil War は一般的に南北戦争（一八六一〜六五）をさすのだが、戊辰戦争をそう表現しているのはおもしろい。

シュネルがゴールド・ヒルをめざしたのは、そこが金鉱発見で賑わう地であり、そこに行けばなんとかなると考えたからだ。二〇〇町歩ほどの土地を確保し、「若松コロニー」と名付けた。桑、茶、竹、漆などを植えつけた。しかし、二年ももたず計画は頓挫してしまう。気候が合わなかったのと、資金難が原因だった。責任者シュネルは行方をくらまし、残された旧藩士らは大陸に四散していった。

彼らが当地に渡った当初、地元の新聞は、「(前略) 男子には威厳があり、よく教育され、非常に礼儀ただしく、洒脱である。婦人は洗練されて、優美で、容姿が端麗で、話しぶりは非常にチャーミングである（後略）」というフランス人記者の記事を掲載した。この（四人の）婦人のなかに、当時一七歳のおけい（一八五三〜七一）という名の美しい娘がいた。おそらく彼女は、日本人女性ではじめて米国に移民した人物であろう。大工か桶屋の娘だった彼女は、シュネルの邸で子守をしていた。そのためか、シュネルの計らいで彼の家族と同じ一等船賃の旅が用意された。大人ひとり二七五ドル。水主頭の月給が一〇〇ドルという時代にあって、かなりの厚遇である。

若松コロニーが解散するや地元農業主の使用人となったが、不幸にも熱病（風土病、チフスあるいはマラリア？）を患い、会津を想いながら異郷の地に短い命を散らせた。

国はなれ　親をはなれて　外《と》つ国に
病みて逝きし　乙女よ悲し

一九八〇年、会津の「おけい墓参団」のひとり、永峯敏春氏はこう詠んだ。行年一九、あまりにも切ない人生であった。

若松コロニーがあった小高い丘の上に彼女の墓が

あり、その隣に、彼女の死を悼む日系米国人の尽力でささやかな記念碑が建てられた。また、木村毅氏は一九三一年に同地を訪れ、現地の老人から「nice girl で、着物を着た姿は beautiful だった」という話を聞き、おけいの一歳年上で生涯独身を通したというその老人が、彼女に対し仄かな恋心を抱いていたのではないかと勘ぐっている。

　ゴールド・ヒルに踏み入れた会津人一行だが、次のような内容を刻むカリフォルニア州公認のプレートが同地にひっそりたたずんでいるという。

＜ワカマツ・ティー・アンド・シルク・ファーム・コロニー＞

茶や絹の農場としてカリフォルニアに設立された（後略）。日本人移民の先駆者として一八六九年六月八日に、ここゴールド・ヒルに到着した。（中略）彼らの事績は、農業における日系人の貢献の嚆矢《こうし》として記憶される（後略）――カリフォルニア州で登録された歴史的ランドマーク、一九六九年六月七日

【注】

1　一八六七年建造の木鉄交造外輪蒸気船。三八三六総トン。速力九・五ノット。

2　豚尾入国禁止令。弁髪をもじって、中国人のことを Pig Tail と呼んだ。

【参考文献】

永岡慶之助『会津藩始末記―敗者の明治維新』中央公論社（一九九八）

津本陽『日本列島「士風」探訪』ＰＨＰ研究所（二〇〇四）

天沼香『故国を忘れず新天地を拓く―移民から見る近代日本』新潮社（二〇〇八）

鈴木由紀子『女たちの明治維新』ＮＨＫ出版（二〇一〇）

木村毅「短命だった若松コロニー」（『海外へユートピアを求めて』（田村紀雄編著、社会評論社、一九八九）

第46話

縛られた巨人
南方熊楠の破天荒人生

一九〇〇年九月、ロンドンに向かう夏目漱石（金之助）は、帰国の途にあった人物とインド洋上ですれ違っている。今回の主人公、「縛られた巨人」こと、南方熊楠《みなかたくまぐす》（一八六七〜一九四一）である。粘菌類の研究者だが、柳田国男とともにわが国民俗学の草創者であり、近代日本を代表する探検家のひとりでもある。

〝反芻人《はんすうじん》〟と自認するように、嫌な人間には平気で反吐《へど》を吐きかける「奇人」でもあった。

熊楠の人生は破天荒と言うほかない。生家は、和歌山城下で金物商を営んでいた。鍋釜類を売る商売は卑《いや》しいとされていたため、彼は「鍋屋の熊公」などと呼ばれ、士族の子と喧嘩をすれば、「士族に手向かうとは無礼千万な…」などといじめられた。

父母から真言大日如来の信仰、町の識者からは心学の教えを植え付けられた。

何よりも、「勉強好きの学校嫌い」だったというからおもしろい。いくつかの学校の門をくぐったものの正式に卒業したのは和歌山中学だけで、生涯を〝中卒〟で通している。おそらく、身分の差を嫌と言うほど味わったこともあり、学歴や学位といった権威を忌避し、「リテラーティ（literati）」と呼ばれる素人学者として生きることに魅力を感じたのかもしれない。

一八八三年、和歌山中学を卒業した熊楠は、和歌山から大阪まで人力車、大阪から神戸まで汽車、神戸から横浜まで汽船、そして横浜からは汽車という行程で上京し、東京は神田淡路町の共立《きょうりゅう》学校（現在の開成中学・高校）に入学した。それは、「東京は日本文化の中心なれば（中略）東京に行かん」との思いからだった。ちなみに、この共立学校で高橋是清の英語の授業を受けている。高橋に〝なんぽう君〟、〝らんぼう君〟と呼ばれたというから、お気に入りの生徒だったのかもしれない。

一八八四年、大学予備門（東京大学の前身）に入学した。同期には、漱石や正岡子規などがいた。しかし、相変わらずの学校嫌いで、授業をさぼっては上野の図書館で和漢洋の書を読み漁り、落語にはまるという具合で、成績は振るわず退学を余儀なくされた。

和歌山に帰った。その頃の実家は、金貸し業を営んでいた。ある日のこと、思いもよらず兄が出奔し、後事を託されるもしれないという事態が起きてしまう。そうなれば、好きな学問はできず、田舎の守銭奴として生きていかねばならない。将来を案じた彼は這う這うの体で逃げ出し、渡米を決意する。齢、二〇のときであった。

熊楠は友人を招いた送別の宴席で、「欧米が世界文化の中心なれば（中略）欧米に行かん」と渡米の抱負を語った。居合わす友人一同に向かい、「よく勉強なされて、もってわが国社会開明の度を進められよ」と〝明治青年の気概〟（鶴見和子『南方熊楠―地球志向の比較学』より）を促した。また、中学時代からの友人、羽山蕃次郎《はんじろう》に宛て、「僕も是から勉強積んで、洋行すました其跡は、降るあめりかを後に見て、晴るゝ日本へ立帰り、一大事業をなした後、天下の男といわれたい」と書き送った。

ところで、この羽山だが、熊楠の人生をみていくうえでじつに興味深い人物である。白洲正子氏によれば、羽山繁太郎・蕃次郎兄弟は「属魂《ぞっこん》の美人」で、頭もよく、熊楠の心をとらえて離さなかったという。熊楠が渡米前の挨拶に羽山家に出向き、一泊したときのことだ。朝霧のなかを繁太郎と出立し、途中で「おのおの影の見えぬまで幾度も立ち止まりて終に別れ」たというから、「これって男色？」と、ついつい勘繰ってしまう…。

さてさて、一八八六年一二月二二日、熊楠は横浜港から「シティ・オブ・ペキン号」で米国へと旅立った。山田風太郎は小説『明治波濤歌』のなかで、熊楠が渡航費欲しさ（つまりは、持参金を渡航費にあてようとした）で結婚した花嫁を、友人と謀って下船させる場面を描いている。しかし、熊楠の結婚は帰国してからのことであり、さすがに創作であろう。ちなみに、ここに出てくる友人は、大学予備門で同期だった漱石と子規である。

翌年一月七日、「シティ・オブ・ペキン号」はサンフランシスコ港に入った。同年八月、熊楠はミシガン州立農学校の試験に合格するも学内で騒動を起こし、ひとり罪をかぶる格好で同じ州内のアナバーへと逃げた。

アナバーでは山野を歩き、菌類やコケ類のような隠花植物を採集した。また、農学校時代から購読を始めた英国の自然科学誌「ネイチャー」を読み込んだ。スイスの博物学者、ゲスネル（一五一六～六五）の評伝を読み、「日本のゲスネルになろう」と考えたのもそうした時期である。

その後、文通していたアマチュア粘菌学者を頼ってフロリダ州に移住した。しかし、その頃から実家からの送金が途絶え、生活は困窮を極める。そのため、昼間は中国人が経営する肉屋で働き、夜は深更まで顕微鏡傍らに生物を研究するという生活を余儀なくされた。中国人の主はそんな彼を気遣い、明け方まで家を留守にしたという。熊楠が感謝したのはいうまでもない。

熊楠は米国を「雑種混糅《こんじゅう》の国情」とし、米国人を「粗雑無用の胡語乱説し、終日対座して何の得るところなし」と失望した。そして、次なる地、キューバをはじめとする西インド諸島へと足を伸ばした。

相変わらず、隠花植物採集に明け暮れた。そんな彼に、首都ハバナでの、曲馬師、川村駒次郎との出会いが一服の潤いを与えてくれた。そして、それがきっかけでイタリアの曲馬団に加わることになり（真相は定かではない）、象やその他の猛獣と起居を供にしたことで動物の生態を知る貴重な体験ができたという。

一八九二年九月一四日、「シティ・オブ・ニューヨーク号」で大西洋を横断し、めざすロンドンに着いたのは同月の二六日であった。ロンドンでは「ネイチャー」に論文を発表する傍ら、大英博物館でアルバイトのようなことをしながら、考古学、人類学、民俗学、宗教学などの書物を読み漁った。すでに多くの論文で評価されていたにもかかわらずアルバイトをしているのは、正館員の誘いを彼みずから断ったからだ。それは、生涯〝無官〟を貫いた、彼なりの選択だった。

ロンドンでは、いろいろな人物の知遇を得た。そのなかで特筆すべきは、孫逸仙《そんいっせん》、言わずと知れたかの孫文《そんぶん》である。最初に会ったのは、一八九七年三月一六日だった。連日のように会食し、大いに語り合った。しかし、のちに「人の交わりにも季節あり」と記すように、熊楠が和歌山に帰郷してからは旧交を温めることはなかった。

英国の学者の間で、熊楠の名声は高まっていった。ケンブリッジ大学に新設される日本学講座の助教授にという話もあったが、一八九九年の南阿戦争の勃発で立ち消えとなった。生活の困窮、ここに極まれり。一九〇〇年九月一日、熊楠は長過ぎた洋行に区切りをつけ、日本郵船「阿波丸」で帰国の途についた。

同年一〇月一五日、「阿波丸」は神戸港に入った。蚊帳《かや》のような洋服を身にまとっての〝凱旋〟だった。

故郷の和歌山で隠花植物の採集の傍ら読書三昧の日々を送り、機をみて「ネイチャー」などに寄稿した。一九〇五年秋には、大英博物館に粘菌標本四六点を寄贈している。世界的な粘菌学者として確固たる地位を築き、一九〇六年、旧友の紹介で神主の四女、松枝と結婚した。ときに、熊楠四〇歳、松枝二八歳であった。

婚約にまつわる熊楠らしい話がある。結納に四斗樽を贈るのだが、その中身がなんとぎゅうぎゅうに詰め込まれた本だったというのだ。「暇があれば一冊でも多くの本を読め」、と言わんばかりの勢い。そもそも、素っ裸で求婚したという話もあるくらいだから、いやはや、なんとも凄まじい。

熊楠夫婦の周りには、自然とさまざまな人たちが集まってきた。猥談好きの熊楠が生涯妻以外の女性を知らなかったというから、彼は余程松枝のことを愛していたのであろう。ふたりは至福のときを過ごした。しかし、名誉、栄達を求めない兄に不満を露わにする弟の常楠《つねぐす》が、命の糧ともいうべき資金援助を止めてしまう。どんぞこの暮らし…。

それでも、月日は平穏に過ぎていった。が、そんなふたりを突然の不幸が襲う。一九二五年三月、溺愛していた長男の熊弥が、高知高等学校の受験に向かう船上で精神病を発するのである。ふたりは生きる張りを失った。

どうにかショックから立ち直った熊楠に、わずかながら光明がさす。一九二九年六月一日に天皇陛下が南紀伊に行幸されることになり、召艦「長門」の船上で御進講する栄誉に預かるのである。無位無官の者の御進講は先例がない、と反対の向きもあったが、陛下自らが所望されたという。そのご進講の折、熊楠の標本がキャラメルの空き箱に入れてあったのを、「それでいいではないか」と語られたというほほえましいエピソードも残されている。

一九四一年一二月二九日、ハワイ攻撃に成功した山本五十六連合艦隊司令長官に紀州ミカンを送るよう指示し、熊楠は静かに息を引きとった。

一九六二年五月、和歌山県白浜町に行幸された陛下は熊楠のことを思い起こされ、「雨にけふる神島を見て紀伊の国の生みし南方熊楠を想ふ」と詠まれた。緻密にして大雑把だった南方熊楠。そのためか、まとまった論文の数は少ないという。また、在野に徹した彼は、民俗学の泰斗となった柳田国男とは絶交するしかなかった。

【参考文献】
鶴見和子『南方熊楠―地球志向の比較学』講談社（一九八一）
白洲正子『両性具有の美』新潮社（二〇〇三）
坪内祐三『慶応三年生まれ七人の旋毛曲《つむじまが》り―漱石・外骨・熊楠・露伴・子規・紅葉・緑雨とその時代』新潮社（二〇〇一）

第47話

北方の漂流者
日露関係の礎となった船乗りたち

鎖国を国是とする江戸期は、多くの漂流者を〝政治的〟に生み出した時代だった。大船建造禁止令によって外洋を航海できる船舶の建造は叶わず、航海術が向上することもなく、運悪く暴風雨に遭遇すれば、一本マストの和船（千石船）など一溜りもなかったのである。抗えない運命に翻弄されながら、彼らは海の藻屑と消えた。よしんば奇跡的に生きて祖国の土を踏めたとしても、厳しい取り調べがまっていた。

しかし、「捨てる神あれば拾う神あり」。そうした漂流者たちに、交易の緒《いとぐち》を求める多くの列強が熱い視線を向けていた。隣国ロシアもそのひとつだった。

ロシアは一六世紀後半からウラル山脈を越え、一七世紀末にはその勢力をシベリア東部にまで広げていった。その勢いは留まることなく、カムチャッカ半島南部を開拓するや極東北部の拠点とし、さらには、オホーツク海、ベーリング海峡、果ては千島や樺太（現在のサハリン）にまで至った。

ほかの欧州列強に比べて産業水準が低く、そのギャップを埋めようとして毛皮に目をつけた。シベリアは、ただそのためだけに存在した。広大な森林地帯を走り回る黒貂《てん》を追い、黒貂がとり尽くされると、次は海獣ラッコがそれに取ってかわった。

シベリアからカムチャッカに至る要所に兵を駐屯させ、官吏を配し、毛皮商人や毛皮とりの労働者のための町を建設していった。しかし、兵站が延びると病気や食料不足など、いろいろな問題が出てきた。そこで、ロシアが目をつけたのが、近海に連なる日本列島だった。日本を〝発見〟したことで、飢えをしのげるのはもちろんのこと、豊富な野菜で壊血病を防ぐことができる…ロシアはそう考えた。

帝政ロシアは日本に、入念かつ慎重に接近した。漂流者を手厚く保護し、たとえば、地理、社会制度、経済、文化、言語を研究することから始めた。できれば帰化させ、日本語学校の教師にしようとした。もちろん、彼らを故国に送り届けることで、日本との交渉を有利に進めようとも考えたであろう。「日本からの漂流者を見つければ、首都につれて来るように」、ピョートル大帝（一六七二〜一七二五）はそう命令した。そして、この方針は代々引き継がれていった。

この方針によって最初に保護された人物は、記録に残るものとしては伝兵衛《でんべえ》ということになっている。大坂の質屋の息子だった彼は、一六九七年にカムチャッカ半島に漂着し、一七〇二年、首都(注1)においてピョートル大帝に拝謁する栄に浴している。大帝は伝兵衛から長時間にわたって日本事情を聞き、そのあと彼をペテルブルグに創設した日本語学校の教師にした。

宗蔵《そうぞう》、権蔵《ごんぞう》という人物もいる。一七二八年、島津藩の持ち船「若潮丸」で、米、紙、絹織物、紫檀などを薩摩から大坂の薩摩屋敷に運ぶ途中、波浪のなかを半年も漂い、ようようカムチャッカ半島に流れ着いた。しかし、あろうことか、武装農民のコサックに襲われる。船は焼かれ、そして、船員の大半が殺された。かろうじて宗蔵と権蔵だけが、召使として生き残った。

やがて、代官がふたりを救い出し、モスクワを経由してペテルブルグに送られた。一七三四年、ふたりは女帝アンナ・イワノヴナに招かれ、漂流のことや日本の諸事情について説明した。その後、一七三六年に設置された科学アカデミー付設の日本語学校の教師となった。

宗蔵はまもなく亡くなったが、権蔵は長いこと教師を務め、一七三八年には世界最古の露日辞典『露日新辞典』をまとめあげている。大した男というほかないが、彼は薩摩の人間であり、同辞典にそのことが大いに反映されていたというからおもしろい。たとえば、疲れることを「だる」、怒ることを「腹《はら》搔《か》く」、びっくりすることを「魂《たま》がる」、青年のことを「にせ」と表現されていたという。

この日本語学校は一八一六年まで存続した。何人もの漂流者が教師の任に就き、その甲斐あってロシアは日本についての知識を深め、ますます日本との通商を望むようになっていった。

日露の接触が多くなった。たとえば、一七六七年、イワン・チュルヌイが逃げた千島原住民を追って択捉《えとろふ》島に至り、さらには、ウルップ島にわたって越年した。そのウルップ島ではロシア人がアイヌ人を使ってラッコを獲るようになり、一七七一年、そのことを快く思わないアイヌ人がロシア人二一人を殺すという事件が起きた。

こうした一連の動きは、松前藩や江戸の役人、知識人を動揺させた。一七八一年、田沼意次《おきつぐ》の意を汲む工藤平助が『赤蝦夷風説考《あかえぞふうせつこう》』を著し、後世に名を残さんとする田沼は、一七八五年、最上徳内《もがみとくない》、間宮《まみや》林蔵《りんぞう》らをメンバーとする北方探検団を派遣した。

この時期、有名な漂流者が登場する。大黒屋光太《だいこくやこうだ》夫《ゆう》（一七五〇～一八二八）である。一七八二年、光太夫が船長をつとめる千石船「神昌丸《しんしょうまる》」が、伊勢国白子浦（現在の三重県鈴鹿市白子）から江戸に向かう途中の遠州灘で遭難した。積み荷で飢えをしのぎ、雨水で喉の渇きを癒し、ひとりの犠牲者を出しただけで、一六人の乗組員は七ヵ月の漂流のすえアリューシャン列島のアムチトカ島に流れ着いた。

幸いなるかな、彼らは毛皮とりのロシア人に救われた。しかし、寒さと食料不足で、彼らの半数が死んでしまう。このままでは全員死に絶える…。そんな危機感から、生き延びた八人は古釘を集め、難破船を修繕してカムチャッカに渡った。

カムチャッカにたどり着き、苦難のすえにオホーツク海側に出た。オホーツク港に入り、ロシア人の保護のもとでシベリア最大の都市、イルクーツクに歩を印した。

イルクーツクではキリル・ラクスマンと出会い、彼の働きもあって、一七九一年、ピョートル大帝の申し渡しどおりペテルブルグに送られ、女帝エカテリーナ二世（一七二九～九六）に拝謁した。その際、女帝は光太夫の右手に口づけをしたという。

彼は帰国願いを提出する一方で、帝都をいろいろ見て回った。見ただけではない。そのときの様子がのちに『北槎聞略《ほくさぶんりゃく》』（桂川甫周《ほしゅう》著）という本にまとまるのだからあっぱれといっていい。

　有名といえば、仙台藩の水主、津太夫《つだゆう》（一七四四〜一八一四）も忘れてはならない。一七九三年、仙台藩の米などを積んだ「若宮丸」が、石巻から江戸に向かう途中、現在のいわき沖で暴風雨のため破船した。

　アリューシャン列島に漂着した津太夫らは、ペテルブルグでアレクサンドル一世に拝謁し、さらには、クロンシュタット港からコペンハーゲン、カリブ海、南米最南端のホーン岬、ハワイ諸島を経て、帰国を果たした。

　つまり、津太夫は日本人で初めて世界一周を成し遂げた人物なのだが、いささか歴史の闇に葬られている観がある。一説には、大槻玄沢《げんたく》が「彼（＝津太夫）らは最下層の人間で、いたずらにロシアを見聞したに過ぎない」と評価したからとされるが、農民出の津太夫に教養がなかったのは事実としても、波濤のなかを生き抜いただけでも尊敬に価するのではないか。

　一七九二年、日本との通商を望む女帝エカテリーナ二世はアダム・ラクスマン（一七六六〜一八〇六）を使節として派遣するのだが、その折、交渉がうまく進むよう、光太夫ら三人の漂流者を同伴させた。アダム・ラクスマンが選ばれたのは、父、先のキリル・ラクスマンの推薦があったからである。つまり、光太夫の思いをよく知るキリル・ラクスマ

北海道・根室のときわ台公園内に建つ「ラクスマン来航碑」　筆者撮影

ンの助力があってこそ、光太夫らの帰国が実現したのである。

一行を乗せた「エカテリーナ号」は、根室の沖合に錨を下ろした。

陸軍中尉のアダム・ラクスマンは、根室から松前に回航し回答を求めた。しかし、幕府は鎖国故に通商はまかりならん、と回答し、長崎に来航した折には協議に応じるとの信牌《しんぱい》（信任状）を与えた。当時の幕政の実権が、貿易に前向きな田沼から朱子学者で復古的思想の松平定信に移っていたことがその背景にあったであろう。結局、ラクスマンは長崎には寄らず、箱館をあとに帰国した。

さて肝心の光太夫だが、松前で引きとられたのち、江戸番町の薬草園での生活を命じられている。鎖国下の故国は漂流者に冷たかったといえるが、ロシア使節の再来訪を憂える幕府が、同国の事情に明るい光太夫を近くに置いておきたかったのかもしれない。その証左に、報奨金のほかに月々の手当を与え、薬草園ではかなりの自由を与えている。妻帯し、一男一女を得た（注2）。さらには、伊勢神宮参拝をかねた帰郷まで許されているのである。

ラクスマンに続いてロシアから日本にやってきたのが、これまたよく知られたニコライ・レザノフ（一七六四〜一八〇七）である。もともとは宮廷官吏だったが、ロシアの国策会社で、極東およびアラスカの毛皮を扱う露米会社（一七九九年新設）に絡むようになってからは、あくどい商人の顔を持つようになったという。そのレザノフが、一八〇四年、先の津太夫らを伴い、例の信牌を持って長崎にやってきたのだ。

彼は半年粘った。しかし、幕府に応じる気配はいささかもなかった。レザノフは露米会社の船を使い、「糞ったれ！」と言わんばかりに樺太や択捉島の日本施設を攻撃した。これに対し、幕府も負けじと、北方警護に心血を注いだ。両国間の険悪なムードが改善するのは、日本が捕虜にしていたゴロブニンを、ロシアに拿捕されていた高田屋嘉兵衛と交換する形で帰国させたのちのことである。

意図しなかったとはいえ、北方の漂流者たちは日露関係の礎となった。それにつけて思うのは、ロシアが用意周到に日本を研究したのに対し、鎖国下の日本がいかに相手のことを知らなかったかということである。

【注】

1　このときの帝都はモスクワに置かれていた。ペテルブルグに遷都されるのは一七一二年のこと。なお、ペテルブルグはその後ペテログラードと改名され、革命後にレニングラードとなったのち、現在はサンクトペテルブルグとなっている。

2　故郷に妻子を残していたが、漂流したことで再会の夢を捨て去った。おそらく、他家に嫁いだか、養子を迎えたとでも考えたのであろう。

【参考文献】

武光誠『海から来た日本史』河出書房新社（二〇〇四）
司馬遼太郎『ロシアについて―北方の原形』文藝春秋（一九八九）
井上靖『おろしや国酔夢譚』文藝春秋（一九七七）
富士市立博物館編『ディアナ号の軌跡―日露友好の幕開け』富士市立博物館（二〇〇五）
宮本常一『辺境を歩いた人々』河出書房新社（二〇〇五）

第48話 幕末の「島流し」、そして「島抜け」

第47話で紹介したようなかまびすしい北方事情を受け、一七九八年、幕府は大勢の役人を派遣し、蝦夷地の調査を行った。そして、その先遣隊隊長となったのが近藤重蔵《じゅうぞう》（一七七一～一八二九）であり、案内役を引き受けたのが最上徳内《もがみとくない》（一七五四～一八三六）であった。

重蔵は西洋の進んだ文化に関心を抱き、外国に関する多くの書物を著した人物だが、私生活においては一家離散という憂き目にあい、失意のうちに亡くなっている。立派な功績をもつ彼が、なぜ、そうした寂しい末期を迎えることになったのか。そこには、長男、富蔵《とみぞう》（一八〇五～八七）が大きく関わっているようだ。

重蔵は大の好色家で、何度となく妻を迎え、多くの女性をそばに置いた。富蔵の母もそうした女性の一人で、かつては女中のひとりだった。

富蔵は、ろくに勉強もせず武芸にも励まない。そしてそんな彼を、父は非情なまでに突き放した。富蔵は父のそうした仕打ちに耐えきれず、齢一六のときに家出をする。しかし、この小さな抵抗はうまくいかず、富蔵は屋敷の一室に監禁されてしまった。

この家出、じつのところは、父の使いの途中で目にした娘に一目惚れし、その娘のもとに足繁く通ったことを父に厳しく叱責されたのが直接の理由だった。

そののちも娘のことが頭を離れず、挙句の果ては父に勘当されてしまう。菩提寺の住職に坊さんになるようすすめられるが、その決心もつかなかった。

心機一転、人生をやり直すべく父に会った。しかし、父重蔵は齢を重ね、暮らし向きも苦しくなっていた。悔恨の日々をおくる富蔵。そんなある日、土地の所有をめぐって、隣の百姓と重蔵との間で争いが起こる。百姓はごろつきを雇い、重蔵をしきりに誹謗中傷した。いつかこらしめてやる…。苦悩する父の姿に居ても立ってもいられず、富蔵はふたりの息子共々その百姓を斬り殺してしまう。

ここまでであれば、武士の名誉を保ったとして許されたかもしれない。しかし、あろうことか、富蔵は百姓の女房や母親、それに息子の妻まで殺してしまった（すなわち、計七人を斬殺）。さすがに、これはまずかった。富蔵はその責めを問われ、小伝馬町の牢屋に送られたのち、一八二六年、「八丈島流罪（遠島）」が言い渡された。

江戸時代の行刑に更生目的はなく、多くの罪人が、死罪《しざい》、獄門《ごくもん》、磔刑《たっけい》、鋸挽《のこぎりび》きなどの死刑のほか、遠島や所払いの刑に服した。遠島については、江戸の寺社、勘定、町奉行扱いは春と秋の年二回、八丈《はちじょう》島《じま》、三宅島《みやけじま》、新島《にいじま》などに送られ、遠い島ほど重罪だった。

一八二七年の春も終ろうとする頃、花のお江戸は永代橋から、五〇〇石積みの小さな船が流人《るにん》と警固の武士三人を乗せ、新島、三宅島、八丈島をめざした。そのなかに、富蔵の姿があった。太平洋の荒波に揉まれる〝笹舟〟の板子《いたご》のうえで、ほかの流人たちがそうだったように、彼もまた死を覚悟した。

船は新島で最初の流人を下ろし、式根島《しきねじま》で風待ちしたのちに三宅島に向かった。三宅島では八丈島流人も下船した。島の生活にある程度慣れてから、最果ての流刑地へと向かうのである。

八丈島は、東京都心から南方海上三〇〇キロメートル弱のところにある。その島にわたってまもなく、身長一メートル七六センチのいたっておとなしい男は、地元の百姓の娘、逸《いつ》と結婚した。八丈島に最初に流されたのは、関ヶ原の戦いで豊臣方に味方した宇喜多秀家《うきたひでいえ》、ならびにその一家だが、逸の父親はその秀家の次男の八代目にあたる人物だった。

富蔵は八丈島の子供たちに文字を教える傍ら、島の政治、経済、宗教、地理、風俗、教育制度などを調べ上げ、『八丈実記《はちじょうじっき》』という本にまとめた。やはり彼は、稀代の探検家で学者であった父の血を引き継ぐ人物であった。明治の世になり、多くの流人が許されて本土に帰ったが、富蔵だけはなおも忘れ去られていた。彼が赦免の通知を受け取るのは、明治も一〇年以上経った一八八〇年のことだった。

すでに七六歳の老人となった富蔵だったが、心を決めて東京に出た。来るときと違い、船の帆柱は二本になっていた。しかし、波浪に晒されれば同じこと。富蔵の乗った船ははるか三重まで流され、ようよう東京築地に着いたのは、八丈島を出てから一週間後のことだった。それでも、八丈島まで三宅島での日々を除いて八〇日かかった〝死出の旅〟を思えば、隔世の感があったろう。

許されて帰ってはみたものの、何ひとつとしていい思い出がない東京は、富蔵にとって決して住みやすいところではなかった。富蔵は、急に八丈島に帰りたくなった。そしてついに、「こんなにいいところはない…」。富蔵は再び八丈島の土を踏むのである。そうした流人は、後にも先にも富蔵を置いてほかにいなかった。

島の人たちは驚き、そして、温かく彼を迎え入れた。享年八三。「ほんとによい人であった」と、島人みんながそう思った。彼らは富蔵のために、心尽くしの墓を建てた。

遠島に処せられた者は、島で野良犬のようにその日を生き、老いさらばえ、島の土に同化するしかなかった。許される日が来ようなど、夢にも思わなかった。自ら死を選ぶ者も多かった。しかしその一方で、「駄目で元々」とばかりに島からの脱出を試みる者もいた。いわゆる〝島抜け〟である。いろいろな話があるのだろうが、たとえば、竹居安五郎の島抜けなどは大驚失色だ。甲州では名の知れた親分格の博徒だった安五郎は、腕っ節の強さもさることながら、読書家で知性を持ち合わせていたという。

三宅島や八丈島と違い、好天であれば新島からは伊豆半島や富士山を望むことができる。いける、なんとかなりそうだ…。四二歳の安五郎はそう思ったに違いない。一八五三年七月一三日夜、彼を含めた七人の流人は、名主を斬り、盗んだ漁船で伊豆半島の網代に向かい新島を脱した。それは、熟練の水主を人質にした。しかも、島役人に事前に告知するという前代未聞の島抜けだった。

その時分、島抜けにはもってこいの風が吹いていた。とは言え、本土がいかに近かろうと、「板子一枚下は地獄」には違いない。たとえ本土にたどり着いたとしても、捕縛され、大方は引き回しのうえ獄門（さらし首）という重い刑がまっている。それだけに、安五郎の島抜けは、〝決死〟の大活劇だった。この大事件に島役人は慌てふためき、島民は恐れおののいた。

そんなことなど委細かまわず、安五郎らは網代に上陸した。もちろん、伊豆など、東国の幕府直轄領を支配する韮山《にらやま》代官所も黙ってはいなかった。「草の根をかき分けても探し出し、獄門台にかけろ」…。

だが、その捜索は甘かった。なぜか。じつはこの島抜けの数日前（一八五三年七月八日）のこと、ペリー提督率いる艦隊が浦賀の沖合に姿を現し、狼狽した幕府はその対応に追われ、安五郎どころではなかったのである。まさに天佑だった。いな、もしかすると、世情に明るい安五郎だけに、黒船来航を好機とみたのかもしれない。

【参考文献】
宮本常一『辺境を歩いた人々』河出書房新社（二〇〇五）
高橋敏『博徒の幕末維新』筑摩書房（二〇〇四）

第49話 芸術の「文明開化」をなしとげた男
日本洋画の父、高橋由一

洋画をわが国に根付かせた人物のひとりに、高橋由一《ゆいち》（一八二八〜九四）がいる。「日本洋画の父」と呼ばれ、その一生を芸術の「文明開化」にささげた人物である。

一八七三年に開催されたウィーン万博で、ジャポニスムは確固たるものになった。第32話ですでに紹介したが、会場には日本庭園が造園され、純和風の茶屋、鳥居や神社が、同行した職人らの手によってその荘厳な姿を現した。皇帝フランツ・ヨーゼフ一世、皇后エリザベートはその美しさに感動し、大工の仕事ぶりに見惚《みと》れた。彼らが操る鉋《かんな》からリズミカルにはき出される屑《くず》を女官に拾わせ、みやげに持ち帰ったというから半端ではない。どこからか、「へぇ〜、そんなにすごい大工がウィーンまで行ったんだ！」という声が聞こえてきそうだ。

皇帝をも唸らせた大工のひとり、名を山添喜三郎《きさぶろう》（一八四三〜一九二三）といった。日本政府が初めて正式に出展したこの万博に、親方の松尾伊兵衛について海を渡った。

山添の使う鋸や鉋などの独特な道具、手前に引くその使い方、それに、金太郎のようなはっぴ姿など、その一挙手一投足が衆目を集めた。しかし、彼のほうでも、洋風建築の研究に余念がなかった。日本館をロンドンに移築したのちに帰国した山添は、擬洋風の建物を次々に建築し、欧州の街並みに接した生《なま》のおどろきを多くの人に伝えた。

少々、本題から話が逸れてしまった。かといって、まったく脱線してしまったわけではない。じつはこのウィーン万博に、由一は油絵を出品するよう委嘱され、その出品作「富岳大図」を描くための東海道方面出張を博覧会事務局から命じられたのである。ウィーン万博開催の前年のことで、由一にとっては一八六七年開催のパリ万博に続き、二回目となる世界デビューだった。

芸術を文明開化させた由一は、下野国《しもつけのくに》佐野藩士、高橋源十郎の子として同藩江戸藩邸内で生まれ育った。鼠《ねずみ》年生まれながら「鼠では家風に合わぬ」ということで、幼名は猪之助《いのすけ》と名付けられた。

三歳に満たないころ、猪之助の両親は、いまで言う性格の不一致を理由に離別した。そのため、猪之助には父親との思い出がない。それでも、藩主の身の回りの世話をする役職に就き、その職をまじめに勤め上げた。祖父からは厳しい武芸指南を受けた。そんな猪之助の日々のなかで、母は息子の画才を見抜いていた。もっとも、「生まれて二歳、筆を把《と》って人面を描」いたというから、その才能は幼くして広く認められていたのかもしれない。

洋画家として功をなした由一だが、最初から洋画家だったわけではなく、狩野派絵師、つまり、歴とした日本画家だった。では、なぜ由一は洋画家を目指すようになったのか。そこには、ある歴史的な大事件、ペリー艦隊来航が関係している。その大事件とは、ペリーが贈答品として持ち込んだなかに、「石刷りの画」（石版画）があり、その迫真性に衝撃をうけた猪之助は、「日本には洋画が必要である」との強い信念を持つようになった。それは、先見の明はいうにおよばず、洋の東西を問わず絵を極めんとする高い意志があってのことだった。

洋画の研究を独学で始めた猪之助だったが、そんな彼を歴史的な天変地異が襲う。安政の大地震である。一八五五年一一月一一日、マグニチュード六・九の直下型地震が江戸の町を襲った。家屋の倒壊一万戸以上、死者は七千人とも一万人とも言われ、たとえば小石川の水戸藩邸では、藤田東湖《とうこ》が母親を救おうとして梁《はり》の下敷きになり落命している。また、新吉原では、遊女の約一割にあたる六〇〇余名が亡くなった。猪之助はその悲惨な光景を、「安政二年十月二日江戸大地震避難の図」に描いた。

現場写生など独学を続ける猪之助は、悶々としながら空白の時間を過ごした。そうしたなか、一八六二年、幕府は「蕃書調所《ばんしょしらべしょ》」を「洋書調所」と改め、このことを猪之助が知るところとなった。洋画法を学べるかもしれない…。彼はひそかに期待した。実際、蕃書調所のなかに設置された絵図調方では、川上冬崖《とうがい》らによって洋画研究が進められていた。なんとしても入学したい…。猪之助の心は高ぶった。そしてついに、入学資格ができるや、念願の洋書調所画学局に入局するのである。

しかし悲しいかな、幕府の機関であっても、油彩の画材のみならず、洋紙や鉛筆ひとつ手にいれることができなかった。一八六三年に帰国した文久遣欧使節団が持ち帰った油絵具、筆、油液などが、猪之助らが初めて目にする〈本物〉だった。それまでは、油は荏胡麻《えごま》の種子からとった油に鉛の酸化物（＝銀《ぎん》密陀《みつだ》）を混ぜたもの（＝密陀油）を使い、色料は日本画の顔料と密陀油を練り合わせて絵具とした。パレットは刺身皿。描き方を研究するどころではなかったが、それでも猪之助らは必死に研究を続け、一八六七年に開催されたパリ万博に作品を出品したのである。猪之助のそれは、「日本国童子二人一世那翁の肖像を観て感あるの図」だった。一世那翁とはナポレオン一世のことである。

すべてに飽き足らぬ猪之助は、一八六六年、横浜に旧友を訪ねた。米国人医師で、プロテスタント宣教師でもあるJ・C・ヘップバーン（日本では〝ヘボン〟と発音されている）のもとで『和英語林集成』なる和英辞書を編集していた岸田銀次（のちの吟香《ぎんこう》）に会おうとしたのである。ちなみに、岸田は、日本洋画界を代表する画家のひとり、岸田劉生の父である。

猪之助が岸田を訪ねたのは、彼に外国人画家を紹介してもらうためだった。岸田はさっそくヘボンに相談した。しかし、芳しい話はなく、仕方なくふたりして外国人宅を巡り歩いた。そうこうするうちにワーグマンという英国人画家のことを知り、「飛ぶが如くに」先方宅を訪ねた。しかし、言葉の壁もあり、なかなか入門を許されなかった。それでもやっとのことで許され、ようよう〝本当の〟油絵の技術指導を受けることができた。だが、それもつかの間のことで、ワーグマンとの師弟関係は次第に微妙なものとなっていった。

猪之助は、ひとり新しい世界に挑むことにした。その当時、中国の上海は身近な西洋だった。幕府は海外事情を得るため、また、清国との交易の可能性を探るため、一八六二年に最初の上海使節団を組織した。猪之助は、これだと思った。そして、「上海租界に居留する外国人画家に会って洋画修行の糧にしたい」との思いから、四次使節団に加わるのである。ちなみに、その使節団は幕府が組織したものではなく、佐倉藩と浜松藩が共同で編成したものだった（第36話参照）。

一八六七年二月、猪之助らを乗せた英国P＆O社の「ガンジス号」は、雪の散らつく横浜をあとにした。このときの猪之助の旅券には三三の番号とともに、①第三三号②限六〇日③三九歳④身長五尺三寸（約一六〇センチメートル）―などと記載されている。

全長約七〇メートル、一一八九総トンの外輪蒸気船は、四日目の夜に上海に安着した。このとき、岸田が和英辞書の印刷のためヘボン夫妻とともに上海に来ていた。猪之助は岸田を頼って船を下りた。

念願の海外渡航を果たした猪之助だったが、洋画の勉強が十分できたかというとそうではなかった。しかし、「東洋」を再認識することはできた。帰国後、武士から平民へと転身し、すでに名を怡之介《いのすけ》と変えていた猪之助は、画家として生きる覚悟を示すべく、名を「由一」と改めた。しかし、「士族の商法」よろしく生活は困窮を極め、金策に四苦八苦する日が続いた。

「わちきはこんな顔ではありんせん！」…由一が、今は重要文化財となっている「花魁《おいらん》」を描きあげたときのことである。それまでの浮世絵の美人画とはかけ離れたリアルな描写は、観る人を驚かせた。しかし、当のモデル本人は納得がゆかなかったのであろう。新吉原の名妓小稲は、そう叫んでその場に泣き崩れたという。

一八七二年には、本稿の冒頭でも触れたように、ウィーン万博に出品するためのスケッチ旅行に出た。二冊の小さなスケッチブックを携帯し、駆け足でスケッチして回った。

そうした活動もあってか、由一の画名は徐々に高まり、多くの仕事が舞い込んでくるようになった。そうなると、次は後進の育成である。一八七三年六月、由一は浜町の住居に画塾を開いた。門人も年々増えていき、一八七六年には月例展を開けるまでになった。同年九月にわが国初となる美術専門学校「工部美術学校」が設立されると、お雇い外国人として来日したアントニオ・フォンタネージとも親しくなった。

由一は、画塾をさらに大きくしたいと思うようになった。そんな折の一八七九年、四国讃岐の金刀比羅宮にて第二回琴平山博覧会が開かれ（第一回は一八七三年）、全国から八万二〇〇〇余点が寄せられた。これは、一八七七年に上野で開かれた第一回内国勧業博覧会の八万点を凌ぐものだった。由一はここに自作油絵三七点を出品し、うち三五点を金刀比羅宮に奉納することで宮から資金援助を受け、画塾拡張の資金にあてようと考えた。

しかし、学校の維持、発展に必要な資金の調達はままならず、一八八四年、由一が心血を注いだ夢は廃校という形で幕を下ろした。前年には工部美術学校も廃校となっており、洋画家の卵にとっては不遇の時代と言えなくもない。

一八八一年、由一は東北を旅し、代表作のひとつ「山形市街図」を完成させた。山形県令三島通庸《みちつね》が、自らが築いた街の姿を後世に残さんとして由一に依頼したものである。中央奥に県庁が鎮座し、そこに至る道の両側に擬洋風建築が威風堂々と並んでいた。それは記録性において写真に勝るもので、由一の矜持をみたすには十分であったろう。

一八九四年、道なき道を切り開いたサムライ洋画家は、子供たちに囲まれ六五年の生涯を終えた。胃癌だった。

【参考文献】
荒俣宏監修『アラマタ人物伝』講談社（二〇〇九）
古田亮『高橋由一―日本洋画の父』中央公論新社（二〇一二）

第50話 ジョン万次郎とゴールドラッシュ

本書で多くの漂流話を取り上げてきたが、やはり、漂流といえば「ジョン万次郎」こと中浜万次郎（一八二七〜九八）が知名度ナンバーワンと言っていいだろう。何冊もの本が出ており（たとえば小説では、井伏鱒二の『ジョン万次郎漂流記』など）、あまりにも有名過ぎて、普通の舞台設定ではつまらない。そこで、今回はあの「ゴールドラッシュ」と絡めて話そうと思う。

土佐の貧しい漁師の次男として生まれた万次郎は、一八四一年、土佐沖で遭難し、鳥島に流れ着いた。乗っていたのは五人で、そのなかでは万次郎がもっとも若く、まだ一四歳の少年であった。

彼らは米国の捕鯨船に救助されるのだが、その救出劇は漁師が〝藤九郎〟と呼ぶアホウドリと鯨の存在なくしてはあり得なかった。アホウドリは言うまでもなく漂流者の食料として、そして、鯨もまた食料として…。いやいや、じつはそうではない。欧米では鯨を食用とせず、蝋燭《ろうそく》や灯油の元となる鯨油を手に入れんとして捕獲していたのである。その捕獲量たるやすさまじく、たとえば、米国の捕鯨船団はピーク（一八二〇〜五〇）で年間七千から一万頭もの鯨を捕えたというから驚きだ。

日本近海は捕鯨に適した海域だった。そのため、たまたま鳥島近くで鯨を追っていたウィリアム・ホイットフィールド船長率いる米国捕鯨船「ジョン・ホーランド号」（注1）が、万次郎らを発見したのである。ただし、この話には落ちがある。じつは、「ジョン・ホーランド号」はウミガメの卵を求めて島に近づき、万次郎らを偶然発見したというのだ。まさに、彼らにとっては奇跡といっていい。捕鯨船員がウミガメの卵や肉に食指を伸ばさなかったら、万次郎のその後はなかったかもしれない。

とにもかくにも、万次郎たちの一四三日におよぶ無人島生活は終わった。ホイットフィールド船長は、幸いにもとても優しい人物だった。日本に送還しても鎖国下では厳しい取り調べが待っていることを知っていた船長は、彼ら漂流民をハワイ(注2)まで送り届けることにした。

好奇心いっぱいの万次郎は一心に働き、そうするうちに英語力はグングン向上し、船員たちから「ジョン・マン(John Mung)」と愛称で呼ばれるようになった。しかし、誰よりも万次郎を気に入ったのは、他ならぬホイットフィールド船長だった。彼は自分の故郷に万次郎を連れて行くと言いだし、万次郎は万次郎で、戸惑う仲間を尻目に明るく応諾した。

万次郎を乗せた「ジョン・ホーランド号」はハワイを離れ、グァム島、仙台沖そして再びハワイへと寄港し、グァム島を再訪したのち、南米最南端のホーン岬からマサチューセッツ州のフェアヘブンに向かった。何という長航海であろうか。しかし、ジョン・マンは多くの鯨を目ざとく発見するなどその働きは大変なもので、船長らの評価はますます高まっていった。

ホイットフィールド船長の家族に温かく迎えられた万次郎は、船長の仕事を手伝い、学校にも通った。好奇心旺盛で、数学や測量などの知識をどんどん吸収していった。しかし、彼の脳裏をかすめるのはいつも〝大洋〟のことだった。大洋というより、〝捕鯨〟といった方が正しいかもしれない。万次郎は大海原をゆく日を妄想した。

その日は、やってきた。一八四六年、万次郎の乗った二七三総トンの「フランクリン号」は、大西洋からホーン岬を経て太平洋を北上した。小笠原群島の父島にしばし錨をおろしたのち、ハワイへと向かった。そして、そこで、過日別れた漁師仲間と再会した。

ホイットフィールド宅に帰ったのは三年後、万次郎は副船長になっていた。船長が発狂したための臨時措置だったとはいえ、ほかの乗組員からの信望が厚かった証左であろう。しかし、万次郎の心は、つねに郷愁のなかにあった。鎖国政策を続ける祖国を憂い、ついに、ある種の使命感をもって帰国を決意する。一八四九年一〇月、万次郎はホイットフィールドのもとを去った。

その帰国の途次、彼は運命的な道草を食った。一八五〇年五月、サンフランシスコで金が発見されたニュースを耳にし、とまれかくまれ同地に向かったのである。「なんで?」、「万次郎って山師?」、「金に目がくらんじゃったの?」…。いや、そうではない。帰国資金を稼ぐためだった。

七〇日間で目標の六〇〇ドル余りを手にした万次郎は、ハワイで漁師仲間と合流し、一二五ドルで買ったボート「アドベンチャー号」を上海行きの商船に乗せ、故国を目指した。一八五一年、日本近海でボートを降ろし、自力で琉球に上陸した。じつに一〇年ぶりの帰国だった。

その後の活躍は数多《あまた》ある他書に譲るとして、ここでは、幕末から明治という時代にあってさまざまな障害と闘いながら、本邦初となる英語の翻訳書を刊行したことを取り上げておこう。その翻訳書は航海術に関するガイドブックだった。わが国に航海用語などあろうはずもない時代、ましてや、日本での幼少期教育を受けていない万次郎にとっては、さぞかし艱難《かんなん》であったろう。おそらく、彼の国を思う気持ちがそうさせたのだろうが、その意志、その行動力には脱帽するしかない。

万次郎は山内容堂公から賜った土佐藩下屋敷（現在の東京都江東区）で家族と楽しく暮らし、悠々自適に日々を過ごすうちに七一年の生涯を終えた。それにしても、ゴールドラッシュに万次郎がかかわっていたとは意外だった。この狂乱劇がなければその後の万次郎はなかったかもしれない。そう考えると、人心を錯乱狂喜させたゴールドラッシュとは何だったのか、改めて問いたくなる。

一八四八年一月二四日、ジョン・サッターが所有する農場から金塊が見つかった。多くの人がこのニュースを耳にし、全米、いや全世界からカリフォルニアに殺到した。彼らは一八四九年にちなんでフォーティナイナーズ（49ers）と呼ばれ、現在でもアメリカンフットボールのプロチーム、サンフランシスコ49ersにその名を留めている。

当時のカリフォルニアは未開の地だった。東海岸からの到達ルートとしては、①大陸を横断する、②南米大陸南端のホーン岬（Cape Horn）を廻る、③パナマ地峡を横断する―の三通りあった。しかし、①は三二〇〇キロメートルを超える距離と極端な水不足、③には熱帯雨林でのマラリアやコレラ罹患という問題があり、そのため、実際には②を選択することが多かった。だがこれにしても、六ヵ月以上の月日を要し、船酔いが相当きつかったというから〝似たり寄ったり〟だったかもしれない。

49ersが殺到するなかしたたかな人物が現れ、結局は成功者となっていった。たとえば、ブルージーンズを開発したリーバイ・ストラウス、〝The Big Four〟と呼ばれたチャールズ・クロッカー、コリス・ハンチントン、マーク・ホプキンス、リーランド・スタンフォードである。彼らは大いなる野心家だった。

クロッカーは四頭の馬と二台の馬車を買い、友人を含め六人でカリフォルニアを目指した。

ハンチントンはパナマ地峡ルートを採った。彼は一八四九年三月一五日、帆船「クレセント・シティ号」に乗船した。同床異夢（同夢？）の三五〇人が船酔いに苦しむなか、彼は強靭な肉体と精神力で乗り越えた。さすがに地峡越えは苦難の連続だった。「ここに運河があれば…」と誰しも思った。しかし、そのときは夢のまた夢。それが叶うのはまだまだ先、一九一四年のことである。

のちにスタンフォード大学を創設するスタンフォードもパナマ地峡越えを選んだ。ハンチントンに三年遅れての旅立ちだったが、同じく苦行の連続だった。

四人のなかでただひとり、ホプキンスだけがホーン岬を回った。一八四九年一月に乗船し、総航行距離一万三〇〇〇キロメートルにもおよぶ航海に耐えた。食料や水は腐り、ホーン岬の沖合には強風が吹き荒れ、波が猛然と襲いかかり、場合によっては氷山に衝突する危険もあった。

彼ら〝The Big Four〟には冒険心があり、明日への夢、そしてそれを実現する知恵と行動力があった。もしかしたら、万次郎は彼らとカリフォルニアの青い空の下で巡り会い、彼らとの会話に花を咲かせ、大いなる夢を語り合ったのかもしれない。一八五〇年一一月一日付の地元雑誌「フレンド」に「日本人との一時間」という記事が掲載されており、その可能性は否定できない。何せ、万次郎はゴールドラッシュの現場にいた唯一の日本人とされ、また、そう考えれば愉快この上ない。

【注】

1　全長三四メートル、幅八メートル、三七七総トン。三本マストの帆船で、伝馬船を舷に三隻ずつ備えていた。

2　ハワイは当時、カメハメハ三世が統治する独立国だった。米国に併合されたのは一八九八年のことで、一九五九年に米国五〇番目の州となった。

【参考文献】

井伏鱒二『さざなみ軍記・ジョン万次郎漂流記』新潮社（一九八四）

野口悠紀雄『アメリカ型成功者の物語―ゴールドラッシュとシリコンバレー』新潮社（二〇〇九）

斎藤元一『人物日米関係史―万次郎からマッカーサーまで』成文堂（一九九九）

第51話

カリフォルニアに生きる

ぶどう王と呼ばれた長沢鼎の武士道

私など、レストランでワインリストを出されるといささか戸惑ってしまう。知っていることと言えば、厳格なルールではないにしろ「肉料理には赤、魚料理には白」くらいなもので、製造年、製造地などはいかほども脳裏にうかばず、せいぜい価格にすばやく視線を運び、中の下あたりを選んでしまう。こんなでは、ワインの魅力など堪能できるはずがない。

さてさて、そんな私が今回紹介するのは、「カリフォルニアのぶどう王」と呼ばれた長沢鼎《かなえ》（一八五二〜一九三四）である。第9話で紹介したサツマ・スチューデントのひとりで、本名を磯永彦助といった。サツマ・スチューデントは密航留学であったため一時的に変名を使ったが、鼎だけは生涯をその変名で通している。

この小柄な薩摩隼人は、薩摩藩天文方の家に生まれた。いわゆる、学者の家系である。一八六四年、同藩のエリート養成所「開成所」に一期生として入学し、神童と言われた。そして、一八六五年、英国密航留学の一員に選ばれた。ときに一三歳、選ばれたなかでは最年少であった。

「国のために命を捨てる」と、しきりに煙を吐く桜島を前に強く誓った。父は伝家の小刀を与え、元服を済ませると別れの盃を交わした。母はといえば、鼎が出帆前にザンギリ頭にしたときの髪を前に、「生きて再び会うことはなかろう」と大きく泣き崩れた。事実、その母は一八八一年に亡くなり、その悲しい予感は的中する。

香港で船を乗り換え、英国のサウサンプトン港に入ったのは一八六五年六月二五日、薩摩の串木野（現在の串木野市）を出てから六五日目のことだった。ちなみに、彼ら密航留学一行が乗った一等船賃は一〇〇ポンドだったという。生麦事件で請求された賠償金が一〇万ポンド、両換算で二七万両だったことを考えると、二七〇両という高額になる。

最年少の鼎は、みんなにかわいがられた。彼は彼で、せっかくの機会だからと、同行する通詞に師事して英語の修得に励んだ。また、ほかの仲間と同じく、慣れない食事に悪戦苦闘し、一八六二年の文久遣欧使節団の一員だった松木弘庵（のちの寺島宗則）にテーブルマナーを習った。香港までは米もあったが、香港を出てからはもっぱらパンや肉食を主とした。すでに留学が始まっている、そんな心持だったかもしれない。

英国では、鼎だけが年齢を理由にひとりロンドンを離れ、スコットランド北東部の港湾都市、アバディーンに向かった。アバディーンは、密航留学を陰で支えたトーマス・グラバーの故郷である。旅立ちの日、のちに初代文部大臣となる森有礼《ありのり》が「まことに剛気の人であり、末頼もしい」と書き残すくらいに、ちびっこ留学生は仲間の前で少しも不安なそぶりを見せなかったという。

英文法やラテン語で第一位となるなど、いたって優秀だったようだ。しかしその一方で、通りすがりの馬車の上から少年にジャガイモを投げつけられるや、馬車から引きずりおろし叩きのめした。同伴者が降りてこようとすると馬の尻に鞭をいれたというから、薩摩隼人の面目躍如というべきか、サムライ・ボーイの本領発揮といったところである。

さて、異国の生活に慣れ、物質文明にもさほど驚かなくなった留学生は、心の安寧を求めるようになった。宗教への傾倒もそのひとつだった。薩摩の密航留学生もその例から漏れることなく、とりわけ、偶然知り合ったトーマス・レーク・ハリスは、彼らに大きな影響を及ぼした。鼎が米国に渡り働きながら勉学を続けようと考えた背景には、そうした事情が介在していたであろう。

ハリスは宗教家だが、その一方で、エリー湖畔にコロニーを経営し、小さな地方銀行の頭取を務めるなど、実業家の顔も持っていた。

コロニーには広大なぶどう園があり、ワインを醸造していた。ワインは、同コロニーの重要な事業のひとつだった。自給自足をめざし、鼎は牛の世話、いっしょに海を渡った森有礼はパン焼きに従事した。しかし、厳しい労働、それに加えて、故国では風雲急を告げる幕末動乱…。彼らは、留学生として苦悶した。鼎はのちに、「コロニーでの生活は、みじめでハッピーでない生活だった」と言っている。

さりながら、無味乾燥な毎日ということではなかったようだ。二〇歳《はたち》のとき、あるロマンスがささやかれた。相手は、一八七一年の岩倉具視《ともみ》使節団に加わり、女性最初の留学生のひとりとなった山川捨松《すてまつ》、のちの大山巌《いわお》元帥夫人であった。森が仲介したという。これは史実なのか。成功者の鼎が生涯独身を貫いたのは彼女とのことがあったから、とまことしやかにいわれているが、当の本人は言下にこのことを否定している。歴史ミステリーのひとつに挙げたいくらいだが、真相は闇の中…。言えることは、鼎の人生にひとりの大和撫子が何らかの影を落としている、ということだけである。

一八七五年、ハリスはカリフォルニアに移住することを決めた。仲間割れが原因だったという。一行は大陸横断鉄道で移動したが、このとき、ひとりの日本人が同行している。名を荒井常之進といった。仙台藩士に生まれ、戊辰《ぼしん》戦争では主戦論を貫き、箱館戦争にも従軍した人物である。その後、箱館でロシア正教の宣教師ニコライと知り合い、キリスト教に入信。初代駐米弁務使（公使）となった森有礼に見いだされ、一八七〇年に渡米した。どうやら、森は彼をハリスのもとに遣わすことを考えていたようだ。実際、いったんはハリスのもとに身を寄せるが、最後は、二〇世紀を前に帰国している。巣鴨に居を構えたために「巣鴨聖人」と呼ばれ、足尾銅山鉱毒事件で活躍する社会運動家、田中正造に影響を与えた人物でもある。

ハリスと別れた鼎だが、一八七九年にカリフォルニアのサンタ・ローザでぶどうの植え付けを始め、一八八二年にはワイン醸造所を完成させた。このワインがすごかった。一八九三年、カリフォルニア州ワインコンテストで第二位を射止めるのである。ロサンゼルス、ニューヨーク、ロンドンに支店を置き、世界中にワインを供給した。その一方で、当時としては珍しかった自動車でワイナリーを見て回った。

しかし、世情は排日の色を強めていく。日露戦争での日本の勝利は最初こそ激賞されたが、「黄禍論」が蔓延し始めると真逆の様相を呈するようになっていった。土地所有も制限された。しかし、幸いにも、鼎はその影響をほとんど受けなかった。かなり前から所有していたため、例外扱いとされたのだ。

さすがに、一九二〇年の禁酒法の施行ではビジネスの縮小を余儀なくされた。しかしそれでも、鼎は悠々自適の生活を送った。よほどの蓄えがあったのであろう。

一九三四年、禁酒法が解禁となって二ヵ月後、ひとり異国の地に留まった長沢鼎は、その地でその生涯に幕を下ろした。享年八二。何不自由のない、静かな死だった。しかし、思うのは、「なぜ、異国に留まったのか?」ということだ。本人が言うように短気だったからか、それとも、日本を忘れたからか。

前者はさておき、後者については、明治も終わろうとする頃、島津家第三〇代当主にあたる島津忠重が日本海軍士官候補生としてサンフランシスコに寄港した折、馬車を仕立てて自宅に招き、門前で土下座をして出迎えたという逸話からは、そうした要素は微塵も感じられない。

一九八三年晩秋。ときの米国大統領、ロナルド・レーガンは日本の国会で演説し、そのなかで鼎の偉業を称えた。

【参考文献】

産経新聞「日本人の足跡」取材班『日本人の足跡〈二〉―世紀を超えた「絆」求めて』産経新聞ニュースサービス（二〇〇二）
松本紘宇『サムライ使節団欧羅巴を食す』現代書館（二〇〇三）
林望『薩摩スチューデント、西へ』光文社（二〇一〇）

第52話

「もっと沖に出よ！」近代水産業の父、関沢明清の遺志

「もっと沖に出よ」…。近代化を急ぐ明治政府はしきりに遠洋漁業を推奨した。そして、そうした方針を体現した人物に、「近代水産業の父」と呼ばれる関沢明清《せきざわあけきよ》（一八四三〜九七）がいる。

明清と「長寿丸」の男たちが二頭のマッコウクジラの息の根をとめたのは、一八九四年七月一六日のことだった。宮城県石巻市の太平洋上に浮かぶ金華山沖での快挙だったが、それは洋上捕鯨に先鞭をつける大活劇であり、自らが導入した米国式捕鯨法が開花した瞬間だった。しかし、悲しいかな、その手法は死んで浮上するマッコウクジラなどにしか使えず、その後の捕鯨の主流は、捕鯨砲と強力なウインチを備えた捕鯨船で行うノルウェー式へと移行していく。それでも、明清の実績はいささかも色あせるものではなく、こころから快哉を叫びたい。

加賀藩の中級藩士の家に生まれた。幼少の頃から優秀だったらしく、藩校壮猶館に学び、藩から選抜されて江戸留学を命じられている。村田蔵六（大村益次郎）の鳩居堂に入塾し知識を深めたとされるが、この留学についての詳細は不明のようだ（徳田寿秋氏は、帰藩した明清が藩の軍艦運用方頭取に就いていることから、築地の軍艦操練所に学んだのではないか、とする）。

その頃、加賀藩は、一八六二年の将軍家茂《いえもち》上洛の際の供奉船《ぐぶせん》とすべく軍艦「発機丸《はっきまる》」を英国から購入した。長さ約四九メートル、四〇八総トンというから、かの「咸臨丸」（長さ約五〇・九メートル、三八〇総トン）にほぼ匹敵する大きさである。原名の「シティ・オブ・ハンコウ（漢口、現在の武漢市の一部）」から想像がつくように、長江などの大

河を運航する目的で建造されたかなり古い船だった。そのためか機関部などが故障しがちで、修理のため、七尾から長崎に回航したのが一八六五年のことである。そのときの船長は、軍艦奉行の金谷与十郎が務めた。

長崎に着いて「発機丸」を検査すると、陸揚げして修理すれば五、六年はもつが、洋上での修理では一年程度しかもたない、との報告がなされた。それほどに同船は痛んでいたのだ。さんざん迷った挙句、時間はかかっても陸揚げして修理することになった。しかし、修理についての専門的な知識がなく、また、機関部を陸揚げする機材も不足していた。仕方なく、金谷は軍艦運用方頭取の明清をトーマス・グラバーのもとに派遣し、救いを求めた。加賀藩は一ヵ月ほど前に産物方の運搬船として帆船「啓明丸」をグラバーから購入しており、彼とは旧知の間柄だったのである。

しかし、英国人の技師すら手を焼くありさまで、金谷は困り果ててしまった。そんな窮状をつぶさに見ていたグラバーは、新しい軍艦「李百里丸」の購入を金谷に薦めた。金谷は「李百里丸」購入の決裁を仰ぐことに決め、明清を金沢に差し向けた。

猶予期間は三〇日と知る明清は、金沢へと急いだ。が、折よく、藩主斉泰が上洛中だったため、なんなく京都で購入が即決された。

長崎でいろいろな人物と交流するうち、金谷は西洋の知識や技術を藩に取り入れる必要性を痛感するようになった。そうだ、長崎に派遣されている留学生を藩費で海外に留学させよう…。彼はそう考えた。さっそく薩摩藩の五代友厚を訪ね、加賀藩の留学生三人を同藩の留学生に加えてほしいと懇請した。事情を呑み込んだ五代は、サツマ・スチューデント密航の翌年に追加実施される留学に受け容れることを快諾した。

一八六六年九月、ロンドンに向け長崎を出た。この年の五月に海外渡航は解禁されていたが、旅券発給事務が開始されるのが一二月であり、明清らは厳密には密航ということになる。しかし、そこは大藩の面目からか、加賀藩は彼らが一二月に出港するかのように手配し、正式に旅券の発給を受けた藩費留学の体裁をとっている。

明清が選ばれたのは軍艦運用方頭取としての活躍があったからであろうが、父の友人で「発機丸」の船長でもあった安井和介なる人物が、「もっと大きなこと、国事のために奔走したい」と言うのに感化され、洋学といえば蘭学という時代に英語の勉学に勤しんだことが大きかったのではないか。

二年のロンドン留学を終えると金沢藩権少属商法掛を拝命し、富国強兵を目指す藩政に貢献した。その実績のひとつが、加賀藩および支藩の大聖寺藩の共同事業となる兵庫製鉄所の創設であった。

オランダ商人から機械を購入し、借用した兵庫の官有地に建設する大掛かりなプロジェクトだった。しかし、版籍奉還で藩財政が切迫し、道半ばで大聖寺藩が脱落した。さらには、廃藩置県が断行され、事業は新政府の工部省に引き継がれることになった(注1)。

一八七一年、明清は岩倉使節団に加わる前田利嗣に随行し、ふたたび海を渡った。第一五代藩主となるべきはずの人物につき従ったところをみると、海外渡航の経験があったからにせよ、明清がいかに重宝されていたかうかがい知れる。

明清はさらに躍動する。一八七三年のウィーン万博、一八七六年のフィラデルフィア万博に政府の一員として参加するのである。この世界的なイベント、とりわけウィーン万博において、明清は大きな衝撃をうけた。会場に陳列された養魚施設や、科学技術を駆使した漁業法に目を奪われ、「鉄槌をくだされるよう」だと驚きを隠せなかった。

フィラデルフィアにおいても驚きは同じだった。明清は缶詰の技法を学び、製造機械を持ち帰った。彼の視線の先には、わが国の近代化された漁業があった。なぜ、明清はそこまで漁業の近代化に拘泥したのか。今となっては推し量るしかないが、ウィーン万博の庭園工事を監督した三級事務官（ちなみに、明清は一級事務官）の津田仙(注2)が西洋農業をわが国に導入するよう強く説いたことが大きな刺激となった、とする向きもあるようだ。

今日、明清は日本水産業の父とされ、現在の東京海洋大学の前身にあたる水産伝習所の初代所長と紹介されている。一八八七年、九十九里浜で揚繰網《あぐりあみ》漁法を改良し、一八八九年に先の水産伝習所所長に就任した。一八九二年に退官したのちは房総の館山《たてやま》に移り住み、冒頭に紹介したマッコウクジラをしとめ、一八九六年には新造の洋式帆船「豊津丸」でマグロ漁を始めた。

「もっと、沖へ」…。明清は「豊津丸」で小笠原へと繰り出した。行く手にはおびただしい数のマグロの群れ。こころが躍ったことだろう。しかし、その冬、二回目の漁に出た明清は心臓発作に襲われた。急遽、館山に引き返した。しかし、生きてふたたび魚群を目にすることはなかった。享年五五。「残念だ」…。明清の最後の言葉だった。

彼の無念は、遠く小笠原の洋上をさまよった。それでも、弟の鏑《かぶら》木《き》余二男《よみお》が兄の残した「豊津丸」でベーリング海のオットセイ漁に成功し、「冬はマグロ漁、夏は捕鯨とオットセイ漁」を生業とする房総遠洋漁業会社（のちに東海漁業株式会社と改名されるが、一九六九年に閉鎖）を設立したことを知れば、その無念も晴れるに違いない。

【注】

1 この工場はその後兵庫造船所となり、一八八六年には川崎正造に払い下げられ、今に継承されている。

2 津田仙は、現在の津田塾大学を創設した津田梅子の父。彼女がわが国最初の女子留学生となったのは、この父の働きかけだった。

【参考文献】

和田頴太『鮭と鯨と日本人—関沢明清の生涯』成山堂書店（一九九四）
徳田寿秋『海を渡ったサムライたち—加賀藩海外渡航者群像』北國新聞社出版局（二〇一一）

第53話 空腹を満たしたイモと心を満たした英国娘

男爵薯の父、川田龍吉の留学記

寒い冬の日にほくほくと食べるバターたっぷりのジャガイモは、立ちのぼる湯気と相まって何とも幸せな気持ちにさせてくれる。

馬鈴薯《ばれいしょ》とも呼ばれるジャガイモはナス科の多年草で、淡い紫色ないしは白い花をつける。メークイーン、キタアカリ、男爵薯《だんしゃくいも》などの品種があるが、今回は、この男爵薯にかかわる人物の話である。

ジャガイモの原産地は南ペルーのチチカカ湖付近の高地とされ、インカ文明を生み出す原動力だった。南はチリ、北はメキシコまで伝わったジャガイモだが、一五三三年のフランシスコ・ピサロによるインカ征服ののち、スペイン兵の手によってスペイン本国に持ち込まれ、一六世紀末にかけて欧州各地に広まっていった。

わが国に伝わったのは一六一四年前後で、当時交易が許されていたオランダ人が長崎に持ち込んだのが最初とされている。たびたび全国を襲った飢饉で幾度となく危機を救い、「お助け薯」などとも言われた。ちなみに、ジャガイモという呼び名は、オランダの拠点のあったインドネシア・ジャカルタ（オランダはバタビアと改名）の「ジャガタライモ」に由来する。

さて、男爵薯の父、あるいは育ての親とされる川田龍吉《りょうきち》（一八五六〜一九五一）のことである。わずかな農地を有する土佐の郷士《ごうし》の家に生まれ、（真偽のほどは定かでないものの）一皿の鰯を一週間かけて食べたという話が残るほどの苦しい暮らし向きのなか、質素倹約を旨とし、理財の術を身につけていった。その一方で、郷士の子というだけで藩校への入学が許されず、そのために旧来の身分制を忌み嫌い、自らの意志を貫かんとする強い気性を備えていく。

　父、川田小一郎が岩崎弥太郎と親交を深めると、龍吉の人生に光明が射しはじめる。ちなみに、小一郎は三菱商会の事務総監を務め上げ、ときの蔵相、松方正義に請われて第三代日本銀行総裁を引き受け、そののち勅撰の貴族院議員となり、さらには、日清戦争での戦費調達に尽力した功績で男爵の爵位を与えられた人物である。のちに、龍吉はこの爵位を継承する。

　一八七一年、九十九《つくも》商会の事業発展にともなって大阪に移る父にしたがい、龍吉は土佐をあとにした。大阪では、弥太郎が旧土佐藩邸に開設した英語学校で米国人教師から英語の初歩を学んだ。

　一八七三年、九十九商会は三菱商会と改名され、本拠地を大阪から東京の日本橋南茅場町に移した。川田家も東京に移った。龍吉は、三田の旧島原藩中屋敷に開設された慶應義塾に入塾する。

　理財の道を進むと思われた龍吉だったが、どうしたわけか医学所に通い始めた。しかし、英語を初歩から教えるレベルの低さに嫌気がさし、「医者は馬鹿なり」などと落書きし師に叱責される。ついに龍吉は塾を辞め、土佐出身の高官で「土佐三伯」のひとり、佐々木高行（ほかには、板垣退助、谷干城《たてき》）の書生となった。

　一八七四年の征台の役、一八七七年の西南戦争などで三菱（郵便汽船三菱会社）は業容を大きくしていったが、その一方で、造船工学に通じた優秀な人材が数多く必要となった。

　天は三菱に味方した。大型蒸気船の修繕を目的に、一八七五年、上海の造船業者ボイドと共同で三菱鉄工所を設立したのだが、そのボイドがスコットランドの出身で、造船業が盛んなグラスゴーにつながっていたのである。そのため、多くの技術者を、グラスゴーのロブニッツ・カルボーン造船所から派遣してもらうことができた。

　同社のオーナー、ヘンリー・ロブニッツが、派遣条件の交渉のため来日した。幸いにも自邸を訪ねてきたロブニッツに、父、小太郎は息子の留学を懇請した。「職工から叩きあげてくれ…」。大口の顧客でもあり、ロブニッツはその願いを受け入れた。龍吉にしても、父のビジネス仲間の語る外国の話を耳にし、福沢諭吉の『西洋事情』などを読んだりするうちに、欧米の文化や技術に関心を抱いていた。横浜に建設された三菱鉄工所にも興味があり、是非とも留学したいと思った。三菱の輿望《よぼう》を担う龍吉の私費留学は、こうして決まった。

一八七七年三月、外務卿、寺島宗則署名の海外渡航証明書（旅券）が発行された。第三七二五号と書かれた旅券に「身四尺九寸五分」（約一五〇センチメートル）とあるから、身の丈は小柄といっていい。

さしあたり必要な資金は三菱から借り入れた。費用を少しでも切り詰めようと、一般船客としてではなく、修繕のため英国に回航される「新潟丸」（一九一〇総トン）の船員として乗り込んだ。そのため、留学とは言いつつも、上海、インド洋経由、喜望峰まわりの実習を兼ねた航海で、ボイラールームで機関士見習いとして働いた。

約半年の航海を終え、ようようグラスゴーに安着した。龍吉が最初に身を寄せたのは、グラスゴー（注）に近いレンフリューの造船所だった。

龍吉の約七年に及ぶグラスゴー生活が始まった。レンフリューの造船所で一年余りの間、鋳造、製図などの実地訓練を受け、その後、グラスゴー大学の技芸科に入学し、船舶機械に関する知識を吸収していった。

しかし、当地の気候は、南国育ちの龍吉には酷だった。激しい頭痛に襲われ、ときとして望郷の念にもかられた。いわゆる、ホームシックであろう。そんなときは、母に頼んで郷里の新聞や雑誌を取り寄せ、ささやかな心の癒しを得た。そして、そんな龍吉を、母の美津は励まし続けた。手紙は言うにおよばず、菊の苗やら郷里の土産までも船便に託している。

グラスゴー大学を優秀な成績で卒業し、龍吉はレンフリューの造船所に戻った。舶用機関に関する知識を学びながら、実地に造船技術を身につけた。しかし、わびしい生活は相も変わらず。冬の夜など、焼き芋屋の売るジャガイモで空腹を満たすこともあった。胃の腑を満たした味が生涯忘れられず、それが男爵薯の父と呼ばれるようになる遠因になるのだから、まさに、「縁は異なもの味なもの」である。

されどされど、胃の腑は満たされても、こころは北国の重く寂寞とした空気のなかでは解放されない。そんなとき、駅前の書店で働く敬虔《けいけん》なクリスチャン、ジェニー・エディー（Jeanie Eadie）と知り合った。まだ一九歳という若い英国娘との出会いは、龍吉の日々に彩りと潤いをもたらした。しかし、まだまだ国際結婚など珍しい、あるいは毛嫌いされる時代だった。父、小太郎もこのことをいたく懸念していた。父のそうした思いは、妻、つまりは龍吉の母の手紙に、「(前略）あるまゐとはおもへども、ひょんと又そちらの女でもつれてくるよふな事有りては、父上ニ申わけたたず（以下略）」と認《したた》められていることからもわかる。しかし、むべなるかな、若いふたりの愛を隔てるいかなる壁も存在し得なかった。

龍吉が帰国するまで、ふたりはおよそ一〇〇通近い手紙を取り交わした。いまはジェニーが差し出した八九通だけが残っているようだが、開国したとはいえまだまだ閉鎖的で、異教を拒む前近代的な風潮が色濃くはびこる時代をかいくぐり、こうした手紙が残っていること自体奇跡に近い。それだけ、龍吉の愛が本物だった、わたしはそう信じたい。

ジェニーは、龍吉のややもすると単調になりがちな生活を慰めた。近隣の人々とうまくつきあえるようアドバイスし、ときとして、キリスト教の教えを説いた。ジェニーのおかげで、龍吉の日々は間違いなく色づいたことであろう。

ときは移ろい、ふたりを分かつときが訪れた。一八八四年、七年に及んだ龍吉の留学生活に終止符が打たれるのである。レンフリューの造船所から優秀な成績を称える「技術証明書」が与えられ、彼の所期の目的は立派に果たされた。しかし、…。

同年六月三日、龍吉はグラスゴーのクライド河畔から、三菱の新造船「横浜丸」（二三〇五総トン）に機関士として乗り込んだ。岸壁にはジェニーの姿が…。哀切感の漂うなか、「横浜丸」は静かにともづなを解いた。

帰国した龍吉は、三菱鉄工所に機械工として破格の待遇で迎えられた。日本郵船に籍を移し、「薩摩丸」に機関士として乗り込んだ。同社に在籍のまま、三菱鉄工所の後継となる横浜船渠《ドック》会社の創設にも関与した。その一方で、ジェニーへの淡く儚い恋心を断ち切り、土佐出身の春猪という美しい才媛と結ばれた。

一八九七年、龍吉は横浜船渠株式会社の初代社長に就任し、その傍らで、翌年、軽井沢で牧場を始めた。一九〇二年には蒸気自動車ロコモビルを購入し、わが国では初となるオーナードライバーにもなっている。しかし、龍吉のこころを捕えて離さないのは、「農業と工業の調和のとれた発展」だった。

函館船渠の専務取締役に就き、北海道の地に住みつくようになると、にわかに「農工共栄」の実践に着手した。そうして実践したなかに、男爵薯の全国普及がある。(川田龍吉)男爵が広めたことから男爵薯と名付けられたこのジャガイモは、龍吉が輸入したアイリッシュ・コブラーが種イモで、味がよく、病気にも強いという特長があり、いまや、北海道を代表する特産物のひとつとなっている。

晩年はカトリック教徒となり、死後はトラピスト修道院裏の墓地に埋葬された。龍吉の人生は海事産業と切っても切れないものだが、その硬質さの傍らには、ジェニーとの淡い恋の花、そしてジャガイモの花が咲いている。気掛かりは、ジェニーのその後の消息がいまだ杳《よう》として知れないことである。

【注】

グラスゴー近郊に最初に学んだ日本人は、サツマ・スチューデントのひとりで、本書でも紹介した長沢鼎(スコットランド北東部のアバディーンに留学)であり、その次は一八六六年、長州ファイブのひとり、中尾庸介とされる。中尾は、グラスゴーのネイピア造船所で見習工として造船技術を身につけた。ちなみに、この造船所は「明治丸」を建造したことでも知られている。

【参考文献】

館和夫『川田龍吉伝―男爵薯の父』北海道新聞社(二〇〇八)

伊丹政太郎、A・コビング著『サムライに恋した英国娘―男爵いも、川田龍吉への恋文』藤原書店(二〇〇五)

第54話

わが国は、やっぱり「海事立国」です

京都の食文化を創った北前船、そして船霊信仰など

与謝野晶子は敦賀《つるが》から船でウラジオストックにわたり、ハルビン、モスクワ、ワルシャワ、そしてパリと、シベリア鉄道の車窓にながれる景色をながめた。一九一二年のことである。

この晶子の出立の港となった敦賀だが、昔から日本海交易の中継地として知られ、京都の食文化をささえた昆布と関係していると聞けばいささか興味をそそられる。

敦賀で老舗の昆布店「奥井海生堂」を経営する奥井隆氏が書かれた『昆布と日本人』という本に、そのあたりのことがくわしく書かれている。

一六七二年に河村瑞賢《ずいけん》によって西廻り航路が開拓されるまで、北の海産物は北国船《ほっこくぶね》あるいは羽ケ瀬船《はがせぶね》と呼ばれる木造船で運ばれていた。大方の近江商人は敦賀で荷揚げし、馬の背で琵琶湖をめざし、そこからは船で対岸の大津に運び、ふたたび陸送で京都や大坂をめざした。日本海を往来する、いわゆる「昆布ロード」である。そしてこの海路は、抜荷《ぬけに》に長けた薩摩によって、琉球、清（中国）へと延びていった。しかし、西廻り航路で下関を経て大坂まで行けるようになると、敦賀の中継地としての意味合いは薄れていった。

『昆布と日本人』を一気に読み終え、日本海のことを思った。そんなとき、テレビで「北前船の海道をゆくスペシャル〝列島縦断！ 海の豪商たちの隆盛を辿る〟」（BS朝日）が放映され、そこでも同じようなことが紹介されていた。

銭五こと、銭屋五兵衛（一七七四～一八五二）を思い出した。言わずと知れた海の豪商のひとりだ。日本海を舞台に北前船で財をなし、ときとして、薩

摩の密貿易をささえることで火の車だった同藩をすくった。

北前船の船主は「一航海千両」といわれた弁財《べざい》船《せん》（弁才船。いわゆる千石船）をあやつり、年一度、蝦夷地（北海道）と商都大坂の間を往復した。彼らは「安く仕入れて高く売る」というビジネスモデルをまっとうした人たちで、元はといえば、蝦夷地の海産物を京や大坂に売りこむ近江商人が雇っていた船が独立した人たちだった。〝買い積み〟と呼ばれる商品買い取り制で、商品情報を耳さとく入手し、一航海で千両―今の貨幣価値でいえば一億円ともされる―の利益をあげた。しかしそれは、ハイリスクとつねに隣り合わせだった。

北海道江差の鰊《にしん》は日本を変えた北の産物である。食べるだけでなく、鰊粕は良質な肥料として重宝された。「ヤーレン、ソーラン、ソーラン…♪」で知られるソーラン節は、小気味よく力強いメロディーと相まってその当時の賑わいを髣髴《ほうふつ》させる。「江差の五月は江戸にもない」といわれたほどだから、じつにすさまじい。


北の荷は鰊だけではなかった。函館の献上昆布、津軽海峡をこえ風待ちの青森深浦では「神明宮《しんめいさま》のトヨの水《みつ》」なる名水、秋田の米、それに阿仁《あに》鉱山で産出された銅、(注)大河（信濃川、阿賀野川）で育った新潟の米などなど、土地々々のあらゆる産物が洋上をわたったといっていい。

新潟の花街が水主《かこ》たちを慰め、文化のすすむ金沢では鰊の昆布巻きを食し、そして京都では、昆布出汁《だし》のきいた京料理が出された。

幕末の大手船主のひとつ、敦賀の右近家は一八八七年（明治二〇）前後にいち早く蒸気船に進出し、近代船主の道をすすんだ。さらには、航海にともなうリスクをなんとかしようとして、一八九六年、加賀の広海家と海上保険会社の先駆けとなる「日本海上保険会社」を設立した。ちなみに、この会社は政府の方針のもと、一九四四年、川崎財閥の日本火災保険会社と合併し日本火災海上保険会社となった（現在の日本興亜損害保険株式会社）。

ダイナミックとしかいいようがない。海を舞台にした一大活劇、そのひとつが日本海に浮沈した北前船主だった。リスクをおそれず一攫千金をねらう。そういうと、いかにも向う見ずな荒くれ者の集団っぽく聞こえるが、じつのところは、いつでも、どことはなしに神仏に安全航海を祈る信心深い人たちでもあった。ということで、ここからは視点をガラッとかえて、海民（船主、あるいは漁民）たちの〝信心〟についてかんがえたい。

「板子一枚下は地獄」…。航海はいろいろな危険と隣り合わせである。だからこそ、海民は、航海安全をさまざまに、また、折々に神社仏閣に祈願する。そしてその祈りは、ときとして象徴ともいうべき偶像を生み出す。

そんな偶像として、日本各地で「船玉さま」「船霊さま」「舟玉さま」「オフナサマ」などとも呼ばれる船霊《ふなだま》がある。御神体としては、男女一対の人形、銅銭、女性の頭髪、サイコロ二個、五穀（米、大豆、小豆、麦、粟、ひえなど）などが一般的で、船大工の棟梁が心をこめて作り、帆柱の下部をくりぬいた穴のなかに神官が奉斎《ほうさい》し、海難にあったときにそれらを海中に投げ込んだ。

人形は、土製素焼きの首に布地の着物が付けてあるもの、頭部は石膏で着物は紙という具合にほんとうにいろいろで、なかには十二《じゅうに》単《ひとえ》をまとったものまであるという。ちなみに、男女一対とするのは、この世でもっとも強いとされる男女の結びつきになぞらえ、力強い航海を思ってのことのようだ。銅銭は十二文銭、一円玉一二個などである。一二とは一年間の月の数を意味し、閏年には一三にかわったという。頭髪は妻のものや夫婦そろった家の老婆のものなど、じつにさまざまである。サイコロは、「天一、地六、オモテ三、トモ四」という具合に数をそろえて安置された。

こうした御神体を船大工の棟梁や神官が船に納めるのだが、この儀式には、山の神（木霊）を追放する船下ろしと、木霊を船体に鎮めるゴシン入れという要素がある。船大工の棟梁はこの神聖な儀式を行うにあたり、ゴシン入れの一週間前から妻とは床をともにせず、精進料理をとおすという。

こうした船霊信仰のほかにも、航海安全にまつわる信仰、伝説はいろいろある。たとえば、奄美などの南西諸島や沖縄諸島では、妹（オナリ、またはヲナリ）を兄の守護神とする〝オナリ信仰〟がある。機織《はたおり》の手を休めて昼寝をしていたオナリを母親が揺り起こしたところ、オナリの兄が溺死したという言い伝えである。司馬遼太郎氏の『街道をゆく40—台湾紀行』のなかに、台湾の媽祖《まそ》の話が紹介されている。福建省で生まれた（九六〇年のこと）女性が二七歳のとき、機織をしていて肉体から魂が遊離した。魂ははるか海上をとび、遭難していた父と兄をみつけた。まず父親を助け、次に兄を助けようとしたときに母親が彼女を呼びさましたために兄は助からなかったという。彼女はそののち昇天し、海上の守護神（媽祖）になった。これが、媽祖伝説とよばれるものらしいが、先のオナリ信仰は、この伝説が海をこえたのかもしれない。

いずれにしても、海民の祈りは果てることがない。危ないときに船霊さまが女性の姿を借りて船頭に注意を促し、その女性が姿を消すと遭難してしまうという。船霊さまはなぜ女性なのか。ある船大工が船の造り方を女房に教えられ、そのことを恥じて彼女

航海安全を祈願する（金刀比羅宮）　筆者撮影

を殺し、その贖罪から神として祀ったからという説もあるが、真偽のほどはわからない。

　海と船にまつわる歴史、信仰、風習、風土など、じつに奥が深く、興味は尽きない。やっぱりわが国は海事立国であり、今後ともそれはかわりそうにない。

【注】

一八世紀、わが国の銅が世界経済を席巻した。その銅を当時もっとも多く算出したのが阿仁鉱山だった。銅は西廻り航路で長崎に運ばれ、オランダとの貿易の決済に使われた。当時の貿易額の七～八割が銅で決済され、その銅が硬貨として鋳造され、世界経済に君臨したのである。

【参考文献】

奥井隆『昆布と日本人』日本経済新聞出版社（二〇一二）
岩尾龍太郎『江戸時代のロビンソン―七つの漂流譚』新潮社（二〇〇九）
畑野栄三『全国郷土玩具ガイド2 関東・東海』婦女界出版社（一九九二）
日本口承文芸学会編『シリーズ ことばの世界 第3巻 はなす』三弥井書店（二〇〇七）
川島秀一『漁撈伝承』法政大学出版局（二〇〇三）
平賀禮子『御船歌の研究』三弥井書店（一九九七）

第55話

いま、「岩倉使節団」を考える
このくにを創った一年九ヵ月の大視察

「波濤列伝」を執筆してきて改めて思うのは、先人たちのさまざまな熱い思いである。とりわけ、このくにを創ったといってもいい大使節団、一八七一年一二月二三日から翌年九月一三日の約一年九ヵ月にも及んだ「岩倉使節団」は傑出している。

四六人の使節団、一八人の大使・副使の随従者、四三人の留学生の総勢一〇七人（注1）からなる欧米視察団である。右大臣岩倉具視《ともみ》（当時四七歳）を特命全権大使とし、副使に、参議木戸孝允《たかよし》（同三九歳）、大蔵卿大久保利通《としみち》（同四二歳）、工部大輔伊藤博文（同三一歳）、外務少輔山口尚芳《ますか》（同三三歳）を据えた。

この使節団の目的は、①新政府樹立にかかる表敬訪問、②不平等条約の改正予備交渉、③欧米諸国の制度や文物などの視察と調査―であった。この使節団派遣を発案し建言したのは、オランダ系米国人のフルベッキ（注2）だった。彼は一八五九年に宣教師として来日し、長崎で教鞭をとり、政府の招きで一八六九年に上京したのちは、大隈重信、副島種臣、江藤新平、伊藤博文ら多くの若者を感化した。第22話でも紹介したように、多くの有為の士に米国のラトガース大学などで学ぶ機会を与えた人物でもある。

太政大臣、三条実美《さねとみ》は自邸で送別の宴を催し、「今ヤ大政維新、海外各国ト並立ヲ図ルノ時ニ方《あた》リ、使節ヲ絶域万里ニ奉ズ、外交内治前途ノ大業、其成其否実ニ此挙ニ在リ」、「行ケヤ、海ニ火輪ヲ転シ、陸ニ汽車ヲ輾《めぐ》ラシ、万里馳駆《ちく》、英名ヲ四方ニ宣揚シ、無恙《つつがなく》帰朝ヲ祈ル」と、勇壮美麗な餞《はなむけ》の言葉を贈った。意気軒昂《けんこう》、開明の志士たちの心はさぞや躍ったことだろう。

いよいよ、若い顔々が旅立っていく。それは、政府の実力者が揃いも揃っての、世界に類を見ない長期出張の始まりであった。一八七一年一二月二三日八時、一行は馬車で横浜港に向かい、沖合に浮かぶパシフィック・メール社の「アメリカ号」(注3)に乗り込んだ。

岩倉一行の旅の様子は、大使随行の久米丈市《たけいち》(邦武《くにたけ》)が執筆した『特命全権大使米欧回覧実記』によって知ることができる。久米は佐賀藩の出で、のちに帝国大学文科大学や早稲田大学の教授を務める人物である。彼の書き残した記録は日記調ながら、歴訪各国の地理、歴史、政治、経済、教育、宗教など広範に及び、充実したその内容は驚嘆に値する。

横浜を出て二三日目、一行は霧のなかに米国大陸を視界にとらえた。一八六〇年以来ふたたび姿を見せた極東からの使節団を一目見ようと、岸壁は多くの市民で溢れかえった。

当時のサンフランシスコは一八六九年の大陸横断鉄道の開通で活気づき、岩倉一行は西洋文明に大きな衝撃を受けた。まずは、ホテルの豪華さに度肝を抜かれた。磨き上げられた大理石の床、快適なベッド、栓をひねれば滾滾《こんこん》と湧き出る水、見たこともない豪華な鏡、カーペット、シャンデリア…。留学生のホテルには〝小さな部屋〟(エレベーター)まであった。

伊藤博文は虚勢を張るかのように、「日本国旗の赤丸は昇る太陽の象徴であり、日本はこのさき西洋文明の中天に向けて前進向上する」と英語で演説した。世にいう「日の丸演説」だが、これは地元で大きな反響を呼んだ。

使節団一行は大陸横断鉄道でワシントンを目指したが、路程約五〇〇〇キロメートル、七昼夜を要する旅もまた衝撃の連続だった。久米のいう〝スリピンカール〟(寝台車)は暖房、ガス灯が完備され、蛇口をひねると湯が出た。開《あ》いた口が塞《ふさ》がらないまま、一行は、雪のソルトレーク、一八七一年一〇月の大火直後のシカゴの街を抜け、「宏大壮麗ナル」庁舎が林立するワシントンに着いた。

人口一一万人の行政都市で、彼らはときの大統領、かつての南北戦争の英雄、グラント将軍に面会した。

髷《まげ》を結い和装を通していた岩倉は、シカゴで再会した子息に讒言《ざんげん》され洋装に変わっていた。ほかの面々も、少なくとも見た目はすっかり文明人となっていた。

大統領に国書を渡し、早々に次なる目的地ロンドンを目指す手はずだった。しかし、米国側の歓待ぶりに大いに気を強くし、一気に条約改正に持ち込める、と踏んだのが目算違い。正式な交渉には天皇の委任状が要るとの理由で、大久保と伊藤が海路五千里、陸路三千里を往復した。しかし、哀れにことは成就せず、彼らの一五〇日あまりのワシントン滞留は徒労に終わるのである。

しかし、倒れてもただでは起きない。彼らはその時間を徒費にはしなかった。大蔵省、特許庁、スミソニアン研究所、各種学校、工場など、精力的に視察して回った。そして留飲が下がるのは、一行の礼儀正しく、折り目正しい立居振舞が、当地の人々に大いなる感動を与えたということだ。

人口一三五万人の大都市ニューヨークの賑わいに触れ、次なる目的地、英国に向けボストンを後にした。ときに、一八七二年八月六日。サンフランシスコに上陸してから、すでに八ヵ月近くが過ぎようとしていた。

一行を乗せた「オリンパス号」は一〇日のあいだ穏やかに航海し、当時世界一の反映を誇っていたリバプール港に安着した。マストが茂る港の姿に目を奪われたのも束の間、使節団一行はロンドンに向かった。

人口三二五万人の世界一の繁華ぶりは、彼らの想像を絶するものだった。鉄橋を行く汽車、地中を走る地下鉄…。それは、ワシントン、ニューヨークが田舎も同然に思えるほどだった。

幕末、薩摩や長州の留学生が英国に密航し、藩費留学生なども多くいた。そして、第一次洋行ブームの明治初期には、たとえば、徳島藩二五万石、蜂須賀家最後の藩主茂韶《もちあき》がおそらくわが国初となる夫婦同伴旅行を楽しみ、大倉財閥を創設する大倉喜八郎はわが国初となる商用出張中だった。

英国ではリバプールの造船所はじめ、マンチェスターの綿紡績工場や製鉄所を訪ね、スコットランドの工業都市グラスゴー、古都エジンバラなどを精力的に巡った。その一方で、裏通りに屯《たむろ》する貧しい労働者など、繁栄とは裏腹の、影の部分にも鋭い視線を向けている。それは西洋文明の矛盾を突いており、なかなかの慧眼《けいがん》としかいいようがない。

光と影…一行は羨望と懐疑を脳裏に刻み、一二月一六日、四ヵ月滞在した英国からドーバー海峡を越え、その日のうちにカレーからパリをめざした。

人口一八〇万人の麗都に、一行はすっかり魅せられた。久米はロンドンと比べて、「倫敦《ロンドン》ニアレハ、人ヲシテ勉強セシム、巴黎《パリ》ニアレハ、人ヲシテ愉悦セシム」と実記に記しているが、言い得て妙である。

日本人も多くいた。たとえば、西園寺公望《さいおんじきんもち》は米国、英国を経て、一八七二年三月にフランスに入り、その後一〇年ものあいだ留学生としてパリに留まっている。のちに、首相、パリ講和会議全権大使、元老を歴任する大人物だが、その当時は一介《いっかい》の若者に過ぎなかった。

一行はベルギー、オランダを歴訪し、新興国ドイツでは宰相ビスマルクに大きな感銘を受けた。大久保にいたっては、「″日本のビスマルク″にならん」と考えるほどだった。

ビスマルクの招宴後、大久保と木戸は本国政府から帰国命令を受けた。大久保はベルリンから帰国の途につき、木戸はというと、次なる訪問地、ロシアまで同行。その後も悠々とウィーン万博を見物し、イタリアを訪れた後にマルセイユ経由で帰国している。

ロシアの首都ペテルブルグは、荒寒たる原野の果てだった。一行は、わが国がもっとも恐れていた大国の実態が、西洋文明の仮面を被った政教一致の絶対王朝であり、近年まで農奴制が存在した未開の地であることを知った。そして、「欧州ニテ最モ雄ナルハ英仏」との認識を強めた。

ところで、当地で、岩倉に帰国を説諭された日本人がいる。掛川藩脱藩浪士、名を橘　耕斎《たちばなこうさい》(一八二〇～八五)といった。ロシア使節プチャーチンが指揮する「ディアナ号」が、一八五四年に起きた安政大地震の津波被害で修繕(注4)することになった。耕斎はその修繕の地となった戸田《へだ》村に潜伏し、通訳ゴシケヴィッチの手引きでロシア密航に成功した。ロシアに渡ったのちはゴシケヴィッチと『和露通言比考』なる日露辞典を編纂《へんさん》し、さらには、ペテルブルグ大学日本語学校の教師になっている。しかし、いかに無比な実績があろうとも、密航者は密航者である。故国から偉い面々が来訪するとあっても、傍から眺めるしかなかったであろう。ところが、その存在が一行の知るところとなり、ついには帰国と相成るのだからじつにおもしろい。

　デンマーク、スウェーデン、イタリア…彼らの足は、留まるところを知らなかった。ヴェネチアの国立古文書館では、天正少年使節の資料とともに支倉《はせくら》常長《つねなが》の書簡（注5）の本物を目にした。驚いた岩倉は久米に命じて支倉のサインを忠実に写し取らせ、闇に葬られつつあった史実に光を当てた。

　オーストリアでは、連日ウィーン万博に出かけた。そしてようようスイスにて、一行は本国からの帰国命令を受ける。

　一八七三年七月二〇日、彼らの乗るフランス郵船「アウア号」は静かにマルセイユを離れた。ナポリ、ポートサイド、スエズ運河、セイロン、シンガポール、サイゴン、香港。上海からはパシフィック・メール社の「ゴルテンエン号」に乗り換え、ようやく長崎近海に達した。日付は九月六日になっていた。

　この航海中、岩倉使節一行は植民地の悲哀を目の当たりにしている。それは、西洋を肌で知る彼らに何をなすべきか再確認させる、格好の機会となった。

　じつに六三〇日ぶりに目にする日本の風光は、いずれの国にも勝るとも劣らぬものだった。

　あらためて思う。みだりに浮かれることなく、冷静かつ貪欲にものごとを分析し、このくにを創ることに奔走した彼らは、紛うことなき〝堂々たる日本人〟であった。

【注】

1　第14話では、使節団四八名、留学生五八名と紹介したが、ここでは、田中彰『岩倉使節団『米欧回覧実記』』の記述によっている。

2　正式な手続きを踏んでいなかったため、法律上は無国籍だった。しかしながら、彼のわが国での功績が認められ、のちに事実上の永住権が与えられ、一八九八年に日本で没している。

3　パシフィック・メール社が一八六七年に太平洋航路を開設するにあたり新造した四隻のうちの最後となる、鉄骨木皮三本マストの蒸気外輪船（一八六九年竣工）。長さ一一〇・六四メートル、幅一五・〇三メートル、四四五四総トン、速力九・五ノット（『幕末の蒸気船物語』（元綱数道、成山堂書店、二〇〇四）より）。

4　実際には曳航中に沈没し、幕府はプチャーチンの代替建造の申し出を受け入れ、戸田にて代艦建造を許可した。約八〇日で完成した長さ約二五メートル、幅約七メートルの木造帆船は、「ヘダ号」と名付けられた。ちなみに、安政の大地震とは一八五五年に起きた江戸安政大地震をさすことが多いが、前年（一八五四年）に起きたこの南海トラフ地震を含めて安政の大地震と呼ぶこともある。

5　天正少年使節（あるいは、天正遣欧使節）は、一五八二年、九州のキリシタン大名、大友宗麟・有馬晴信・大村純忠がローマに派遣した少年使節団である。支倉常長使節団は、一六一三年、伊達政宗によって派遣された。

【参考文献】

田中彰『岩倉使節団「米欧回覧実記」』岩波書店（二〇〇二）
泉三郎『堂々たる日本人―知られざる岩倉使節団』祥伝社（二〇〇四）

先人たちの勇気と熱意をあすへの糧に！

海という果てない空間を舞台にした先哲の人生を紹介してきました。漂流、密航、留学、海外視察、商売、興行と、その目的、手段、そののちの人生などじつにさまざまですが、その時代々々でそれぞれに輝いていています。

海の向こうへの憧憬は、ときやところを問わず、何人も胸にいだくものなのでしょう。北朝鮮で舞踊家になることを夢に、万寿台《マンスデ》芸術団でトップスターにまで昇りつめ、最後は夫にしたがいふたりの子をつれてロンドンから韓国に亡命した申英姫《シンヨンヒ》さんは、幼いころ、未明の海から聞こえてくる汽船の汽笛が耳朶《じだ》に届くなか、「ボーッと鳴り響くあの船の行く先はどんなに遠いところか。明け方に誰にも告げることなく、港を静かにすべりだしていくのだろうか。私を乗せてどこか遠いところへ連れていってくれたら、どんなにうれしいだろう。白い帆を風にはためかせ、青い波のしぶきを私に浴びせてくれたら、どんなにさわやかだろう。エサを求めてくるカモメと話ができたら、どんなに楽しいだろうか」と感傷にひたっています。

かつての海外雄飛は、冒険という要素を多分に孕《はら》んでいます。人類は偉大なる冒険の果てに新大陸を発見し、知識を深め、常識の枠を広げてきました。世界地図は冒険者によって作られてきた、と言ってもいいくらいです。

冒険とは「危険を冒すこと。成功のたしかでないことをあえてすること」（『広辞苑 第五版』（新村出編、岩波書店、一九九八）より）です。（この点において、探検とは異なっています。探検とは「未知のものなどを実地に探りしらべること。また、危険を冒して実地を探ること」（『広辞苑 第五版』（既出）より）です）

冒険家として世界的に知られ、五大陸最高峰登頂、北極圏一万二〇〇〇キロメートル犬橇《いぬぞり》走破、グリーンランド縦断などを果たし、北米最高峰、マッキンリー（六一九一メートル）に命を散らした植村直己さんは、「冒険家、探検家、登山家、その中でどれが自分にピタッとくるか?」と聞かれ、「探険家という気持ちはなく、危険を冒し、切り抜けてきているることからすれば冒険家と言えるかも知れない」という趣旨のことを言っています。

兵庫県の但馬盆地に生まれた植村さんは他人を非常に気にするタイプで、負けん気が強かったそうです。勉強やスポーツに抜きん出ていたわけではなく、そのため、他の人がやらない奇抜なことをやることで目立とうとしたのではないか、と彼の友人は語っていますが、ここに植村さんの原点をみる気がします。

明治大学山岳部に入部した植村さんは友人のアラスカ氷河行にライバル心を煽《あお》られ、外国への憧れを抱きます。反対する両親を説得し、一九六四年五月、移民船「アルゼンチン丸」で横浜から米国に向かうのです。まわりは東京オリンピックを前に沸き立っていましたが、結果として、この四年半にわたる外国単独行が冒険家植村の生涯を決定づけたとされています。

そんな植村さんは常々、「冒険とは生きて還ること」と言っていたそうです。四三歳という若さでピリオドを打つこととなった彼の生涯は、人によっては自分勝手な蛮行とうつるのかもしれません。でも、みずからの夢を全うした植村さんの人生は、多くの国々との民間外交を果たし、デンマーク政府からはグリーンランドの地にその名を残すことを許されました。そして、死後になりましたが、そうした彼の冒険に「国民栄誉賞」、「明治大学名誉学位」が贈られたのです。

ロンドンの肉屋(獣脂蝋燭製造業者)の息子として生まれたダニエル・デフォーは一七一九年出版の『ロビンソン・クルーソー』のなかで、ロビンソン・クルーソーは「ずいぶんと早くから(中略)放浪癖にとりつかれて」おり、「どうしても船乗りにならなければ気がすまなかった」ために、親愛の情に満ちた父親の諫言に耳を貸さず、「神の祝福も、父の祝福もうけず、今の事情がどうの、さきの結果がどうの、そういったことはいっさいお構いなし」にロンドン行きの船に乗り込んだと書いています。

ロビンソン・クルーソーが実在したかどうかは、この際脇に置いておきます。訳者の平井正穂氏は同書の「はしがき」のなかで、ロビンソン・クルーソーは「絶海の孤島に漂着し、難破船からいろんなものを運びあげて毎日毎日生活のために苦闘し、一人の蛮人を助けてこれを従僕としてくらし、やがて故国に帰っていった人間」であり、「英国一八世紀の人間像の象徴」と説明しています。当時の英国は、国王を中心とする王党派と市民を中核とする議会派、貴族・地主と中産階級者、そして、英国国教会派と非国教会派といった抗争のなかにあり、空前絶後のペストも流行していました。こうした社会情勢にあってロビンソン・クルーソーは、眼を外の世界へと向けたかったのかも知れません。

冒険と比される探検のことにも触れておきましょう。学術上の研究調査目的の探検としては、進化論で知られるダーウィンの例が有名です。一八三一年、専ら植物・動物の野外採集、地質調査に没頭していたダーウィンは、英国海軍測量艦「ビーグル号」で五年にも及ぶ船旅を敢行し、そのときの様子を『ビーグル号航海記』に書き残しました。

強い目的に支えられたダーウィンを乗せた「ビーグル号」は、二六歳のフィッツロイ艦長の指揮下、一八三一年一二月二七日に出航しました。大砲一〇門を備えた、長さ三〇メートル、幅八メートル、三本マストの帆船は、一行七四名を乗せるには狭かったようです。それでも、ダーウィンにとってその船出は、彼の全経歴を決定した重大な事件でした。

大西洋を南下し、ホーン岬を廻り、ガラパゴス諸島に一八三五年九月一六日から一〇月二〇日まで逗留しました。同諸島で数々の発見をし、その後タヒチに立ち寄りました。その後豪州から喜望峰を廻り、英国に帰り着いたのは翌年一〇月二日のことでした。

【参考文献】

申英姫著、金燦《キムチャン》訳『私は金正日の「踊り子」だった（上・下）』徳間書店（一九九八）

長尾三郎『マッキンリーに死す―植村直己の栄光と修羅』講談社（一九八六）

ダニエル・デフォー著、平井正穂訳『ロビンソン・クルーソー（上・下）』岩波書店（二〇一二）

本書は、先人たちの波濤の先に描いた夢を現代の視点でとらえてみようとするものです。先人たちの勇気と熱い思いを感じとっていただき、みなさんの明日への糧にしていただければ幸いです。

また、本書は一種の読書案内とも考えています。ぜひそうした読み方も試してみてください。

本書は、日本海事新聞に約三年にわたって連載された「波濤列伝」から抜粋したものに大幅な加筆修正を加えたものです。まずもって、日本海事新聞社の、平野成輔氏（ご退社）、沖田一弘氏には根気強くお付き合いいいただき、深く感謝いたします。そして、本書の編集に腐ることなくご尽力いただいた海文堂出版の臣永真氏にも、この場を借りて深く御礼申しあげます。そして、示唆にとんだ著書を世に送り出されたすべての著者の方に、敬意と感謝の意を表したいと思います。

なお、本文中の史実については極力正確を期しましたが、何分にも筆者は歴史を専門に学び研究する者ではありません。そのため、何がしかの誤認がある場合は、ご容赦のうえご一報なりいただければ幸いです。

最後になりますが、愚痴ひとつ言わずに私の取材旅行に付き合ってくれた妻の千重、快くイラストを描いてくれた長女の志織、ときとして貴重なヒントをくれた次女の真央に本書を捧げます。

二〇一三年八月　錦糸町の自宅にて

木原　知己

【著者紹介】

木原 知己（きはら ともみ）

1960年，種子島生まれ。1984年，九州大学法学部を卒業後，日本長期信用銀行（現新生銀行）ほかで船舶金融を担当。現在，青山綜合会計事務所パートナー，早稲田大学海法研究所招聘研究員，同大学船舶金融法研究会会員，海事振興連盟三号会員。著書に『シップファイナンス』『船主経営の視座』（ともに海事プレス社）がある。

ISBN978-4-303-63422-3

波濤列伝　幕末・明治期の“夢”への航跡

2013年11月30日　初版発行

著　者　木原知己
発行者　岡田節夫
発行所　海文堂出版株式会社
本　社　東京都文京区水道2-5-4（〒112-0005）
電話 03（3815）3291㈹　FAX 03（3815）3953
http://www.kaibundo.jp/
支　社　神戸市中央区元町通3-5-10（〒650-0022）
日本書籍出版協会会員・工学書協会会員・自然科学書協会会員

PRINTED IN JAPAN　　印刷　田口整版／製本　小野寺製本